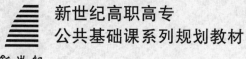

新编财经应用文写作

新世纪高职高专教材编审委员会 组编

主　编　杨天松

副主编　陈　鹏　滕春玉

王志强　张晓萍

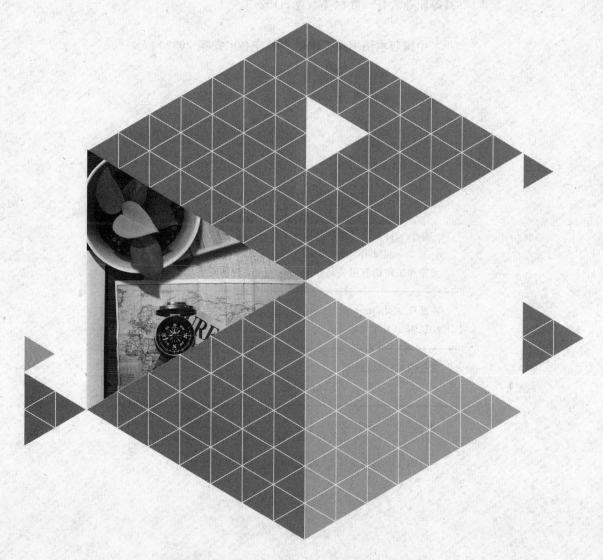

 大连理工大学出版社

图书在版编目(CIP)数据

新编财经应用文写作 / 杨天松主编. — 大连：大连理工大学出版社，2012.9(2017.7重印)

新世纪高职高专公共基础类课程规划教材

ISBN 978-7-5611-7255-1

Ⅰ. ①新… Ⅱ. ①杨… Ⅲ. ①经济－应用文－写作－高等职业教育－教材 Ⅳ. ①H152.3

中国版本图书馆 CIP 数据核字(2012)第 203200 号

大连理工大学出版社出版

地址：大连市软件园路 80 号　邮政编码：116023
发行：0411-84708842　邮购：0411-84708943　传真：0411-84701466
E-mail：dutp@dutp.cn　　　URL：http://dutp.dlut.edu.cn

大连理工印刷有限公司印刷　　　　大连理工大学出版社发行

幅面尺寸：185mm×260mm　　印张：15.75　　字数：364 千字
2012 年 9 月第 1 版　　　　　　2017 年 7 月第 7 次印刷

责任编辑：欧阳碧蕾　　　　　　　　责任校对：张　洁

封面设计：张　莹

ISBN 978-7-5611-7255-1　　　　　　　定　价：32.00 元

本书如有印装质量问题，请与我社发行部联系更换。

我们已经进入了一个新的充满机遇与挑战的时代,我们已经跨入了21世纪的门槛。

20世纪与21世纪之交的中国,高等教育体制正经历着一场缓慢而深刻的革命,我们正在对传统的普通高等教育的培养目标与社会发展的现实需要不相适应的现状作历史性的反思与变革的尝试。

20世纪最后的几年里,高等职业教育的迅速崛起,是影响高等教育体制变革的一件大事。在短短的几年时间里,普通中专教育、普通高专教育全面转轨,以高等职业教育为主导的各种形式的培养应用型人才的教育发展到与普通高等教育等量齐观的地步,其来势之迅猛,发人深思。

无论是正在缓慢变革着的普通高等教育,还是迅速推进着的培养应用型人才的高职教育,都向我们提出了一个同样的严肃问题:中国的高等教育为谁服务,是为教育发展自身,还是为包括教育在内的大千社会?答案肯定而且唯一,那就是教育也置身于其中的现实社会。

由此又引发出高等教育的目的问题。既然教育必须服务于社会,它就必须按照不同领域的社会需要来完成自己的教育过程。换言之,教育资源必须按照社会划分的各个专业(行业)领域(岗位群)的需要实施配置,这就是我们长期以来明乎其理而疏于力行的学以致用的问题,这就是我们长期以来未能给予足够关注的教育目的问题。

众所周知,整个社会由其发展所需要的不同部门构成,包括公共管理部门如国家机构、基础建设部门如教育研究机构和各种实业部门如工业部门、商业部门等等。每一个部门又可作更为具体的划分,直至同它所需要的各种专门人才相对应。教育如果不能按照实际需要完成各种专门人才培养的目标,就不能很好地完成社会分工所赋予它的使命,而教育作为社会分工的一种独立存在就应受到质疑(在市场经济条件下尤其如此)。可以断言,按照社会的各种不同需要培养各种直接有用人才,是教育体制变革的终极目的。

随着教育体制变革的进一步深入,高等院校的设置是

新世纪

否会同社会对人才类型的不同需要一一对应,我们姑且不论。但高等教育走应用型人才培养的道路和走研究型(也是一种特殊应用)人才培养的道路,学生们根据自己的偏好各取所需,始终是一个理性运行的社会状态下高等教育正常发展的途径。

高等职业教育的崛起,既是高等教育体制变革的结果,也是高等教育体制变革的一个阶段性表征。它的进一步发展,必将极大地推进中国教育体制变革的进程。作为一种应用型人才培养的教育,它从专科层次起步,进而应用本科教育、应用硕士教育、应用博士教育……当应用型人才培养的渠道贯通之时,也许就是我们迎接中国教育体制变革的成功之日。从这一意义上说,高等职业教育的崛起,正是在为必然会取得最后成功的教育体制变革奠基。

高等职业教育还刚刚开始自己发展道路的探索过程,它要全面达到应用型人才培养的正常理性发展状态,直至可以和现存的(同时也正处在变革分化过程中的)研究型人才培养的教育并驾齐驱,还需要假以时日,还需要政府教育主管部门的大力推进,需要人才需求市场的进一步完善发育,尤其需要高职教学单位及其直接相关部门肯于做长期的坚忍不拔的努力。新世纪高职高专教材编审委员会就是由全国100余所高职高专院校和出版单位组成的旨在以推动高职高专教材建设来推进高等职业教育这一变革过程的联盟共同体。

在宏观层面上,这个联盟始终会以推动高职高专教材的特色建设为己任,始终会从高职高专教学单位实际教学需要出发,以其对高职教育发展的前瞻性的总体把握,以其纵览全国高职高专教材市场需求的广阔视野,以其创新的理念与创新的运作模式,通过不断深化的教材建设过程,总结高职高专教学成果,探索高职高专教材建设规律。

在微观层面上,我们将充分依托众多高职高专院校联盟的互补优势和丰裕的人才资源优势,从每一个专业领域、每一种教材入手,突破传统的片面追求理论体系严整性的意识限制,努力凸现高职教育职业能力培养的本质特征,在不断构建特色教材建设体系的过程中,逐步形成自己的品牌优势。

新世纪高职高专教材编审委员会在推进高职高专教材建设事业的过程中,始终得到了各级教育主管部门以及各相关院校相关部门的热忱支持和积极参与,对此我们谨致深深谢意,也希望一切关注、参与高职教育发展的同道朋友,在共同推动高职教育发展、进而推动高等教育体制变革的进程中,和我们携手并肩,共同担负起这一具有开拓性挑战意义的历史重任。

新世纪高职高专教材编审委员会

2001 年 8 月 18 日

前　言

　　《新编财经应用文写作》是新世纪高职高专教材编委会组编的公共基础类课程规划教材之一。

　　近年来,高职院校注重学生财经应用文写作能力的培养,主要是为了实现高职教育培养高素质技能型人才的需要。所谓"高素质技能型",不仅仅指专业知识和技能,也包含学生的写作知识和写作技能。无论是从高职教育人才培养目标来看,还是从高职院校学生毕业后的职业发展需要出发,都需要培养学生的写作能力。

　　著名学者薛涌认为,阅读和写作是事业成功的关键。他说,三分之二的美国大企业雇员的日常工作要通过写作来进行;80%以上金融、保险、房地产等服务业的公司,在雇佣员工时要考察写作;40%的公司要特别培训写作技能不足的员工。他还说,现代社会是通过文献组织起来的。无论是在官僚系统还是在企业,文献体现着社会组织的复杂性。如果你不能参与写作这些文献,不能有效地阅读这些文献,你就无法担任任何中高层职位。薛涌在此所说的写作主要是指应用写作,而不是文学写作。事实上,对于奔波在现代社会的每一个职场中的人来说,都需要应用写作的能力。假设一个人在工作中从不写作,他要获得职业发展成功是艰难的,甚至是不可能的。

　　本教材是专业的财经应用文项目化写作教材,在多年深入教学研究的基础上,融入了作者对财经应用文的理解,对财经应用文的基本内容进行了整合,目的在于根据当前经济社会发展对高素质技能型人才的需求,培养和提高高职院校学生的财经应用文写作水平,其最终目的是提高高职院校学生的职业能力和发展潜能。

　　本教材的主要特色如下:

　　1.体系新颖,重点突出

　　本教材着重选择高职院校学生今后学习和工作常见的、使用频率较高的财经应用文文种,并进行了重新编排与整合,体系新颖,体现了财经应用文写作新的研究水平。本

新世纪

教材内容紧密围绕财经应用文进行编写,范文经典且颇具时代特色,范文评析简练雅致,重点突出,提纲挈领,如能认真学习,必有所得。

2. 理论适当,着重实用

本教材的读者重点是高职院校学生,为了突出实用性,本教材遵循理论够用的编写原则,不过度阐述各文种的写作理论知识。学习理论知识要注意与范文、练习相结合,达到理论与实际相结合的效果。学习理论知识的最终目的在于写出符合实际要求的财经应用文文章,而不在于背诵理论知识。

3. 练习适中,难易恰当

编写写作教材,包括财经应用文写作教材,难度最大的是练习的编写,既不能太多,也不能太少,既不能过难,也不能过易。本教材的编者在参考多方材料的基础上,同时也针对学生的实际需求,编写了内容适中、难易恰当的练习,能够满足本教材学习者练习的需要。

本教材由杨天松任主编,陈鹏、滕春玉、王志强、张晓萍任副主编,柯丽芸、谢培培、邹杰、李心慧、陈秋珍参加了部分章节的编写工作。

为方便教师教学和学生自学,本教材配有习题集及参考答案、电子教学课件等教学资源,如有需要请登录我们的网站进行下载。

本教材在编写过程中,参考、借鉴了有关专著、教材的资料,还参考了一些佚名作者的材料,在此表示深深的谢意。本书内容如有不妥之处,敬请读者批评指正。

编　者

2012 年 9 月

所有意见和建议请发往:dutpgz@163.com

欢迎访问教材服务网站:http://www.dutpbook.com

联系电话:0411-84708445　84708462

目 录

绪 论

教学目标

了解应用文、财经应用文的一般知识。

熟悉应用文和财经应用文的写作特点。

掌握财经应用文的写作要求。

教学重点

应用文和财经应用文的一般知识和写作特点。

教学难点

财经应用文的写作要求。

【导入新课】

同学们好,新学期又开始了,今天我们要接触到一门新课程,就是财经应用文写作。说到写作,大家可能会觉得与各位关系不大。如果说,写作是专指文学方面的写作,如诗歌、散文、小说、戏剧,也许的确是没有什么关系;因为文学写作是作家们的事情,我既然不想当作家,当然不必写作。然而即便如此,在这个互联网时代,写作还真是一件普通得再普通不过的事情。在座的各位,很多都是网上高手,在各种空间、各种博客尤其是目前风行的微博上都会写点什么。无论你写什么,那都是写作。

而且,在不久的将来,除了少数同学继续求学,绝大多数同学毕业后要走上社会,找份工作。任何一种工作,都需要写计划、总结,以及各种与工作相关的文字,这就需要写作了,这种写作和博客不一样,和我们过去常常说的写作文不一样,这种写作就是应用文写作——包括普通的应用文和像财经应用文这样专业性比较强的应用文。而且,即便你不写,也一定会常常接触到应用文。可见,应用文包括财经应用文是每个职场中的人所必须熟悉的文体。

魏文帝曹丕是建安文学的代表之一,他在《典论·论文》中说道:"盖文章,经国之大业,不朽之盛事。"曹丕在此所说的"文章",多数是应用文。文章既是经国大业、不朽盛事,可见文章是与国家的管理相联系的。也许有的同学会说,我也没有那么大的志向,找一份工作就可以了。其实,大到国家,小到一个公司,具体到与你最相关的那份工作,本身都是互相联系的,而且,都可以说离不开应用文的写作。

然而,大学生的应用文写作能力下降,早已不是新鲜的话题。许多大学生毕业后走上工作岗位,往往连最基本的应用文都写不好,有的连一张借条都不会写,至于计划,总结更不知道如何下手,自己觉得没有面子是次要的,由此而影响了工作,那就绝对不是小事了。

本书虽然主要是讲财经应用文,但是,因为一般应用文在工作中也常常会遇到,即便不是在党政机关工作,就是在一般的企业,行政性公文也是常常会遇到的。应用文在职场中的应用实在太广泛了。所以,了解一下应用文,以及本书的主要内容——财经应用文的基本内容,是有必要的。那就让我们走进应用文以及财经应用文的世界吧……

第一节 应用文写作概述

一、应用文的含义与历史

据有关专家考证,"应用文"一词最早见于南宋张侃的《拙轩集》里《跋陈后山再任校官谢启》一文中:"骈四俪六,特应用文耳。"而正式将应用文作为一种文体提出的是清代著名学者刘熙载,他在《艺概·文概》中说:"辞命体,推之即可为一切应用之文。应用文有上行、有平行、有下行。重其辞乃所以重其实也。"近人徐望之在《尺牍通论》中说:"有用于周应人事者,若书札、公牍、杂记、序跋、铭、颂赞、哀祭等类,我名之曰'应用文'。"

从写作学本身角度看,应用文是一种实用文体。有的人干脆就将应用文称为实用文。从应用文的属性来看,实用性的确可以说是应用文的第一属性。无论是古人还是今人,都需要在工作和生活中使用应用文。因而,应用文有很强大的实用性,有极高的应用价值,也正因为此,应用文在我国现代高等教育课程体系中已经成为一个不可或缺的课程。而在西方发达国家,应用文的地位更高,不仅是一门课程,还是一个学科。

从写作学历史来看,应用文在我国有悠久的历史,可谓渊源深矣。最早的结绳记事虽然不能说是真正意义上的应用文,但从结绳记事的内容看,多数具有应用价值的意义。而甲骨文显然就是应用文最早的文字记录了。汉武帝时独尊儒术,将《诗》《书》《礼》《易》《春秋》列为经典,其中的《书》——《尚书》,即《书经》,被认为是"上古之书",就是最早的、集大成的应用文字。《尚书》中的典、谟、诰、训、誓、命等都属于应用文文种,名篇如《尧典》《舜典》《皋陶谟》《汤诰》《伊训》《汤誓》《微子之命》等等。《书经》的内容涉及了先秦(包括虞、夏、商、周)时期天文、地理、职官、礼仪、教育、法律、典章等方面的内容,可以说相当丰富;而从文体上说,又实在是我国古代应用文的经典之作。当然,先秦时期的应用文文种非常丰富,除了上面说过的,还有檄、祝、颂、箴等等。

秦始皇统一天下后,文化的统一是必然的事情,所谓"书同文、车同轨"说的就是秦朝在文化上的改革措施。应用文当然也会随之得到进一步的规范和统一。比如,将"命"改为"制"、"令"改为"诏"等等。虽然秦王朝统治的时间只有短短 15 年,但秦朝的规章制度几乎被汉朝继承。应用文也是如此,但也有文种的变革。如臣子向皇上上书就有四种:章、奏、表、驳议。秦汉时期的应用文名篇很多,如汉文帝刘恒的《赐南粤王赵佗书》、东方朔的《上书自荐》、贾谊的《论积贮疏》、晁错的《论贵粟疏》等等。

如果说秦汉的应用文是趋于规范的话,那么,三国两晋南北朝时期则是应用文的成熟期。这个时期,各种应用文名作纷呈,不仅如此,这些应用文还是文采斐然的精美之作。著名的如诸葛亮的《出师表》、嵇康的《与山巨源绝交书》、刘伶的《酒德颂》、北魏孝文帝元宏的《举贤诏》、梁元帝萧绎的《答群下劝进令》、陆机的《与赵王伦荐戴渊疏》、陶弘景的《答谢中书书》、吴均的《与朱元思书》、孔稚圭的《北山移文》、鲍照的《石帆铭》、梁简文帝萧纲的《相宫寺碑》、颜延之的《祭屈原文》等等。这个时期,杰出的文学理论家刘勰的《文心雕龙》,把文体分类大大拓展了,共计33类:诗、乐府、赋、颂、赞、祝、盟、铭、箴、诔、碑、哀、吊、杂文、谐、隐、史传、诸子、论、说、诏、策、檄、移、封禅、章、表、奏、启、议、对、书、笺记等,除了少数属于韵文,如诗、乐府、赋、颂等,多数是应用文。

隋唐至两宋,可以说是应用文发展的高峰。这与隋唐至宋散文的繁荣不无关系,尤其是唐宋八大家的散文,更体现了我国古代散文史上的重要成就,涌现了韩愈、柳宗元、欧阳修、"三苏"、王安石、曾巩等散文大师,他们本身就写了大量的文质兼美的应用性文章。这个时期,应用文的家族又增添了新的成员,如册、制、敕等下行文种,皆由皇上发出。这个时期的名作如骆宾王的《代李敬业传檄天下文》、王维的《山中与裴秀才迪书》、韩愈的《祭十二郎文》、柳宗元的《段太尉逸事状》、刘禹锡的《陋室铭》、王安石的《答司马谏议书》、欧阳修的《祭石曼卿文》、苏轼的《教战守策》、曾巩的《战国策目录序》等等。

元明清三朝是我国封建社会的稳定期和最终衰亡的时期,从应用文发展历史的角度看,中国的应用文在这个时期相对比较稳定;从文学史来看,元朝的主要成就在戏剧,而明清主要在小说。但是,作为古代散文的组成部分的应用文,仍然取得了自己的发展,应用文的文种分类往细处发展,如明代的上行文有题、奏、启、表、文册、揭帖等等。明清的散文流派是比较多的,明代比较重要的散文流派有前后七子、竟陵派、公安派、唐宋派等,清代则有桐城派等。这些散文流派对中国文学产生了深远的影响,他们当中的散文大师在应用文方面也有不少好文章流传下来。如袁宏道的《与丘长孺书》、宋濂的《送东阳马生序》、归有光的《寒花葬志》、袁枚的《祭妹文》、曾国藩的家书、元明清名臣奏议等等。

近代以来,中华民族遭遇三千年未有的大变局;晚清以来,由于与世界的交往出现了新的局面,应用文的写作也发生了相应的发展变化。白话文运动开始后,应用文的变化就更大了。这一方面是由于白话文逐步代替了文言文,尽管应用文,尤其是行政公文,在一些基本格式方面仍依照旧有的传统,但总的来说,白话文仍然成为应用文写作的主体。此外,民国以来,应用文变化最大的还在于文种方面,这主要是因为民国建立,社会体制发生了巨大的变化,因而应用文尤其是公文的变革也是时势发展的必然。比如,过去帝制时代使用的制、诏、诰、敕、戒、册,以及表、章、奏、议、疏等均被废止。1912年1月,南京中华民国临时政府颁布的第一个《公文程式条例》,其中规定的公文文种只有令、咨、呈、示、状等5种。稍后经过补充,分为9种:令、谕、批、示、公布、状、咨、呈、照会等。以后又在这个基础上略有变化。1912年11月公布的公文程式令,文种就有新的变化,如将令分为大总统令、院令、部令、委任令、训令、指令和处分令等,将谕、示改为布告等等。1914年5月,民国政府公布了第二个公文程式。这个公文程式包括三个部分：大总统公文程式、政事堂公文程式、一般官署公文程式。袁世凯称帝其间，公文又有了新的变化，重新启用了一些帝制时代的公文。袁世凯复辟结束后，段祺瑞政府在1916年7月公布了新的公文程式，该程式规定了13种公文文种：大总统令、国务院令、各部院令、任命状、委任状、训令、指令、布告、咨、咨呈、呈、公函、批等。除了这些规定的公文外，在实际使用过程中，还有代电、通知、手折、说帖、意见书等；此外，外交部门有照会、备忘录、国书，司法部门有诉状、票签等，军事部门有规令、训令、密令等。1928年，南京国民政府内务部颁布了《公文程式条例》，规定的文种有：令、训令、指令、布告、任命状、呈、咨、公函、批。此后，还经过多次改革，到1942年有所变动。

新中国成立后，我国的应用文写作有了新的发展。这一方面表现在行政公文的不断规范和完善，我国的公文制度经过1951、1981、1987、1993、2012年的六次修订，越来越规范化。2012年，中共中央办公厅、国务院办公厅联合印发《党政机关公文处理条例》，规定各级党政机关公文共15类：决议、决定、命令（令）、公报、公告、通告、意见、通知、通报、报告、请示、批复、议案、函、纪要。这是迄今为止机关公文处理历史上最大的一次变革。除了行政性公文外，各种实用性的应用文也获得了很大的发展，尤其是随着国家社会经济的发展进步，各种财经类的应用文、法律文书等获得了极大的发展。

二、应用文的种类与特点

（一）应用文的种类

应用文的种类很多，据有关专家研究，达到600多种，比较常用的也有200多种。自然，作为教材不可能把这200多种应用文都拿来讲，这不现实，也不需要。从现实需要来看，一般掌握重要的、常用的几类应用文就可以了。

从应用文本身来看，应用文大体可以分为以下几类：

1. 行政公文

行政公文一般可以分为党政机关公文和日常行政公文。

党政机关公文主要是指2012年4月16日由中共中央办公厅、国务院办公厅联合印发的《党政机关公文处理工作条例》所规定的15种公文。党政机关公文是国家党政机关、企事业单位、社会团体等处理事务的法定文书。党政机关公文具有一定的法律、法规的作用，写作也比较规范，一般需要按照国家规定的机关公文处理办法或条例进行操作，行文要求庄严持重，发文机关和收文机关均需严格规范操作和执行。

日常行政公文指的是除了上述属于国家规定的行政机关公文以外的日常使用的事务文书，如工作简报、工作计划、工作总结、调查报告等等。日常行政公文一般在本单位或相关单位内部使用，它们在写作要求方面不如国家行政机关公文那么严格，一般不具有法定的权威性，一般不单独作为文件发文，除非另有特别需要时再按照法定公文处理。

2. 专业应用文文书

专业应用文文书一般在某一特定的专业机关或专业领域使用，有比较强的专业特征。一般情况下，如果缺乏专业知识，就比较不容易写好此类专业性强的应用文。专业应用文中比较主要的有财经应用文、法律文书、外事工作文书等。财经应用文是专业应用文的一种,它对专业知识要求比较高。常用的财经应用文有市场调查报告、市场预测报告、经济合同等。还包括一些交叉文种,如财经法律文书、财经广告文书、财经信函等。法律文书也是专业应用文的一种,在司法部门通用,比如起诉书、判决书、辩护词、申诉状等。它亦有很强的专业性,需要有法律专业相关知识。外事工作文书在各级各类外事部门使用,像照会、申明、国书、备忘录、国际公约、联合公报等。专业应用文还有教育部门使用比较多的教学大纲、教学计划、教学总结、教学管理条例、试卷分析报告、学生工作简报等以及医院的病历、诊断书、护理日志等。专业应用文文书的使用范围不大,但对专业要求通常比较高。随着社会经济的发展,相应的专业应用文会越来越多。

3. 科技文书

科技文书的专业性可能是最强的,对学科知识本身要求也比较高,如果是科技论文,那么,还需要有自己的独立见解,需要创造性。科技文书包括实验报告、田野调查笔记、科技论文、科学评论、科学小品文等。

4. 日常应用文

日常应用文一般是个人处理日常事务的应用文。日常应用文在现实生活中使用很广泛,作为应用文,虽然也有格式上的要求,但没有那么严格,写作也比较自由。日常应用文有书信、日记、启事、请柬、讣闻、祭文、读书笔记、读书札记等。

(二)应用文的特点

任何文体都有自己的特点,记叙文有记叙文的特点,说明文有说明文的特点,议论文有议论文的特点,应用文也有自己的特点。了解应用文的特点,不仅有利于掌握应用文的本质,对写好应用文也有很大的帮助。简要地说,应用文有如下五个特点:

1. 实用性

从应用文的含义可以知道,实用性是应用文的第一属性,也可以说,应用性是应用文的第一特点。这也是应用文和其他文体的文章,尤其是文学作品最大的区别。这不是说其他文体就没有实用性,而是说,其他文体的实用性不如应用文来得直接、来得必须。一个职场中的人可以不看《红楼梦》《水浒传》,可以不看诸如《后天》《武林外传》等影视剧,但是,他不能不看他单位的会议通知、工作计划和工作总结。这就是说,一个职场中的人是一定会和应用文打交道的,这主要是由应用文的实用性决定的。实用性还体现在职场中的人一定被要求要会写作应用文。职场中的人可以不会写文学作品,你不会也没有人会笑话你;但是,如果你连一份工作计划都写不好,或者连一张借条的格式都写错了,就可能会被人笑话。

2. 真实性

这是从应用文的内容来说的。应用文不像文学作品可以虚构,它必须是真实的。虽然文学作品也讲究真实性,但是,文学作品——尤其是小说——的真实是艺术的真实。而应用文的真实是生活本身的真实,应用文的内容必须是生活真实的反映,即便在应用文中采用一些文学手法,也必须遵循其内容的真实性,而不能加以虚构。

3.规范性

规范性也叫程式性。这是从应用文的格式来说的。无论何种应用文,都有自己的基本固定格式,尤其是国家行政公文,对格式的要求更加严格,在编制过程中必须严格遵守其行文的格式。就是日常应用文,也在长期的使用过程中形成了自己的固定格式。当然,随着社会的发展进步,规范化的格式也会发生一些变化,但这种变化是逐渐的,是在缓慢中逐渐形成新的规范。

4.针对性

这是针对应用文的受众而言的。应用文都有明确和比较明确的针对性,即每一种应用文在写作时都有自己明确的受众目标。比如写一封感谢信,这封感谢信一定要有自己的阅读对象,写一个市场调查报告也有个明确的阅读对象,其他应用文文种莫不如是。

5.时效性

这是从应用文使用的时间性和目的性来说的。应用文的写作和文学作品不一样,一部优秀的文学作品有时候需要若干年乃至更长的时间才能完成;即使一篇不是很长的文学作品,也可能需要很长时间的构思和酝酿;但是,应用文就不能花这么长的时间来写作,无论从写作时间看,还是从其写作目的来看,都有个时效性强的特点。因为应用文几乎都是为了解决实际问题而写作的,尤其是直接面对企事业单位的问题,由于在市场经济条件下,市场竞争剧烈,瞬息万变,所以,各种应用文都要有很强的时间观念,及时反映企事业单位存在和必须面对的问题,否则就会给企事业单位带来损失。

三、应用文的语言与表达方式

(一)应用文的语言

任何思想的表达都需要语言,语言是人类交往最为重要的工具。应用文在人们的交往中有着重要的作用,因而了解应用文的语言特点对于了解应用文也是非常重要的。

应用文的语言特点主要有三点:

1.准确

应用文语言的准确是指其概念要精确,不能使用模棱两可的概念;此外还体现在行文过程的严密,要合乎逻辑。从写作学角度看,任何一种写作都需要准确的语言,才能表达明确的意思。但是,应用文自身的特点决定了它对准确性的追求是第一位的。别的文体,尤其是文学性强的文体,在不损害文意的情况下,允许语言朦胧一些、形象一些。但是,对于应用文来说,它要的不是朦胧,而是明确;它要的不是简单的形象一些,而是要更加准确一点。所以应用文的语言首先追求准确性。

2.简明

应用文语言的简明主要是从句法及篇章的角度来说的。所谓的简明,就是简洁明了,一句话能说清楚问题就决不用两句话。此外,要尽可能删除那些不必要的客套话。应用文语言的简明最主要的要义就是把话说清楚,把事情讲明白,把观点表达明确。简明还在于整篇应用文的行文纲目清晰,使阅读者一目了然。

3. 朴素

应用文语言要朴素,这主要是从应用文的文风上来说的。所谓朴素,也就是不华丽,简洁。所谓天然去雕饰,也就是朴素的意思。应用文不像文学作品,有时候需要华丽的辞藻,看上去浓艳富丽;其实真正好的文学作品也多数具有朴素的风格,像朱自清的《背影》、鲁迅的《记念刘和珍君》等等,真实朴素达于极致,但确实是好文章。应用文,尤其是现代应用文,朴素是其文风的主要风格。

(二)应用文的表达方式

表达方式主要有叙述、描写、抒情、议论、说明,这五种表达方式是写作中常常综合使用的。一般来说,记叙类的文章以叙述、描写为主要表达方式,议论类文章以议论为主要表达方式,说明类文章以说明为主要表达方式。

应用文的表达方式主要是叙述、说明、议论三种。

1. 叙述

所谓叙述就是把某一事情或事物的发展过程加以陈述。叙述这种表达方式在写作中运用很广。在记叙散文、小说等叙事性的文章中,叙述是最主要的表达方式。叙述有一个叙述视角的问题需要考虑,有第一人称的,有第二人称的,也有第三人称的。在应用文写作中,因为主要是叙述客观情况的,所以以第三人称为主,尽可能客观真实地把情况叙述明确。比如说一篇市场调查报告,就需要把作者调查的有关情况叙述清楚,那么在这个叙述过程中,要客观地反映情况,就需要有客观的态度和精神,否则会影响对市场行情的判断。这也是应用文中使用的叙述和叙事类文章使用的叙述的不同之处。因为应用文最需要的是客观地反映情况,而其他的叙事类文章尤其是文学作品则需要价值判断。

应用文中的叙述,也分为顺叙、倒叙、插叙、平叙、补叙。

2. 说明

所谓说明,是指对事物、事理等所作的具体或概括的介绍。这种表达方式在说明文中使用最多。在应用文写作中,常常会使用说明这种表达方式;因为在应用文中,常常需要对所写的对象作情况介绍,在一些专业应用文中,更加需要对所写对象进行说明;因而,在应用文中,说明就不可缺少了。说明的方法很多,常见的有下定义、举例子、打比方、列数字、作比较、列图表等等。应用文是实事求是的文体,有多少事实说多少话是它应有的品格,所谓"事实胜于雄辩"也就是这个意思。在应用文写作中,说明这种表达方式是最为有力的,也是最常使用的。

3. 议论

所谓议论,是指作者在事实的基础上,通过逻辑推理,表达自己的看法或见解,有时候也用来批驳不正确的观点。议论这种表达方式在议论文中使用最为频繁。议论的三要素是论点、论据、论证。其中论点是灵魂,是最为重要的部分。论据包括事实论据和理论论据。论据讲究经典,同时也要考虑论据的新颖性。而论证是用论据证明论点的过程,论证讲究的是结构的艺术。论证还需要讲究论证方法。常见的论证方法有归纳法、演绎法、对比法、类比法、引用法等等。在应用文中,尤其是财经类应用文等专业应用文中,常常需要在事实的基础上得出有益的结论,因而在应用文写作过程中,常常要运用议论这种表达方式。

【经典应用文选读】

论贵粟疏

[西汉]晁错

圣王在上而民不冻饥者,非能耕而食之,织而衣之也[1],为开其资财之道也。故尧、禹有九年之水,汤有七年之旱,而国亡捐瘠者[2],以畜积多而备先具也。今海内为一,土地人民之众不避汤、禹,加以亡天灾数年之水旱,而畜积未及者,何也?地有遗利,民有余力,生谷之土未尽垦,山泽之利未尽出也,游食之民未尽归农也。民贫,则奸邪生。贫生于不足,不足生于不农,不农则不地著,不地著则离乡轻家[3]。民如鸟兽,虽有高城深池,严法重刑,犹不能禁也。

夫寒之于衣,不待轻暖;饥之于食,不待甘旨;饥寒至身,不顾廉耻。人情,一日不再食则饥,终岁不制衣则寒。夫腹饥不得食,肤寒不得衣,虽慈母不能保其子,君安能以有其民哉?明主知其然也,故务民于农桑,薄赋敛,广畜积,以实仓廪,备水旱,故民可得而有也。

民者,在上所以牧之,趋利如水走下,四方无择也。夫珠玉金银,饥不可食,寒不可衣,然而众贵之者,以上用之故也。其为物轻微易藏,在于把握,可以周海内而亡饥寒之患。此令臣轻背其主,而民易去其乡,盗贼有所劝,亡逃者得轻资也。粟米布帛,生于地,长于时,聚于力,非可一日成也。数石之重[4],中人弗胜,不为奸邪所利;一日弗得而饥寒至。是故明君贵五谷而贱金玉。

今农夫五口之家,其服役者不下二人,其能耕者不过百亩,百亩之收不过百石。春耕夏耘,秋获冬藏,伐薪樵,治官府,给徭役;春不得避风尘,夏不得避暑热,秋不得避阴雨,冬不得避寒冻,四时之间,无日休息;又私自送往迎来,吊死问疾,养孤长幼在其中[5]。勤苦如此,尚复被水旱之灾,急政暴虐[6],赋敛不时,朝令而暮改。当其有者半贾而卖,亡者取倍称之息[7];于是有卖田宅、鬻子孙以偿责者矣。而商贾大者积贮倍息,小者坐列贩卖,操其奇赢[8],日游都市,乘上之急,所卖必倍。故其男不耕耘,女不蚕织,衣必文采,食必粱肉;亡农夫之苦,有阡陌之得。因其富厚,交通王侯,力过吏势,以利相倾;千里游遨,冠盖相望[9],乘坚策肥,履丝曳缟[10]。此商人所以兼并农人,农人所以流亡者也。

今法律贱商人,商人已富贵矣;尊农夫,农夫已贫贱矣。故俗之所贵,主之所贱也;吏之所卑,法之所尊也。上下相反,好恶乖迕,而欲国富法立,不可得也。

方今之务,莫若使民务农而已矣。欲民务农,在于贵粟;贵粟之道,在于使民以粟为赏罚。今募天下入粟县官[11],得以拜爵,得以除罪。如此,富人有爵,农民有钱,粟有所渫。夫能入粟以受爵,皆有余者也。取于有余,以供上用,则贫民之赋可损,所谓损有余补不足,令出而民利者也。顺于民心,所补者三:一曰主用足,二曰民赋少,三曰劝农功。今令民有车骑马一匹者,复卒三人。车骑者,天下武备也,故为复卒。神农之教曰:"有石城十仞,汤池百步,带甲百万,而无粟,弗能守也。"以是观之,粟者,王者大用,政之本务。令民入粟受爵,至五大夫以上[12],乃复一人耳,此其与骑马之功相去远矣。爵者,上之所擅,出于口而无穷;粟者,民之所种,生于地而不乏。夫得高爵与免罪,人之所甚欲也。使天下人入粟于边,以受爵免罪,不过三岁,塞下之粟必多矣。

【注释】

[1]衣之:给他们穿。

[2]捐瘠:被遗弃和瘦弱的人。

[3]地著:定居一地。

[4]石:重量单位。汉制三十斤为钧,四钧为石,即120斤为一石。

[5]长:养育。

[6]政:同"征"。

[7]倍称之息:加倍的利息。

[8]奇赢:利润。奇:指余物;赢:指余利。

[9]乘坚策肥:乘坚固的车,驾肥壮的马。

[10]履丝曳缟:脚穿丝鞋,身披绸衣。曳,拖。缟,精洁的丝织品。

[11]县官:汉代对官府的通称。

[12]五大夫:汉代的一种爵位,秦、汉二十等爵的第九级。凡纳粟四千石,即可封赐。

简析

晁错(前200—前154),河南颍川(今禹县)人,汉文帝、景帝时期的政治家。汉景帝时任御史大夫,主张重农抑商、纳粟受爵,向汉景帝建议削藩以巩固中央集权。后来,以吴王刘濞为首的七国诸侯以"请诛晁错,以清君侧"为名,举兵反叛,这就是"七国之乱"。汉景帝为解决七国之乱,诱杀了晁错。鲁迅评价晁错的文章为"西汉鸿文,沾溉后人,其泽甚远"。

《论贵粟疏》是晁错的名文,也是古代应用文中的杰作。晁错因感于当时谷贱伤农,大地主、大商人兼并侵吞,农民流离失所的现实问题,写了这篇奏疏。他提出了一系列主张,核心即是"贵粟",也就是文中说的"方今之务,莫若使民务农而已矣。欲民务农,在于贵粟;贵粟之道,在于使民以粟为赏罚"。"以粟为赏罚"也就是"入粟县官,得以拜爵,得以除罪",最后,作者认为"使天下人入粟于边,以受爵免罪,不过三岁,塞下之粟必多矣"。晁错的这些主张,在当时是有一定的进步意义的。

从艺术上说,本文观点精辟、分析深刻、文采灿然、气势博大、风格浑厚,且能切中时局、意义深远。这篇奏疏也告诉我们,即使是应用文,也是可以写得文采飞扬的。

 课后练习

一、填空题

1.应用文的种类有行政机关公文、_____、_____、_____。

2.应用文的特点有_____、_____、_____、针对性、时效性。

二、翻译分析题

翻译晁错的《论贵粟疏》,并分析其语言特点。

三、课外拓展题

课后找若干有代表性的应用文,体会应用文的写作特点。

第二节 财经应用文写作概述

顾名思义,财经应用文就是在财经工作中使用的、带有财经工作特点的应用文。财经应用文的概念有广义和狭义两种。狭义的财经应用文是指专业的财经应用文文书,如财经信函、市场调查报告、市场预测报告等;广义的财经应用文是在专业的财经应用文外,与财经工作相关的通用的应用文,因为在财经工作中也常常需要通常意义上的应用文,但这种应用文已经与财经工作有联系了,比如一些常用的机关文书,在财经工作中也是需要用到的,因而在本教材中将这些与财经工作相关的通用的应用文也纳入这个体系中。目的在于学习者通过本教材的学习,既能够学会专业的财经应用文写作,同时对于财经工作需要的相关的应用文也能够写作。

一、财经应用文的特点

财经应用文是应用文的一种,因而,财经应用文具备了前面所述的应用文的特点,诸如实用性、真实性、规范性、针对性、时效性等。那么,除了应用文的一般特点外,财经应用文自身的特点是什么呢?

戴永明主编的《财经应用文写作》将财经应用文的特点概括为政策性、真实性、实用性、规范性四点。赵绍全主编的《财经应用写作》则概括为政策性、实用性、专业性、规范性、时效性。王晓红主编的《财经应用文写作》则概括为政策性、定向性、专业性、权威性。而杨文丰主编的《实用经济文书写作》将经济文书的特点概括为内容的专业性、政策法规的制约性、经济信息的时限性、运用数据的普遍性、文字格式的规范性,简单地说,就是专业性、制约性、时限性、数据性、规范性。

从以上诸家的观点来看,显然各自对财经应用文或经济文书都有自己的看法,但是,确实又存在一些不足,这个不足就是对财经应用文与一般应用文的特点没有进行清晰区别,尽管这种区别非常艰难。但是,我们本来在讲财经应用文的特点,当然就要将独属财经应用文的特点进行分析和概括;我们既然是讲财经应用文的特点,就要把财经应用文与其他专业应用文、一般应用文的不同之处找出来,所有那些独属于财经应用文的特别之处才真正属于财经应用文的特点。自然,任何概括都意味着是一种冒险,意味着是一种不足。财经应用文的特点可以概括为以下几点:

1. 专业性

在这里所讲的专业性是指财经应用文相对于其他种类的应用文或一般的应用文更注重专业性,这种专业性指的是财经应用文与财经问题本身的联系,也就是说,财经应用文与财经问题、财经工作的联系是比较密切的,而这就意味着财经应用文在写作过程中体现出更为强烈的专业倾向;其实,像法律文书也是非常专业的应用文类型,但是,法律文书本身的专业性需要与其他专业相联系起来。比如,一份诉讼状如果与离婚相关,那么,这份诉讼状更多地体现离婚双方当事人的情况,更多地与家庭这样的社会学意义上的单位相关联。如果一个官司与经济相联系,那么,这份诉讼状就更多地体现与经济相关联的性质。这也是本书包含了财经法律文书、财经广告文书等章节的原因。显然,财经应用文本身的专业性是比较突出的,这种专业性就体现为它与财经问题直接关联的内在联系性。当然,专业性不仅仅财经应用文具有,只是在财经应用文中体现更为突出。

2. 数据性

在所有的应用文类型中,财经应用文应该是使用数据最频繁的。财经本身与各种数据联系最为密切。无论是各级各类经济单位的年度计划、年终总结,各类市场调查报告、市场预测报告等,都一定会与各种数据大量联系,都需要使用大量的数据用来说明问题、阐明道理。使用数据当然还有一个数据的准确性的问题。财经应用文写作过程中需要辨析数据的真实性,因为只有真实的数据才能真正说明问题,才能真正反映情况,才能给决策部门提供有益的帮助。财经应用文中使用数据说明问题、阐明道理,还显得特别简洁明了、一目了然,有时候一组准确、有益的数据胜过啰啰唆唆的万语千言。

3. 市场性

经济活动与市场的联系是很密切的,因而反映经济情况的财经应用文也体现出强烈的市场性。市场性反映在两方面:一方面,财经应用文的很多数据需要从市场中来,比如要了解某种商品的市场占有份额,就需要对市场进行调查,通过一定范围的抽样调查来得出该种产品的市场占有份额是多少。另一方面,财经应用文从市场中得到的数据等资料,经过分析综合后,往往还要运用到市场,从而进行检验,并进一步指导经济单位的经济活动,或者政府部门实现对市场的管理和监控。因而,市场性是财经应用文的一个主要特点。

二、财经应用文的种类

财经应用文本身是专业应用文的一种,要对它进行分类其实也是一件费劲的事情。不过,任何事情都是可以分析的,财经应用文也不例外。只是不同的专家学者分类有些不同而已。

戴永明教授将财经应用文分为两类:一类是财经通用文书,另一类是财经专用文书。作者认为,财经通用文书是指财经活动中常常使用但也在其他各行各业中广泛使用的文书。而财经专用文书通常指在财经活动中形成的并且仅适用于财经活动的各种应用文书。此类文书的专用性很强,除了财经领域外,通常不再适用于其他领域的工作,如合同、标书、审计报告等。

王晓红则将财经应用文细分为四类:一是公务文书,指用于处理财经部门事务和行政的公文。二是事务文书,指财经部门处理日常事务工作经常使用的文书。三是专用文书,是财经部门特有的,专业性很强。四是经济学术论文,指对经济科学领域中的问题进行专业探讨、表述科研成果的文书。

本书将财经应用文定义为广义的财经应用文,在综合各家观点基础上,结合实际需要,将财经应用文分为以下几类:

1. 财经通用应用文

在一般应用文中,尤其是机关行政公文和事务文书中,有许多文书类型是财经管理部门和财经专业工作部门常常会用的,比如通知、通告、请示、批复、计划、总结等。结合实际需要,本书选择了高职学生今后在工作中比较可能遇到的常见的应用文文种加以说明、分析、比较。通过学习,掌握今后工作中将会遇到的这些应用文文书的写作知识,为今后工作打下坚实的基础。

2. 财经专业应用文

财经专业应用文,顾名思义是指在财经管理部门和财经专业工作部门专业使用、其他工作部门很少使用的专业应用文文书,比如,财经专业信函、财经市场文书、财经契约文书等。这些类型的应用文主要在财经管理和财经专业工作部门使用,具有专业性强的特点,是财经应用文的主干部分,也是本书的最主要组成部分,同时也是本书学习者需要着力学习的内容。

3. 财经相关应用文

财经相关应用文是指财经管理部门和财经专业工作部门在具体工作过程中使用的,从大类来说属于其他专业类型的应用文,但在使用过程中又带上比较浓厚的财经工作内容和特点的应用文。从现实需要出发,我们在本书中安排了两类财经相关应用文:一类是财经法律文书,一类是财经广告文书。财经法律文书是法律文书与财经的结合,而财经广告文书是广告文书与财经的结合。因为这两类财经相关文书在实际工作中都比较常见,在工作中可能会遇到,因而将其纳入本书系统中。

4. 财经理论文章

财经理论文章是指财经工作中具有比较理性的内容,是财经领域科学研究的成果的表述载体。本书所述的财经理论文章包括两类:一是财经评论,二是财经论文。财经评论是比较灵活的财经理论文章,形制可长可短,语言也比较灵活。而财经论文则要求比较高,财经论文的理论性比较强,篇幅一般也比较长,要求有比较高的理论水平和有一定的理论创见。

三、财经应用文的作用

财经应用文是财经管理部门和财经专业工作部门使用的应用文书,考察财经应用文的作用,主要也是从财经管理和财经专业工作角度来进行。许多财经应用文教材都回避了这个问题,但是,从深入了解财经应用文的角度看,还是需要认识财经应用文的作用,因为这有利于对财经应用文的深入理解。从财经应用文本身以及财经应用文的使用场合来看,财经应用文的作用主要有以下几方面:

1. 领导与规范作用

财经应用文的领导与规范作用主要是针对财经管理部门来说的,财经管理部门包括各级财经行政管理部门和各级财经具体业务部门的管理层。无论是各级财经行政管理部门还是各级财经具体业务部门的管理层,都经常使用应用文文书来对下属部门和工作人员进行领导,规范经济活动中需要注意的问题。尤其是财经各级行政管理部门,会经常根据需要发布各种财经应用文来传达国家、各级政府的方针政策,对国民经济的正常运行进行规范,从而实现对国民经济运行的领导作用。即使是在一个具体的经济部门,如一个生产企业,也常常需要发布财经应用文文书来对企业的正常生产进行规范和领导。

2. 指导与引导作用

这里所说的"指导"是指上级财经管理部门或各具体业务部门的管理层对下级部门各种工作的指示,带有一定的强制性;而"引导"就是上级管理部门和具体业务部门的管理层对下级部门在合乎法律法规的范围内进行诱导,执行力度相对而言比较宽松,强制性比较弱,意味着下级部门及其成员有更大的自主权。许多财经应用文都具有这种作用,如市场调查报告就对产品的生产、推广、销售等具有重要的指导作用,同时也有引导作用。

3. 计划和总结作用

财经管理部门也好,财经具体业务部门也好,通过应用文这种实用文体,还具有一定的计划和总结作用。在经济活动中,由于市场的复杂多变,计划是指在充分调研的基础上的计划,是合乎市场基本情况的计划。同时,经济活动在一定期限内需要总结,经济活动中的总结对于计划的调整也是极为重要的。

4. 研究与利用作用

财经应用文本身由于专业性,具有比较精确的数据,能够反映一定阶段某个层次的财经单位的具体情况,因而具有一定的文献价值,具有研究作用和利用价值。而且,财经理论文章本身即是对财经情况的评论和论述,对经济活动本身即具有指导价值,具有研究和利用的作用。

四、财经应用文写作中应注意的事项

1. 材料要真实、准确、典型、新颖

财经应用文在写作过程中最重要的基础是材料的选择。有人认为材料是财经应用文的血肉,在一定意义上说的确如此,因为没有合适的材料,就好像是巧妇难为无米之炊,有再好的观点也没有用。财经应用文写作的材料有两种:第一手材料和第二手材料。第一手材料需要亲自实践、调查得到;第二手材料通过阅读文献资料获得,尤其是那些历史资料、理论论著,都需要通过阅读获得。在互联网时代,二手资料的获得还可以通过网络查询来获得。但网络是把双刃剑,在方便查找资料的同时也往往会提供许多有差错的材料。最好的方法是在网上找到相关资料后,通过书籍、文件等检查核对,这样比较稳妥。

财经应用文的材料最好来自写作者的调查所得,这就是所谓的第一手材料。在开始调查前,调查者需要根据自己的思考确立调查的范围、深度,最好做一个调查方案。在调查过程中,要根据所调查到的新情况及时调整调查方案,一般来说,调查是越仔细越好,越全面越好。第一手材料往往具有生动、鲜明、富有生活气息等特点,也是最有价值的。

调查来的材料需要进行辨伪。人们常说"眼见为实,耳听为虚"。其实更多的时候是"眼见的不一定是实,耳听的不一定是虚",反过来也是如此。所以在调查过程中,要擦亮眼睛,仔细观察,不仅要认真听、认真看,还要认真辨析。对于已经得到的材料,即使有一点点的怀疑,也需要再次调查、询问。胡适说过"做学问要在不疑处有疑",的确如此。连不疑处也要有疑,何况是本来就有疑之处呢?人们常说"没有调查就没有发言权",这话没有错。但是,我们还需要做的是,即使去调查了,也还要谨慎发言,也就是说,在没有完全

确认材料的准确无误的时候,最好还是少发言。

材料除了真实、准确外,还需要典型。所谓典型,就是要有代表性,能够达到"窥一斑而见全豹"的效果。财经应用文涉及的情况也像生活本身一样五花八门、瑕瑜互见,如果眉毛胡子一把抓,材料是多了,却不见得好,不见得有助于说明和论证问题。所以,无论所得到的材料多还是少,都需要推敲材料是否典型,因为只有典型的材料才能更有力地说明问题。

最后需要注意的是材料的新颖性。这一点对于财经应用文写作来说是非常重要的,因为财经应用文反映的大多是现实中的成绩或问题,因而,财经应用文写作所需的材料也要尽可能的新颖,只有新颖的材料才能更好地说明所要表达的观点的现实意义和现实价值。

2. 观点要鲜明、深刻、富有时代特色

财经应用文,尤其是财经专业应用文、财经理论文章,特别需要做到观点鲜明、深刻和富有时代特色。

所谓观点鲜明,是指在财经应用文中表达的观点要准确明白,尤其是财经分析性应用文,包括财经理论文章,都需要有鲜明的观点。这一点和平时讲的议论文是一样的。但是,财经应用文所讲的观点鲜明还指财经应用文能真实反映财经问题,为财经工作的正常开展指明方向。财经应用文的观点深刻是指财经应用文的观点要对财经问题作出精到的分析,能够反映财经问题的本质,从而更好地为财经工作服务。此外,财经应用文的观点还要富有时代特色。尽管说财经问题也有很深的历史感,但是,毕竟财经问题所彰显出来的更多的是时代的问题与困境。我们写作财经应用文一方面要从历史深处找到其根源,但更重要的是反映现实,为现实中存在的财经问题找出解决的办法,尤其是财经理论文章,更需要有鲜明的时代特色。

3. 结构要严谨、明了

财经应用文的结构方式有不少,比如总分式、并列式、递进式等。但是,由于财经应用文种类繁多,实际上很难用几种固定的结构方式来概括。各种不同的财经应用文都有自己的结构要求,写作时根据各自的要求去写作就可以。虽然如此,财经应用文的结构还是有自己的共性——严谨、明了。所谓内容决定形式,财经应用文是应用文中的一种,它的结构无论如何都是要遵循应用文的基本要求的。严谨而明了的结构是为财经应用文的内容而服务的,具体来说,就是提纲挈领、层次分明、一目了然。

4. 语言要准确、简明、精练

语言是交流的工具,无论是阅读还是写作,都是如此。有不少人认为包括财经应用文在内的应用文的写作是可以无师自通的,这实在是一种误解。实际上,应用文是需要学习的,其中最需要学习的就是语言。有许多文字能力很不错的职场人士往往就是写不好应用性文章,很大程度上就是没有过好语言关。文学作品的语言可以朦胧含蓄,甚至松散一点也没有关系,而应用文则要求准确、简明、精练。财经应用文写作中会用到很多专业名词,因而需要准确,而简明和精练是与准确相联系的。简明是指简洁明了,而精练是不啰嗦,表达清楚即可。

5.表达方式要得体、规范

财经应用文的表达方式和其他文章的表达方式一样,有五种,即叙述、描写、抒情、说明、议论。但是,财经应用文写作中的表达方式在使用过程中要得体、规范。所谓得体,是指根据写作的需要选择适当的表达方式;所谓规范,是指在写作财经应用文时使用各种表达方式要注意符合财经应用文的文体要求。比如叙述(或记叙)这种表达方式,在记叙文或散文中的叙述要准确、生动,可以借助各种修辞手段来达到最大的效果;但是,在财经应用文里的叙述则主要偏于准确,即把需要叙述的材料准确表达清楚就可以了。因为财经应用文里的叙述是为了使文章的材料准确明白地表达出来,至于是否生动是其次的。当然,如果能够在准确的基础上再生动一点也可以,这需要很高的语言功力。事实上,古代的应用文包括财经应用文很多是写得很生动的,比如,晁错的《论贵粟疏》、诸葛亮的《出师表》、李密的《陈情表》、孔稚珪的《北山移文》、刘禹锡的《陋室铭》等,都是千古传诵的名文。

 课后练习

一、填空题

1.财经应用文的特点是专业性、_____、_____。
2.财经应用文的作用是_____、_____、_____、研究与利用。

二、讨论题

你认为财经应用文写作要注意哪些方面?

第一章 财经通用应用文写作

教学目标

了解财经通用应用文的一般特点和写作注意事项。

熟悉财经通用应用文的基本知识和结构特点。

掌握本章所讲授的几种常见财经通用应用文的写法。

教学重点

常见财经通用应用文的基本知识。

教学难点

常见财经通用应用文的写作实践。

【导入新课】

在现代社会,写作能力越来越重要,可以说,一个人的写作能力是他事业成功的最为关键的素质之一。

很多大学生没有意识到这一点,甚至许多教师也没有真正认识到写作的重要性,尤其是没有意识到应用文写作的重要性。之所以出现这种情况,主要是人们普遍有一种误解,就是一谈到写作,首先想到的就是文学写作,认为自己反正不从事文学写作,所以就对写作不重视了。因此,我们必须要时时想到除了文学作品的写作外,还有包括财经应用文在内的所有应用文的写作。而且,我们还必须从职业生涯规划的高度来认识这个问题。没有好的写作能力,一个人要在他的职业发展中有大的进步是比较困难的。

在财经应用文中专列了通用应用文写作,目的是为了使财经应用文写作的范围不至于过于狭窄。因为,一般的应用文在工作中也是常常会遇到的,如果过于专业地学习财经应用文,反而是褊狭了。

因而,我们首先需要来认识和学习财经通用应用文的写作。

财经通用应用文是指在财经系统使用的一般公务文书。

公务文书或称行政公文。在我国,公文是党和国家机关行政的工具与手段,具体说就是表达意志和传递政策、法令、规章制度等。国务院 2000 年发布的《国家行政机关公文处理办法》规定:"行政机关的公文,是行政机关在行政管理过程中形成的具有法定效力和规范体式的文书,是依法行政和进行公务活动的重要工具。"显然,这个定义说明了公文的政治性和权威性。

在行政机关的财经系统、一般的公司的财务部门常常会使用到行政公文,但是在这种场合下使用的行政公文与一般在行政机关的公文又有些不同。这些不同主要是由于在财经系统、相关财务部门在使用这类公文时,由于其特定的工作内容而显示出自己的特色,因而它所具有的特点也就与常见的行政机关的公文有着一些区别,这种区别更多的是内容上的不同,而其写作格式还是基本相同的。

在本章中,我们选取了与财经工作联系最为密切的通用应用文,它们是通知、通告、通报、请示、批复、章程、规定、条例、求职信、招聘函、工作计划、工作总结、简报。并根据它们的特点进行了合理的组合,相关的文种集中在一起编写,这是有利于大家学习的。

第一节 通知 通告 通报

一、通知

(一)通知的含义

通知,适用于发布、传达要求下级机关执行和有关单位周知或者执行的事项,以及批转、转发公文的一种公文。

通知是知照性公文,使用频率高、范围广,是最常见、应用最为广泛和普遍的公文之一。

通知以下行文为主,在不相隶属机关之间使用时是平行文。

(二)通知的特点

1.知照性
通知具有告知相关事项情况的特点。

2.广泛性
通知的适用范围广,各级各类机关、团体、企事业单位均可使用;既可以批转、转发和发布公文,也可以传达事项、任免人员等,内容涉及社会生活的方方面面。

3.灵活多样性
通知行文简便、写法灵活、内容形式多样。

4.时效性
通知具有较强的时效性,它所传达的事项,往往要求受文单位及时知晓或迅速办理。

（三）通知的分类

按照行文的内容，可将通知分为以下三大类：

1. 批转、转发和发布性通知

批转性通知，用于批转下级机关的公文，即上级机关对下级机关的有关公文作出批示后，再转发到有关单位遵照执行。

转发性通知，用于转发上级机关和不相隶属机关的公文。

发布性通知，用于发布本机关制定的相关法规、制度、章程和公约等规章制度。

2. 指示性通知

上级机关对下级机关布置工作事项，作出工作指示和安排，而根据公文内容又不适于用"命令（令）"或"决定"时，可使用这类通知。

3. 事务性通知

用于处理日常工作中带事务性的事情，告知各有关方面的事项。适用范围非常广泛，包括通知会议、任免人员等等。

（四）通知的格式与写作要点

通知的结构由标题、发文字号、主送机关、正文、落款组成。

1. 标题

通知的标题一般由发文机关、事由和文种三部分组成，其中发文机关名称有时可以省略。有时候还可以根据内容需要、紧急程度和发文机关情况等，在"通知"之前加上限定性词语，如"重要通知""补充通知""紧急通知""联合通知"等。如果通知所批转、转发或发布的文件是法规性文件并且其名称出现在标题中时，须在此法规性文件名称上加书名号。

2. 发文字号

为完全式的发文字号，即由机关代字、年份和序号组成。

3. 主送机关

一般为直属下级机关，或需要了解通知内容的不相隶属的单位。当主送机关较多时，注意主送机关的排列顺序，一般由高到低、由主到次排列。

4. 正文

通知的正文包括通知缘由、通知事项、尾语三部分。

通知缘由：主要用于写明通知的背景、原因、目的和依据，并使用过渡语引起下文。

通知事项：这是通知的主要内容。批转、转发和发布性通知，所批转、转发、发布的公文可以附件形式原文列出；指示性通知，要写明指示的依据和指示事项；事务性通知，要写明需要告知的事项。这部分内容要详细具体，明确清晰，条理分明。较长的内容可以分列条款，逐条说明。

尾语：可以根据通知内容和具体情况提出相应的要求和希望，然后以"特此通知"等语结束全文，也可以省略。

5. 落款

署名和时间。

（五）通知写作的注意事项

（1）标题的拟制要清晰到位，注意区分通知的不同类别，让读者一目了然。

（2）内容要详细具体、条理清晰、切实可行，切勿含混不清、脱离实际。

（3）不同种类的通知有相对固定的结束语。比如批转、转发和发布性通知以及指示性通知往往用"望参照执行""请认真按照执行""以上通知请各有关部门认真贯彻执行"等；事务性通知一般用"特此通知"等。

（4）通知适用广泛，内容形式多样，往往根据不同种类和具体内容而写法灵活。

【范文 2.1.1】

××省地方税务局关于转发国家税务总局关于印发
《税收减免管理办法(试行)》的通知

××地税发〔2005〕64 号

各市地方税务局、省直属征收局：

现将《国家税务总局关于印发〈税收减免管理办法(试行)〉的通知》(国税发〔2005〕129号)转发给你们，同时结合我省实际提出如下贯彻意见，请一并遵照执行。

一、为方便纳税人，规范减免税审批管理，报批类的减免税，纳税人申请减免税的受理机关为主管税务机关。

二、关于延长减免税审批期限问题。增设《延长减免税审批期限通知书》(见附件)，其审批"负责人"为本级税务机关的局长或主管局长。

三、关于报送上年度减免税情况和总结报告问题。各市局税政科(处)要在每年5月15日前，以书面和电子文档(Word文本)两种形式将上年度减免税情况和总结报告报至省局对口处。减免税总结报告要求内容翔实，结构清晰，言简意赅。

此外，各税种减免税的审批权限和备案类减免税的种类，省局近期将另行下文作出规定。

附件：1.国家税务总局关于印发《税收减免管理办法(试行)》的通知(略)
　　　2.税收减免管理办法(试行)(略)
　　　3.延长减免税审批期限通知书(式样)(略)

××省地方税务局(盖章)
二〇〇五年九月三十日

范文简析：

这是一篇转发性通知。全文由标题、发文字号、主送机关、正文、落款五部分组成。正文第一段简洁明了地指出通知事项，即转发国家税务总局《税收减免管理办法(试行)》(具体内容见附件)，并在下文提出三点贯彻意见，提出要求"请一并遵照执行"。最后一段是补充事项。本文写法灵活、条理清晰、简洁明了。

【范文 2.1.2】

国家税务局关于印发《集贸市场税分类管理办法》的通知

国税发〔2004〕154 号

各省、自治区、直辖市和计划单列市国家税务局,地方税务局,扬州税务进修学院,局内各单位:

为进一步规范集贸市场税收征收管理,提高税收征管质量与效率,国家税务总局在深入调查研究、广泛征求意见的基础上,制定了《集贸市场税收分类管理办法》,现印发给你们,请认真执行。执行中有何问题和建议,请及时反馈总局。

附件:集贸市场税收分类管理办法(略)

国家税务总局(盖章)

二〇〇四年十一月二十四日

范文简析:

这是一篇发布性通知。全文由标题、发文字号、主送机关、正文、落款五部分组成。正文提出发布的目的,并用"请认真执行"提出要求。本文短小精简,结构与写法符合具体内容的要求。

二、通告

(一)通告的含义

通告,适用于在一定范围内公布应当遵守或者周知的事项的公文。

通告适用于在国内一定范围内公布事项,并且所宣布事项为一般性事项,有别于公告向国内外宣布重大事项。通告的使用主体和内容都具有相当的广泛性,可采用张贴或媒体刊播的形式公布。

(二)通告的特点

1. 约束性

通告事项常常作为各有关方面行为的准则或对某些具体活动的约束限制,对受文群体具有一定的约束力。

2. 广泛性

通告的使用者可以是各级各类机关,各级机关、企事业单位和社会团体都可以使用,主体广泛;通告的内容涉及社会的方方面面,内容广泛;通告不仅可以在机关单位内部公布,还可以面向社会公布,适用范围广泛;通告可以通过发文、张贴或者媒体刊播,发布形式多样。

3. 对象的区域性

通告适用于在国内一定范围内公布事项,受文对象具有区域性,而不关涉该范围之外的对象。

4. 无主送单位

通告只划定受众范围,写作时没有主送单位。这一点不同于通知有明确的主送单位。

5. 公布性

通告具有对外公布的特点,不讲密级。这一点不同于通知带有内部知照性质,不一定完全对外公布,有时候具有密级。

（三）通告的分类

按照行文的内容,可将通告分为以下两类:

1. 规定类通告

用于公布需要受文群体遵守或执行的有关政策、法规及其他约束事项,具有一定的强制力。

2. 周知类通告

用于使受文群体了解相关消息和情况,一般不提直接的执行要求。

（四）通告的格式与写作要点

通告的结构由标题、发文字号、正文、落款组成。

1. 标题

通告的标题完全式为"发文机关＋事由＋文种",其中发文机关名称和事由可以省略,即"发文机关＋文种""事由＋文种""文种"这三种写法都是正确的。例如《广州市地方税务局关于督促年所得 12 万元以上纳税人办理个人所得税自行纳税申报的通告》,写成《广州市地方税务局通告》《关于督促年所得 12 万元以上纳税人办理个人所得税自行纳税申报的通告》《通告》都可以。

2. 发文字号

为完全式的发文字号,也可省略。

3. 正文

通告的正文包括缘由、事项、尾语三部分。

缘由:主要用于交代通告的背景、原因、目的和依据等,并使用过渡语"特通告如下"等引起下文。

事项:通告事项是通告的主要内容和主体部分,是需要遵照执行的规定性事项(包括执行要求)或者需要周知的事项。该部分内容是面向受文群体的,要做到清晰分明、简洁明了、易于掌握。

结尾:可以提出要求和希望,并以"特此通告"或"本通告自发起之日起实施"等语作结。也可以省略。

4. 落款

署名和时间。

（五）通告写作的注意事项

(1)通告的内容要充实突出,要给人留下深刻印象。通告的内容要根据需要详尽地表述,不能遗漏,否则将造成事与愿违的后果;同时,只有内容充实的通告才能给阅读者留下深刻的印象。

(2)通告的写作要条理清晰、层次分明,以便读者掌握。通告的写作要按照通告内容逐条书写,做到条理清晰、层次分明,这有利于阅读者全面了解和掌握通告内容,达到通告写作的目的。

【范文2.1.3】

××省财政厅关于××省境内外商投资企业进行财政登记的通告

为了规范外商投资企业的财务管理和财政监督,根据财政部财工字(1996)126号文件《关于印发〈外商投资企业财政登记管理办法〉的通知》要求,××省财政厅决定对在××省境内举办的外商投资企业,依照国家有关法律、法规的规定进行全面的财政登记,现将财政登记有关事项通告如下:

一、凡在××省境内举办的外商投资企业(以下简称企业)在工商行政管理机关签发营业执照(副本)之日起30日内,必须到指定的主管财政机关办理财政登记。

1.省级单位及省直部门所属企业、事业单位单独与外商举办的中外合资、合作经营企业;省级单位及省直部门所属企业、事业单位和地(市)及县(市)企业、事业单位共同与外商举办的中外合资、合作经营企业,均必须到江西省财政厅(工交处)办理财政登记。

2.地(市)企业、事业单位单独或地(市)及县(市)企业、事业单位共同与外商举办的中外合资、合作经营企业均到企业所在辖区地(市)财政局办理财政登记。

3.县(市)企业、事业单位与外商举办的中外合资、合作经营企业和外商独资企业,就地到县(市)财政局办理财政登记。

二、企业办理财政登记时,应当依法提交企业设立批准证书、营业执照,以及经政府授权机关批准的可行性研究报告、合同、章程等文件或其复制件,并填写《外商投资企业财政登记表》,按第一条规定经主管财政机关核准后,发给《外商投资企业财政登记证》,作为企业向会计(审计)师事务所申请办理验资、查账,开展财务会计活动,接受财政检查、监督的基本依据。

三、省级单位及省直部门所属企业、事业单位单独或与地(市)及县(市)企业、事业单位共同与外商举办的中外合资、合作经营企业,填写一式三份《外商投资企业财政登记表》,一份送省财政厅,一份送省直有关行业管理部门,一份企业自存。省、地(市)、县(市)共同与外商举办的企业另送一份给地(市)、县(市)财政主管机关。地(市)企业、事业单位单独或地(市)及县(市)企业、事业单位共同与外商举办的中外合资、合作经营企业,填写一式四份《外商投资企业财政登记表》,一份送地(市)财政局,一份送县(市)财政局,一份送省财政厅备案,一份企业自存。县(市)企业、事业单位与外商举办的中外合资、合作经营企业和外商独资企业,填写一式三份《外商投资企业财政登记表》,一份送县(市)财政局,一份送省财政厅备案,一份企业自存。

四、《外商投资企业财政登记证》每套由正本、副本组成,由财政部统一印制。企业领取《外商投资企业财务登记证》后,其正本应当置于企业住所或者分支机构营业场所的醒目位置。

五、企业因修改合同、章程或者更改名称、住所、企业负责人、经营范围等，变更工商登记的，应当自办理变更工商登记之日起 30 日内，凭工商变更登记证明及有关证件，办理变更财政登记手续。

六、企业应当在每年 5 月底前，向主管财政机关申请办理年检手续，年检的主要内容包括：企业在上一年度内，办理财政登记或变更登记的情况；开展财务会计活动，执行财经法纪的情况等。申请办理年检时，应当填写《外商投资企业年检报告书》，并且提交《外商投资企业财政登记证》（副本）和会计（审计）师事务所注册会计师出具的查账报告等有关资料。

七、在年检过程中，对于企业没有按照规定设置财会机构，配备必要的财会人员，或者财务会计制度不健全、建账不符合规定要求等，受理登记的主管财政机关应当要求企业限期改正；逾期不改的，应当按照国务院的规定，提请工商行政管理机关，不予办理登记注册或者工商年检。

八、企业按照合同、章程规定或者其他原因解散清算后，在申请注销工商登记前，须向主管财政机关注销财政登记。

九、企业违反规定不办理财政登记（包括变更登记和注销登记）或者不申请办理年检的，会计（审计）师事务所不得受理其验资、查账的申请，主管财政机关视情节轻重，依照《外商投资企业执行新财务制度的补充规定》等有关法规予以处罚。

十、本通告自发布之日起执行。此前已办理财政登记和未办理财政登记的企业，均必须在本通告发布之日起 90 日内，到指定的主管财政机关申领财政部统一印制的《外商投资企业财政登记证》，办理财政登记手续。

××省财政厅（盖章）

一九九六年八月二十一日

范文简析：

这是一篇规定类通告。标题为完全式，没有发文字号。正文第一段交代通告缘由，依次写明了通告的目的、依据和决定，然后用过渡语"现将财政登记有关事项通告如下"引起下文。接下来从十个方面依次陈述本通告的内容，为通告的事项。在通告事项的过程中，也提出了不同的执行要求。全文条理清晰、措辞严谨、语气威严，体现了规定类通告的强制性和约束力。

三、通报

（一）通报的含义

通报，适用于表彰先进、批评错误、传达重要精神和告知重要情况的公文。

通报是上级把有关的人或事告知下级的下行文。通报用于表扬先进范例、批评错误歪风、传达需要下级单位知道的精神和告知重要情况。目的在于激励先进、督促后进、交流经验、教育群众，推动工作的进一步开展，具有宣传、教育、沟通信息的作用。

（二）通报的特点

1. 告知性

通报是把人物、事件、情况或精神告诉大家，让大家知道、了解。

2. 真实性

被通报的内容必须是真实无误的，不能有丝毫的夸大或缩小，必须实事求是。

3. 典型性

被通报的内容要具有代表性、普遍性，即具有典型意义，这样才更能给人们以启示和警醒，才更有借鉴价值。

4. 指导性

即宣传教育性。通报的告知性让大家知晓情况，但最终目的在于通过告知内容，宣传上级政策精神，教育广大群众，以提高思想认识。

5. 时效性

上级机关应该适时发布通报，通报的内容总是跟特定时期背景有着紧密的联系，通报得过于迟缓，就不利于其发挥沟通交流、宣传教育的作用。所以，通报的制发应该迅速及时，以免时过境迁，失去其积极的作用。

（三）通报的分类

按照行文的内容和性质，可将通报分为以下三类：

1. 表彰性通报

用于表彰先进人物或先进集体，宣传先进事迹，树立先进榜样，推广成功经验，扩大社会影响，号召大家向先进学习，提高思想觉悟，认真做好工作。

2. 批评性通报

用于批评错误、歪风邪气和给社会带来不良后果及影响的反面典型。教育大家吸取教训，引以为戒，进一步改进工作，以防类似事件的再度发生。

3. 情况通报

用于一定范围内，向所属单位或有关部门传达当前各方面的重大情况或精神动态，沟通交流，以统一认识，具有告知和沟通的双重作用。

（四）通报的格式与写作要点

通报的结构由标题、发文字号、主送机关、正文、落款组成。

1. 标题

通报的标题一般由发文机关、通报事由和文种三部分组成，其中发文机关名称有时可以省略。例如《湖南省地方税务局关于表彰 2006 年度年所得 12 万元以上个人所得税自行纳税申报工作先进单位和先进个人的通报》。

2. 发文字号

为完全式的发文字号，即由机关代字、年份和序号组成。

3. 主送机关

一般为直属下级机关，或需要了解该内容的不相隶属的单位。有的特指某一范围内，可以不标注主送机关。

4.正文

通报的正文包括缘由、介绍事实、分析评论、处办决定、希望要求、尾语等六部分。

缘由:主要用于写明通报的背景、原因、目的和依据,给事件定性,并使用过渡语引起下文。

介绍事实:具体介绍人物事件,传递信息动态。表扬先进、批评错误,要写清时间、地点、人物和基本事件经过;通报情况,要条理清晰、详细具体。

分析评论:揭示事实的性质和意义,认清事实本质。主要采用议论写法,精练简短、公正中肯。

处办决定:写明谁作出什么决定,上级有何精神和指示。

希望要求:这是全文的落脚点,提出希望、发出号召,引起重视,体现通报的指导性,给受文单位以警戒和启示。

尾语:通常以"特此通报"等语收尾,也可省略。

5.落款

署名和时间。

(五)通报写作的注意事项

(1)实事求是,观点鲜明。事件介绍和情况传达都应该符合实际,不夸大,不缩小;评价客观公正,提倡什么,反对什么,做到观点鲜明,要是非分明、立场坚定。

(2)迅速及时。通报具有较强的时效性,要抓住时机,及时说明情况和问题,起到警示作用。

(3)通报在结尾提出希望和要求,仅限于普遍性、原则性的内容,一般不提出工作中的具体要求和事项,以区别于通知。

【范文2.1.4】

×× 市人民政府
关于表彰 2008 年度依法纳税大户的通报

× 政发〔2009〕41 号

各县(市、区)人民政府,市政府直属各单位:

2008 年,全市广大企业面对国际金融危机的严重冲击,面对国内宏观环境变化带来的种种压力,坚定信心,积极应对,锐意进取,取得了显著成绩,并涌现出一大批守法经营、主动纳税、对社会作出积极贡献的纳税大户和先进典型。为表彰纳税大户的突出贡献,鼓励诚信纳税,激发创业热情,市人民政府决定,授予浙江正泰电器股份有限公司等 100 家企业"2008 年度温州市纳税百强"称号,授予浙江正泰电器股份有限公司等 50 家企业"2008 年度温州市制造业纳税 50 强"称号,授予正泰集团股份有限公司等 10 家企业"2008 年度 ×× 市企业集团纳税十强"称号(名单附后),并予以通报表彰。

希望受表彰的纳税大户珍惜荣誉,再接再厉,积极应对危机,奋力克难攻坚,努力创造更好的效益,取得更大的发展,为我市经济社会又好又快发展作出更大的贡献。

　　附件:1.2008年度××市纳税百强(略)

　　　　2.2008年度××市制造业纳税50强(略)

　　　　3.2008年度××市企业集团纳税十强(略)

　　　　　　　　　　　　　　　　　　　　××市人民政府(盖章)

　　　　　　　　　　　　　　　　　　　　二○○九年五月十一日

范文简析:

　　这是一篇表彰性通报。全文由标题、发文字号、主送机关、正文、落款五部分组成。正文第一段依次交代了表彰的背景和目的,接着点明表彰的内容,即授予纳税大户荣誉称号。第二段陈述希望和要求。全文简明扼要、目的明确。

【范文2.1.5】

关于批评湖南省宁远县政府违法乱纪违反税法行为的通报

财监字〔1998〕280号

各省、自治区、直辖市、计划单列市财政厅(局),国家税务局,地方税务局,财政部驻各省、自治区、直辖市、计划单列市财政监察专员办事处:

　　根据人民来信,财政部、国家税务总局会同××省国家税务局、地方税务局、财政部驻湖南省财政监察专员办事处对湖南省宁远县政府违反税法,自定综合税率的行为进行了查处。现将有关情况通报如下:

　　1997年7月,湖南省宁远县政府下发《宁远县人民政府关于在全县开展房地产业税收清理检查的通知》(宁政发〔1997〕21号)和《宁远县人民政府关于加强房地产业税收征收管理的通告》(宁政通〔1997〕10号),规定根据现行税法和合理的市场价格,全县按县城、建制镇、乡村三类对私人建房行为征收私人建房综合税(即将营业税、城建税、教育费附加、个人所得税、资源税合并征收),并确定了纳税的单位税额和各类私人建房的综合税率。1998年3月6日,负责水市镇税收征管的县国税局、地税局第四征收分局以县国税局、地税局的名义和水市镇政府联合发布了贯彻县政府规定的《关于在水市镇范围内开展个人建房税建材增值税专项检查的通告》,除征收个人建房综合税外,还对建房户使用的砖、灰、石征"建材增值税",并将建房"税收"改为"建房税"。截止到1998年7月24日,宁远县共征收两项税款58.06万元,其中水市镇15万元。

　　湖南省宁远县政府采取合并税种、改变纳税人和负税人、自定综合税率的做法,违反了《中华人民共和国税收征收管理法》和《国务院关于加强依法治税严格税收管理权限的通知》的有关规定,在群众中产生了巧立名目、随意征税的不良影响。宁远县政府现已纠正上述错误做法。为维护正常的财税秩序,现对湖南省宁远县政府的错误做法提出通报批评。各地区、各部门要引以为戒,严格防止类似问题发生。

财政部 国家税务总局(盖章)

一九九八年十二月五日

范文简析:

这是一篇批评性通报。全文由标题、发文字号、主送机关、正文、落款五部分组成。正文第一段给事件定性,即"违反税法";然后使用过渡语"现将有关情况通报如下"引起下文。第二段介绍湖南省宁远县政府违法乱纪违反税法行为的事实,真实具体。第三段首先分析评论,有据可依;然后指出处理决定,即"通报批评";最后提出希望和要求。全文结构清晰、层次分明、写法规范,极具警示作用。

课后练习

一、简答题

1.什么叫通知?它有什么特点?

2.什么叫通告?它有什么特点?

3.什么叫通报?它有什么特点?

二、阅读分析题

1.下面是一份通知,请阅读并回答:

(1)从性质内容上来看,这是一份什么类型的通知?

(2)试从结构、内容和特点等方面来分析这份通知,看有无问题。

威海市国家税务局办公室关于出口退税政策解读会议通知

为了进一步帮助企业了解最新出口退税政策及管理服务措施,促进出口企业退免税管理工作,经威海市国税局研究决定,于近期举办三期出口退税政策解读会议。具体内容如下:

一、政策解读内容

(一)跨境贸易人民币结算试点工作

(二)出口退(免)税提醒服务工作

二、会议时间

第一期:2010年12月23日上午9:00—11:30

第二期:2010年12月23日下午2:00—4:30

第三期:2010年12月24日上午9:00—11:30

三、会议地点

威海市国家税务局四楼会议室（文化西路 195 号）

四、参加人员

（一）列入威海市跨境贸易人民币结算试点的企业（详见附件）

（二）各市区国税局出口退税管理人员及试点企业所涉及的税收管理人员

五、会议要求

（一）试点出口企业由各主管退税部门通知，参加会议企业限定一人。（企业名单附后）

（二）由于场地有限，请入会人员按通知场次参加会议。

（三）企业需自带笔和本，于会议前 20 分钟前进入会场。

附件：税法说明会参会企业名单（略）

二〇一〇年十二月二十日

2.下面是一份通告，请阅读并回答：

（1）从内容上来看，这是一份什么类型的通告？

（2）试从结构、内容和特点等方面来分析这份通告。

国家税务总局关于个人所得税代扣代缴软件技术支持服务有关问题的通告

国税发〔2008〕1 号

为做好纳税人服务工作，确保个人所得税管理系统的推行与应用，国家税务总局就个人所得税代扣代缴软件技术支持服务事宜通告如下：

一、个人所得税代扣代缴软件由税务总局开发，免费提供给代扣代缴义务人使用，税务总局负责该软件的升级维护工作。

二、税务总局百望呼叫中心已开通个人所得税代扣代缴软件的远程服务热线。

电话号码：010-62466669

服务内容：软件操作咨询，问题解答，软件存在问题建议的收集与整理，服务质量投诉受理等。

服务对象：全国范围使用税务总局个人所得税代扣代缴软件的代扣代缴义务人，税务总局不收取代扣代缴义务人任何服务费用。

服务时间：人工电话为周一至周五 8 时至 12 时、13 时至 17 时（法定节假日除外），其他时间自动语音服务。

三、个人所得税代扣代缴软件、补丁及相关资料可从各地主管税务机关获取，也可登录百望呼叫技术支持网站（网址：http://www.bwhj.cn）下载。

特此通告。

国家税务总局（盖章）
二〇〇八年三月十四日

三、写作训练题

根据《工商登记管理暂行规定》，××市××区工商行政管理局对海虹公司进行了清理,并于××年 6 月 10 日正式宣布注销该公司。现在发现有人继续以该公司名义从事非法经营活动。

试以××市××区工商行政管理局的名义发一份通告,通告内容除了包括一般发文缘由、背景外,还应包括"自××年 6 月 10 日起,所使用的原海虹公司的营业执照(包括营业执照副本)、印章、介绍信、合同纸、名片等无效。若发现使用上述无效证件、文件、印信者(包括复印件),请及时报告"等内容。

第二节　请示　批复

一、请示

(一)请示的含义

请示,是指用于向上级机关请求指示、批准的公文。

请示是各级各类机关经常使用的呈请性上行文,主要适用于下级机关因自身无权决定、无力解决而向上级机关请求决定、给予支持、给予指示或者批准转发,同时要求上级机关明确答复的情况。

(二)请示的特点

1.隶属性

请示具有鲜明的隶属性,发文机关只能向其直接隶属的上级机关发文请示。

2.事前性

这是指行文时间而言,即请示的事项必须是尚未进行而有待批示的事项,请示须在办理事项之前行文。

3.单一性

请示必须一事一请示,即内容单一,一份请示不能同时提出多个请求事项,而且请示的主送机关只能有一个。

4.呈批性

请示是针对某一事项而向上级请求批示的,所以上级机关对于下级机关呈报的请求事项无论同意与否,都必须给予答复,即"批复"。

5.时效性

请示往往是针对本单位当前出现的情况而向上级机关提出的,只有及时发出,问题才能得到及时解决。

(三)请示的分类

按照行文的内容和性质,可将请示分为以下四类:

1.请求指示类

此类请示多涉及政策或认识上的问题,即请示者对有关方针、政策、法律、法规等理解不清,或遇到新情况、新问题无章可循、无法办理,或部门间意见分歧较大难以统一等,需要请求上级机关给以明确解释和指导、指示。

2.请求批准类

此类请示适用于上级主管部门明确规定必须请示批准才能处理的事宜,是请求上级机关批准有关事项的请示。

3.请求支持类

此类请示适用于请求上级机关协助解决具体问题,即请示者在办理有关事项的过程中,限于自身力量不足,需要上级给予财力、物力、人力等方面的支持,特向上级机关提出请求,希望得到帮助和满足。

4.请求批转类

此类请示适用于请示者针对全局性或普遍性的问题而提出自己的解决办法,不能直接要求同级职能部门或不相隶属机关、部门照此执行,因而请求上级领导机关审查批准,并批转给有关方面执行。

(四)请示的格式与写作要点

请示的结构由标题、发文字号、主送机关、正文、落款组成。

1.标题

请示的标题一般由请示单位、请示事项和文种三部分组成,其中请示单位可以省略。例如《广州开发区地方税务局关于安利(中国)日用品有限公司个人所得税政策执行问题的请示》。

2.发文字号

为完全式的发文字号,即由机关代字、年份和序号组成。此项也可以省略。

3.主送机关

为直属上级机关,一般只报送一个主管的领导机关。

4.正文

一般由请示事由、请示事项和尾语三个部分组成。

请示事由:请示的原因和理由,包括背景、依据和目的等,用以说明请示的必要性、紧迫性和合理性,要写得恰当具体。事由之后常用"特请示如下"等过渡语领起下文。

请示事项:提出有关问题和请求,要求上级指示和批准。请示事项要符合有关方针、政策,切实可行,明确充分,表达清晰,措辞恰当。

尾语:一般用"上述意见,是否妥当,请指示""特此请示,请予批准""以上请求,请予审批""以上请示,请予批复""以上请示,如无不妥,请批转各部门执行"等语,要写得谦和恳切。

5.落款

署名和时间。

(五)请示写作的注意事项

(1)内容单一具体,坚持一事一请。一份请示只能写一件事。如果一份请示写了多件事情,会导致受文机关无法批复。

（2）不能越级请示。如有特殊或紧急情况需要越级请示时，要把请示抄送给越过的直接上级机关。

（3）单头主送。一般只主送一个上级直属机关，不多处主送，如有需要，可以抄送的形式报送其他有关部门。

（4）请示只能主送上级机关，不应直接送领导个人。

（5）请示件不下发。请示件属未决定事项，除主送、抄报上级机关和有关业务部门外，不抄发下级机关。

（6）用语得体恰当，语气谦恭，常用"请""拟"等词语。

（7）请示与报告不能混同，不能将请示写成报告。

（六）请示与报告的区别

1. 时间要求不同

请示应在事前行文，即事前请示；报告是向上级机关汇报工作、反映情况、提出意见或者建议、答复上级机关的询问时使用的公文，一般在事中或事后行文。

2. 行文功能不同

请示主要是请求上级单位批准、指示和解决问题，重在呈请，需要上级批复；报告主要是向上级单位汇报情况、反映问题，无需上级批复。

3. 内容要求不同

请示的内容要求一文一事；报告的内容可以一文一事，也可一文多事。

4. 主送机关数量不同

请示只能写一个主送机关，报告可以写多个主送机关。

5. 尾语不同

请示的尾语前面已讲过，而报告的尾语多用"特此报告"等形式，一般不写需要上级必须予以答复的词语。

【范文 2.2.1】

××理工学院关于拨付煤改气工程款的请示

××理工〔2010〕2 号

××市教育局：

为了响应我市创建"园林城市"的号召，按照市建设规划局的要求，我校决定在 2010 年底之前完成煤改气工程。我校现有教职工千余人，学生一万余人，现有供暖锅炉 8 台，供暖面积约 9 万平方米。而实际需供暖面积约 14 万平方米，且现有锅炉大多为 20 年前购置，超期服役，供暖管道年久老化，漏气严重。现需要燃气锅炉 32 台，计 448 万元；管网改造工程 8000 米，计 400 万元。合计 848 万元，自筹资金 200 万元，还需请上级拨款 648 万元。这笔款项将从市财政拨款经费中列支。

以上请求，请予审批。

××理工学院（盖章）

二〇一〇年三月六日

31

范文简析：

这是一个关于请求上级拨付专项经费的请示，属于请求支持类的请示。全文由标题、发文字号、主送机关、正文、落款五部分组成。正文第一段的前一部分用于陈述请示事由，其中第一句话交代了背景和依据，是为了响应号召；接下来叙述原因理由，现有供暖面积远远低于实需供暖面积，而且供暖设备年久失修，需要添置和更换。第一段的最后两句话用于陈述请求事项。第二段尾语谦和恳切。全文内容充实、层次分明、写法规范、措辞恰当。

【范文 2.2.2】

××县审计局关于批转 2010 年审计项目计划的请示

××县审〔2010〕8 号

××县人民政府：

根据上级审计机关 2010 年度审计项目计划、县委 2010 年工作中心、县政府安排和县委组织部任期经济责任审计委托书的要求，结合我县实际，现拟订《2010 年审计项目计划》方案，报请县政府批转全县。

特此请示。

附件：1. 2010 年审计项目计划（略）
　　　2. 2010 年审计项目计划表（略）

××县审计局（盖章）
二〇一〇年三月二十六日

范文简析：

这是一个请求批转类的请示。全文由标题、发文字号、主送机关、正文、落款五部分组成。标题和发文字号皆为完全式，正文第一段包括请示事由和请示事项，第二段尾语符合规范。全文语言简练、清晰明了，写法规范。

二、批复

（一）批复的含义

批复，是指用于答复下级机关的请示事项的公文。

批复是应下级机关的请示而发出的下行文，适用于明确答复下级机关请示事项的情况。

（二）批复的特点

1. 被动性

批复与请示一一对应，形成双向行文。批复的被动性是针对请示的呈请性而言的。

请示的呈请性要求上级机关必须给予答复,所以批复以请示为前提,针对请示事项而明确答复。因此说批复的行文具有被动性。

2.针对性

这反映在两个方面:一是批复必须针对请示机关行文,而对非请示机关不产生直接影响;二是批复的内容必须针对请示事项,不涉及与请示事项无关的内容。

3.明确性

批复内容针对于请示事项,要态度明确,即明确表示批准与否,明确指示下级机关如何行事,不能有模棱两可的语言,导致请示单位无所适从。

4.权威性

批复是上级机关对问题的决策性意见,代表上级机关的权力和意志,对下级机关具有约束力,要求请示单位必须遵照执行。

(三)批复的分类

按照不同的划分标准,有不同的分类。从内容上来看,批复可以分为审批事项的批复、审批法规的批复和阐述政策的批复三种;从性质上来看,批复可以分为肯定性批复、否定性批复和解答性批复三种。

(四)批复的格式与写作要点

批复的结构由标题、发文字号、主送机关、正文、落款组成。

1.标题

批复的标题一般为完全式,发文机关一般不省略。主要有两种写法:一是"发文机关＋事由＋文种",例如《财政部、国家税务总局关于民贸企业有关增值税问题的批复》;二是"发文机关＋表态词＋事由＋文种",例如《财政部证监会关于同意亚太(集团)会计师事务所变更证券期货相关业务许可证的批复》。

2.发文字号

为完全式的发文字号,即由机关代字、年份和序号组成。

3.主送机关

为直属下级机关,即报送请示的单位。

4.正文

一般由引语、主体和尾语三部分组成。

引语:批复引语要指出批复对象,作为批复的依据,说明下级机关的请示已经收到。要写明是对什么请示的答复,完整引用原请示的标题,并于标题后加括号注明该请示的发文字号。例如"你局《关于个人所得税有关问题的请示》(苏地税发〔2005〕52号)收悉。经研究,批复如下"。此外,还可提及与请示事项相关的上级规定或方针政策作为依据,这些内容也可以放在主体的前面。

主体:即批复的具体内容,一般包括批复意见和补充要求两方面的内容。批复意见就是针对请示事项的答复,表明态度,给予指示。补充要求是从上级机关的角度提出的一些补充性意见,或是对请示的某一内容加以强调,或是对有关原则或需要注意的问题加以指导、补充,或是表明希望、提出号召。

尾语:一般用"此复""特此批复"等语。或者省略,直接承接主体部分,结束全文。

5.落款

署名和时间。

(五)批复写作的注意事项

(1)批复必须针对请示答复,做到一文一事。写作批复要针对请示的内容来写,要求写作批复的工作人员认真研究请示的事项是否符合国家的法律、法规,是否符合党的方针政策,是否符合当地当时的工作需要,以及考虑请示事项是否可行。在综合各方面的情况后,再给予批复。

(2)批复要简明扼要、具体可行。这是指批复的内容和语言来说的。批复的内容要具体,语言要简明,要根据具体情况把批复的事情讲清楚。如果是不同意的批复,需要作简要的说明。

(3)批复要及时慎重,以免贻误请示单位的工作。对于下级部门的请示,需要及时且慎重地批复,以免耽误请示机关的工作。

【范文2.2.3】

广东省地方税务局关于纳税人丢失已填开发票有关问题的批复

粤地税函〔2008〕473号

中山市地方税务局:

你局《关于纳税人丢失已填开发票有关问题的请示》(中山地税发〔2008〕120号)收悉。

广东省地方税务局《关于纳税人丢失已填开发票处理问题的批复》(粤地税函〔2004〕314号)第四条规定:"取得发票的一方丢失已填开的发票联,可向开具发票方申请出具曾于×年×月×日开具××发票,说明取得发票单位名称、购货或服务的单位数量、单价、规格、大小写金额、发票字轨、发票编码、发票号码等的书面证明,或要求开具发票方提供所丢失发票的存根联或记账联复印件,经主管税务机关审核后作为合法凭证入账,一律不得要求开票方重复开具发票。"其中,"主管税务机关"是指开具发票方的主管税务机关。

此复。

广东省地方税务局(盖章)

二〇〇八年七月十八日

范文简析:

本文属于解答性批复。全文由标题、发文字号、主送机关、正文、落款五部分组成。标题为"发文机关+事由+文种"的完全式。正文第一段为引语,说明已经收到请示单位的请示;第二段为主体部分,先引用相关规定作为依据,然后解答请示事项。尾语用"此复"收束全文。本文内容简明扼要,针对性强。

【范文2.2.4】

财政部、国家税务总局关于同意在北京经济技术开发区开展房地产税模拟评税试点工作的批复

财税〔2003〕105 号

北京市财政局、地方税务局:

你们《关于在北京经济技术开发区开展房地产税模拟评税试点工作的请示》(京财税〔2003〕474 号)收悉。经研究,现就有关问题批复如下:

一、按照房地产评估值征税是国际通行的、比较规范的办法。我国房地产税改革的一项重要内容即是改变现行按计税房产余值征税的不合理做法。参照国际经验,改按评估值征税需要对相关的法律、政策、技术等问题进行认真研究,慎重处理。通过试点,可以为将来的房地产税改革提供经验。考虑到你们已对按评估值征税进行过比较系统的研究,北京经济技术开发区税收、房屋、土地等有关资料比较丰富、基础管理工作扎实、技术力量较强。因此,同意将北京经济技术开发区作为财政部、国家税务总局开展房地产税模拟评税工作的试点地区,进行房地产税模拟评税的试点工作。

二、请你们加强对试点工作的组织领导,从人力、物力、财力等方面给予必要的支持,确保试点工作圆满完成。尽快制定内容翔实、切实可行的实施方案,报财政部、国家税务总局备案。鉴于房地产税改革,特别是计征依据的选择、税率的设计,既涉及税收负担水平的调整,也与一些收费密切相关,因此,在试点过程中,还应对与房地产税改革相关的收费加以研究,在研究评估征税的同时,提出房地产税费改革的建议。要认真分析按评估值征税对财政收入和财税工作的影响,研究由现行按房产余值征税向按评估值征税的过渡性安排措施和相关的配套办法。

试点工作从 2003 年 5 月开始,2004 年 12 月结束。

三、为支持试点工作的顺利开展,拟按照中央与地方分别负担的原则,中央财政给予一定的经费支持。中央财政承担的部分,将根据试点工作的实际情况而定,年终与北京市财政结算时一并考虑。

四、对于试点中发现的有关问题、建议,请你们及时上报财政部、国家税务总局,财政部、国家税务总局也将加强对试点工作的指导。试点工作结束后,要及时将试点效果及有关报告报财政部、国家税务总局。

此复。

财政部 国家税务总局(盖章)
二〇〇三年三月六日

范文简析：

本文属于肯定性批复。全文由标题、发文字号、主送机关、正文、落款五部分组成。标题为"发文机关＋表态词＋事由＋文种"的完全式。正文第一段为引语，接下来四点内容为主体部分，即批复的具体内容。其中，第一点为批复意见，明确表态，"同意将北京经济技术开发区作为财政部、国家税务总局开展房地产税模拟评税工作的试点地区，进行房地产税模拟评税的试点工作"；第三点为上级机关对同意的请示事项的支持；第二点和第四点为上级机关对下级机关的补充要求。尾语用"此复"收束全文。本文格式规范、结构完整、态度明确，指示具体可行，同时也能体现出批复的权威性。

 课后练习

一、简答题

1. 什么叫请示？它有什么特点？

2. 什么叫批复？它有什么特点？

二、阅读分析题

下面是一份请示，请阅读并回答：

(1)从内容上来看，这是一份什么类型的请示？

(2)这份请示的各个结构要素是否正确、完整？

关于《会计人员职权条例》中"总会计师"
既是行政职务又是技术职称的请示

财政部：

国务院 1987 年国发〔1987〕13 号通知颁发的《会计人员职权条例》规定，会计人员技术职称分为总会计师、会计师、助理会计师、会计员四种。其中"总会计师"既是行政职务，又作为技术职称。在执行中，工厂总会计师按《条例》规定，负责全厂的财务会计事宜。可是每个工厂，尤其大工厂，授予总会计师职称的人有四五人，究竟由哪一位负责全厂的财务会计事宜，执行总会计师的职责与权限呢？我们认为宜将行政职务与技术职称分开，总会计师为行政职务，不再作为技术职称，比照最近国务院颁发的《工程技术干部技术职称暂行规定》，将《条例》第五章规定的会计人员职称的"总会计师"改为"高级会计师"。

以上意见是否妥当，请指示。

××省财政厅(盖章)

二〇〇二年五月七日

三、写作训练题

根据下面材料，写一份请示。

××省外资局拟于×年 10 月 21 日前派组(局长×××等 6 人)到美国纽约××设备公司检验引进设备。此事需要向该省政府请示。该局曾与对方签订过引进设备的合同,最近对方又来电邀请前往考察。在美国考察时间需要 20 天,所需外汇由该局自行解决。各项费用预算可以列出详表。

第三节　章程　规定　条例

一、章程

(一)章程的含义

章程是规章制度之一种,是各种党团组织、社会团体、学术机构等用来说明该组织的宗旨、性质、职责、组织机构、组织成员、活动规则等的纲领性文件。章程一经制定,即具有法规性效果,是一种具有根本性质的规章制度。

(二)章程的特点

1. 准则性

章程是规章制度的一种,在章程所在之组织、团体、机构具有权威性,要求其成员遵守其规定,因而具有准则性。对不遵守其章程规定的成员,则可以根据章程将其逐出该组织。

2. 约束性

章程是由制发机关根据一定程序制定的规章制度,它的作用虽然并非由国家强制执行,但在该组织内部,则要求其下属组织和成员遵守执行,因而具有一定的约束作用,这就是章程的约束性。

3. 稳定性

章程一经制定,就具有稳定性的特点。一般不轻易变更,如确实需要修订,需要通过特定的程序进行。

(三)章程的分类

根据章程的制发者及其相应的使用者,可以将章程分为组织章程和业务章程。

1. 组织章程

组织章程由社会各级各类组织制定,用以规定本组织的宗旨、性质、职责、组织机构、组织成员、活动规则等,如各种党派的章程、公司的章程、基金会的章程等。

2. 业务章程

业务章程由各有关企事业单位制定,内容为业务的性质、运行方式、业务要求、行为规范等,如学校的办学章程、公司的招工简章等。

(四)章程的格式与写作要点

章程一般由标题和正文组成。

1. 标题(包括日期)

章程的标题,一般由制发的组织或社团名称加文种构成。如《中国共产党章程》《中国共产主义青年团章程》《曾宪梓教育基金会章程》等。

在章程的标题下面,加括号写明通过时间或通过依据。凡尚未正式通过的,就不算正式的章程,需要在标题末尾加括号注明"草案"。

2. 正文

章程的正文,一般包括总则、分则和附则三部分。

总则又称总纲,从总体说明组织的性质、宗旨、任务和作风等。

分则涉及章程的具体内容,如组织、成员、经费来源与使用管理等。

附则一般是补充说明章程表决通过时间、生效时间、章程的解释权、修改权等。

(五)章程写作的注意事项

1. 内容完整

章程的内容要包括组织的名称、宗旨、任务、组织机构、会员资格、入会手续、会员权利义务、领导者的产生和任期、会费的缴纳和管理使用等。项目尽量全面,内容尽可能全面完整。

2. 结构严谨

章程的结构按总分结构来写,先写总则,后写分则、附则。具体到章程的条文,要按照合理的顺序写作,体现严密的逻辑性,而不是支离破碎、缺乏逻辑理念。结构严谨还表现在一般一条一个意思,不要拆开,也不要合并。只有这样,章程的条文才不至于混乱,也更有利于理解和执行。

3. 语言简洁

章程的语言要求简洁。所谓简洁,就是要用最精练的语言把意思表达明确,用最俭省的语言来表达,而且多用语言的直接意义,少用或不用积极修辞。语言简洁不仅使章程的条文容易理解执行,也不易产生歧义,造成误解。

【范文 2.3.1】

厦门××有限公司章程

第一章　总则

第一条　为规范本公司行为,保障本公司股东的合法权益,根据《中华人民共和国公司法》(以下简称《公司法》)及国家有关法律、法规和条例之规定,结合实际,特制定本章程。

第二条　公司注册名称和住所:

公司注册名称:厦门××有限公司

公司法定住所:厦门市××路××号××大厦 A 座 801—803

第三条　公司为有限责任公司　　经营期限:30 年

第四条　公司的活动遵守国家的法律、法规的规定,其合法权益受国家法律、法规的保护。

第五条　公司实行自主经营,独立核算,具有独立法人资格。

第六条　本章程对公司股东、董事、监事、经理具有约束力。

第二章　经营宗旨及经营范围

第七条　公司宗旨是:促进社会主义市场经济的发展与繁荣。力求通过科学、高效的经营管理使全体股东的投资安全、增值,获得令人满意的经济效益,并创造良好的社会效益。

第八条　公司经营范围是:×××、×××

第三章　股东的出资和公司注册资本

第九条　出资各方名称、法定代表人:

　　　　股东:×××　　　　　身份证:

　　　　股东:×××　　　　　身份证:

　　　　本公司注册资本为 500 万元人民币。

第十一条　股东各方出资方式规定以人民币出资。

第十二条　至本章程通过之日起,本公司的股东和出资比例为:

　　　　股东:王××,出资额为 400 万元人民币,所占注册资本的比例为 80%;

　　　　股东:陈××,出资额 100 万元人民币,所占注册资本的比例为 20%。

第十三条　各方出资到位后,须经法定验资机构验资,出具验资报告后,公司据此发给股东出资证明书。出资证明书的主要内容是:创办公司名称、成立日期、出资者名称及出资额、出资日期、签发出资证明书的日期等。

第十四条　股东之间可以相互转让出资,股东向股东以外的人转让出资时,必须经全体股东过半数同意。若有股东不认可又不受让,视为同意转让,股东同意转让出资,同等条件下,其他股东对该出资转让有优先购买权。

第十五条　股东双方按出资比例分享利润,分担公司亏损及风险。

第十六条　公司资产的所有权属各股东。

第四章　股东、股东会

第十七条　股东是公司的出资人,股东享有以下权利:

(一)根据其出资份额享有表决权;

(二)查阅股东会记录材料和财务会计报告,监督公司的业务;

(三)依照公司章程规定分取红利;

(四)依照公司章程规定转让出资份额,优先购买公司其他股东转让的出资份额;

(五)享有对其他出资人向外转让出资额的审议权并对该转让行为行使认可或否决权;

(六)优先认购公司新增资本;

（七）公司终止后，依法分得公司财产；

（八）参与制定和修改公司章程。

（九）选举和被选举为董事会成员或监事。

第十八条　股东负有以下义务：

（一）按期缴纳所认缴的出资；

（二）依其所认缴的出资额承担公司的亏损和债务的有限责任；

（三）公司经核准登记后，不得擅自侵占或抽逃所认缴的出资；

（四）追加出资的义务。根据股东会作出的决议，要求股东超过其出资额再缴款；

（五）对其他股东向外转让出资额行使否决权，需认购其欲转让的出资额；

（六）服从和执行股东会会议和执行董事的决定；

（七）遵守公司章程；

（八）维护本公司的合法权益。

第十九条　公司股东会由全体股东组成，是公司的最高权力机构。股东会行使下列职权：

（一）决定公司的经营方针和投资计划；

（二）审议批准公司的年度预、决算方案；

（三）审议批准公司的利润分配方案和弥补亏损方案；

（四）决定公司增加或减少注册资本；

（五）选举和更换执行董事及其他高级管理人员，并决定其报酬及支付方式；

（六）选举和更换由股东代表出任的监事，并决定其报酬及支付方式；

（七）审议批准公司执行董事的报告；

（八）审议批准公司监事的报告；

（九）对股东向股东以外的人转让出资作出决议；

（十）对公司合并、分立、变更公司形式，解散和清算等事项作出决议；

（十一）修改公司章程。

第二十条　股东会会议一年召开一次。当公司出现重大问题时，代表四分之一以上表决权的股东，可提议召开临时会议。

第二十一条　股东会会议由执行董事主持，执行董事因特殊原因不能履行职务时，由执行董事指定的其他股东主持。

第二十二条　股东会会议由股东按照出资比例行使表决权。一般决议须经代表半数表决权的股东通过。

第二十三条　召开股东会议时，应当于会议召开前十五日通知全体股东。股东会对所议事项须作记录，并由出席会议的股东、执行董事及代表在会议记录上签字。

第二十四条　股东会的会议纪要和决议由执行董事签名，由执行董事指定专人保存。股东大会决议内容，不得违反法律、法规和公司章程。

第五章　董　事

第二十五条　公司不设董事会，在股东会闭会期间，执行董事负责公司重大决策，向股东会责并报告工作。

第二十六条　公司设执行董事一名：王××。执行董事为公司的法定代表人。

第二十七条　执行董事的选任、资格、任期和解聘：

（一）执行董事由股东会选举产生；

（二）被选执行董事必须符合《公司法》规定的条件，并经股东会资格审查；

（三）执行董事每届任期三年，任期届满，可连选连任；

（四）执行董事在任期届满前，股东会不得无故解除其职务。

第二十八条　执行董事行使下列职权：

（一）负责召集股东会，向股东会报告工作；

（二）执行股东会的决议；

（三）制订公司的经营计划和投资方案；

（四）制订公司的年度财务预、决算方案；

（五）制订公司的利润分配方案和弥补亏损方案；

（六）拟订公司合并、分立、参股或被参股、变更公司形式、解散的方案；

（七）制订公司增加或减少注册资本的方案；

（八）决定公司内部管理机构的设置；

（九）制定公司基本管理制度（含章程实施细则，劳动人事制度等）。

（十）董事会议事规则按《公司法》有关规定执行。

第六章　监　事

第二十九条　公司不设监事会，监事由股东会选举产生。

第三十条　公司设监事一名：王×。监事任期为三年。

第三十一条　监事任期届满，可以连选连任。

第三十二条　监事行使下列职权：

（一）检查公司财务；

（二）对执行董事、总经理执行公司职务时违反法律、法规或者公司章程的行为进行监督；

（三）当执行董事和总经理的行为损害公司利益时，要求执行董事和总经理予以纠正；

（四）提议召开临时股东会；

（五）公司章程规定的其他职权。

监事列席股东会决议。

第七章　　经营管理机构

第三十三条　公司设总经理一人，由王××担任。总经理行使下列职权：

（一）主持公司的日常经营管理工作，组织实施执行董事决定；

（二）拟订公司发展规划、年度经营计划和年度预算方案；

（三）组织实施公司年度经营计划和投资方案；

（四）拟订公司内部管理机构设置方案、基本管理制度；

（五）制定公司的具体规章；

（六）提请聘任或解聘公司副总经理、财务负责人；

（七）聘任或解聘应由股东会聘任或解聘以外的负责管理人员；

（八）公司章程和股东会授予的其他职权。

总经理可列席股东会会议。

第三十四条 总经理行使职权时，不得变更股东会决议或超越授权范围。

《公司法》第五十七条至六十三条有关不得担任董事、经理、监事的规定以及董事、经理、监事义务责任的规定，适用于本公司的董事、总经理和监事。

第三十五条 公司研究决定有关职工工资、福利、安全生产以及劳动保护、劳动保险等涉及职工切身利益的问题，应当事先听取公司工会和职工的意见，并邀请工会或者职工代表列席有关会议。

第三十六条 公司研究决定生产经营的重大问题，制定重要的规章制度时，应当听取公司工会和职工的意见和建议。

第三十七条 公司管理机构和分支机构的设置和运作，由总经理根据经营需要和发展需要制订方案，经执行董事审议通过后执行。各职能部门和分支机构在总经理领导下进行工作。

第三十八条 公司各级管理人员实行逐级聘任制。

第三十九条 公司执行董事、总经理及财务负责人等高级管理人员对公司负有诚信和勤勉的义务，不得在公司之外从事与本公司有竞争性质的或有损本公司利益的活动。

第八章 财务与会计

第四十条 公司依照法律、行政法规和国务院财政主管部门的规定建立本公司的财务、会计制度，须经执行董事讨论通过后方可执行。

第四十一条 公司的会计年度为公历一月一日至十二月三十一日。

第四十二条 公司采用人民币为记账本位币。外汇按缴款当日国家外汇管理局公布的汇率折算。

第四十三条 公司在每一会计年度终了时制作财务会计报告，并依法经审查验证。财务会计报告包括下列财务会计报表及附属明细表：

（一）资产负债表；

（二）损益表；

（三）财务状况变动表；

（四）财务情况说明书；

（五）利润分配表。

第四十四条 公司分配当年税后利润的顺序为：

（一）弥补亏损；

（二）提取法定公积金10%；

（三）提取法定公益金5%～10%；

（四）按公司法提取任意盈余公积金；

（五）红利分配。

第四十五条　公司的公积金用于弥补公司的亏损,扩大公司生产经营或者转增为资本金。法定公积金转为资本金时,所留该项公积金不得少于注册资本金的 25%。

第四十六条　公司提取的法定公益金用于本公司员工的集体福利。

第四十七条　公司除法定的会计账册外,不得另立会计账册。对公司财产,不得以任何个人名义开立账户存储。

第九章　劳动人事制度

第四十八条　公司必须制定劳动人事制度,须经执行董事通过后方可执行。

第四十九条　公司的劳动收入分配制度必须能体现岗位职责、岗位素质要求及个人业绩。

第五十条　年度员工工资总额由总经理提出报告,公司执行董事批准。

第十章　公司合并、分立、终止和清算

第五十一条　公司合并或分立,由股东会决定。

第五十二条　公司有下列情况之一,应予以解散:

（一）股东会决定解散;

（二）公司合并或分立需要解散;

（三）因经营管理不善而破产;

（四）遇不可抗力而使公司无法继续正常生产经营活动;

（五）其他应予解散的原因。

第五十三条　清算组应按《公司法》和国家其他相关法律、法规清算,以企业财产、债权、债务进行全面清算,编制资产负债和财产清单,制订清算方案,报股东会或者有关主管机关确认。

第五十四条　清算结束后,清算组应提出清算报告并造具清算期内收支报表和各种财务账册。经注册会计师或执照审计师验证,报股东会或有关主管机关确认后,向原工商登记机关申请注销登记,经核准后,公告公司终止。

第十一章　法律责任

第五十五条　执行董事、总经理应当遵守公司章程,忠实、勤勉履行职务,维护公司利益。

第五十六条　公司执行董事、监事、总经理、总监及高级管理人员应严格依据《公司法》的有关法律责任条款,规范自身的行为。

第五十七条　公司执行董事、总经理执行公司职务时违反法律、行政法规或公司章程之规定,给公司造成损害的,应当承担赔偿责任和法律责任。

第十二章 附 则

第五十八条 本章程经股东签名、盖章,在公司注册后生效。

第五十九条 本章程解释权属股东会。

第六十条 执行董事通过的有关补充规定,执行董事通过的公司章程实施细则,均为本章程的组成部分,具有同等效力。

(本页以下空白无正文)

范文简析:

这是一个有限公司的章程,全文按照章程的三大部分总则、分则、附则来写,除总则和附则外,分则的主要内容包括经营宗旨及经营范围、股东的出资和公司注册资本、股东及股东会、董事、监事、经营管理机构、财务与会计、劳动人事制度、公司合并、分立、终止和清算、公司责任等十个部分。整个章程内容完整、结构严谨、语言简洁明确,符合章程的写作规范。

二、规定

(一)规定的含义

规定是用于对特定范围内的工作和事务制定具有约束力的行为规范。规定是领导机关、职能部门为了实施和贯彻有关的法律、法规、政策,以及为了完成有关工作制定的规范性公文。

人们经常说"这是政府的规定""这是公司的规定"等等,说明规定使用的范围很广,使用的频率也很高。

(二)规定的特点

1. 广泛性

规定所针对的一般是具有普遍性的问题,因而它涉及的对象具有广泛性。

2. 强制性

规定具有比较强的强制性,规定的强制性来自其法定作者的权限以及由它所涉及的内容确定。

(三)规定的分类

1. 政策性规定

这种规定主要是依照有关法律、法规条文,对有关活动进行规范管理而制定的规则。政策性规定具有较强的政策性和约束性。

2. 具体事务规定

具体事务规定主要用于制定某方面工作的管理规则,对具体工作提出管理要求、禁止事项等。具体事务规定具有一定的管理性。

此外,还有实时性规定、补充性规定等。

(四)规定的格式与写作要点

规定由标题、正文、落款三部分组成。

1. 标题

规定的标题包括标题、制发时间和依据等项目。

标题。规定的标题一般有两种构成形式:一种是由"发文单位＋事由＋文种"构成,一种是由"事由＋文种"构成。

时间和依据。规定的制发时间和依据用括号列在标题之下,用来注明规定发布、签发的时间和依据。

2. 正文

正文的内容由总则、分则和附则组成。

总则交代制定规定的缘由、依据、指导思想、适用原则和范围等。

分则即规范项目,包括规定的实质性内容和要求具体执行的依据。

附则说明有关执行要求等。

规定正文的结构形式一般采用条款式或章条式。

3. 落款

规定的落款在正文右下方,署明制发单位的名称、制发规定的时间。如果制发时间已经在标题下方署明的,此处则可以省略。

(五)规定写作的注意事项

规定的写作和章程有相似之处,如内容要合法、表述要简洁、结构要严谨等。此外,规定的写作还要注意既要"规"也要"定"。所谓"规",指的是原则性的规范要求;所谓"定",指的是具体的措施。一般是"规"在前而"定"在后。

【范文2.3.2】

××公司薪酬待遇管理规定

(时间:2011 年 10 月 28 日)

第一条　为保障员工的合法利益,贯彻多劳多得、奖勤罚惰原则,特制定本规定。

第二条　本规定所指各种报酬待遇仅适用于正式聘用员工,短期聘用员工待遇由合同书确定。

第三条　凡在本公司就业的正式聘用员工可享受下述四类报酬待遇:工资类、津贴类、奖励类和福利类。

(一)工资类包括:

1.基本工资

2.工龄工资

3.浮动工资

4.年终双薪

(二)津贴类包括:

1.职务补贴

2.物价补贴

3.住房补贴

4.加班补贴

(三)奖励类包括:

1.创汇奖

2.全勤奖

3.年终奖

4.年终先进个人奖

(四)福利类包括:

1.夏季饮料费

2.劳保费

3.节日补助

4.医疗费

5.独生子女费

6.子女教育费

7.煤气补助

8.丧葬补助

第四条　各类报酬待遇的标准如下

(一)工资类

1.基本工资分成四类十等(附表略);

2.工龄工资以服务公司的时间计算,每年20元;

3.浮动工资,由公司拿出相当于全部员工基本工资15%的奖金,作为浮动工资(其分配原则另定);

4.年终双薪,每年12月对在本公司干满一年以上的员工发双薪。

(二)津贴类

1.职务补贴:分成六级(附表略);

2.物价补贴:根据物价上涨浮动确定,一般每月每人不低于100元。

3.住房补贴:对公司应该提供住房而没有提供住房的员工,限经理以下,每人每月补助300元;部门经理以上,每人每月补助500元;

4.加班补贴:加班补贴为单位时间工资的2倍。

(三)奖励类

1.创汇奖:达到核定指标的100%奖给人民币180元,每超过一个百分点,奖人民币5元;

2.全勤奖:全勤每人每月50元;

3.年终奖:根据年终经济效益确定;

4.年终个人奖5000~10000元。

(四)福利类

1.夏季饮料费:1~9月,每人每月50元;

2. 劳保费：每人每月 50 元；

3. 节日补助：春节每人 500 元，元旦每人 200 元，国庆节每人 200 元，三八妇女节妇女每人 100 元；

4. 医疗费：员工每月发医疗津贴 40 元，住院治疗经医院证明支付 90%，工伤医疗费由公司全额负担；

5. 独生子女费：属独生子女家属员工，每年发独生子女费 500 元（独生子女年满 18 岁停发）；

6. 子女教育费：有子女在校学习的员工，按在校子女每人每月 10 元发给子女教育费；

7. 煤气补助；

8. 丧葬补助：直系亲属（父母、岳父母、兄弟、姐妹、子女）丧葬，每次补助 1000 元。

第五条　员工的每月工资、奖金、各种补贴，在发薪日一并领取，每月 5 日为发薪日，当月发上月工资。

第六条　有关扣薪扣奖事宜的处理

（一）缺勤扣除

1. 迟到、早退、私自外出；

2. 病假；

3. 事假。

按考勤管理规定扣除工资、资金及其他待遇。

（二）工作负伤疾病的缺勤

因工作负伤疾病缺勤时，应于一周内提出医院证明，工资及其他（待遇）照常付给。

（三）特别休假

下列情况下，没超出公司其他规定范围的，报酬待遇照常付给。

1. 婚假、丧假；

2. 年度有薪休假；

3. 行使公务职权时；

4. 法定节假日；

5. 女性员工产假；

6. 休假日加班后补休；

7. 公假。

第七条　报酬待遇的调整

公司员工报酬待遇的调整审定属公司总经理，任何人和部门都无权决定。其基本程序是每年年初或特定时期，由人事部作出调整备案，交总经理核准后实施。

范文简析：

这是一个关于某公司的薪酬待遇管理规定。对该公司员工的薪酬作了全面规定，对保障公司的员工利益有积极意义。全文内容全面、语言简洁规范、结构完整。

三、条例

（一）条例的含义

条例是用于党的中央组织制定规范党组织的工作、活动和党员行为的规章制度。同时,条例也是国家行政机关或地方立法机关制定或批准的,用来对机关、团体的组织、职权、工作、活动等作出比较全面系统规定的法规性文件。

（二）条例的特点

1. 权威性与法规性

条例的制发者是国家机关或行政机关,或者是受这些机关委派的组织、企事业单位的职能部门,因而具有权威性。而条例一旦制定,其所涉及的对象就必须依照条例的规定行事,否则就会受到法律、行政及经济处理,因而又具有法规性。

2. 稳定性

条例一经制定、颁布和实施,在一个相当长的时限内,对其所涉及的对象行为起约束作用。这就体现了条例的稳定性。

（三）条例的格式与写作要点

条例一般由标题、正文两部分组成。

1. 标题

条例的构成一般有两种:一种是由"制发单位＋内容＋文种"构成,一种是由"施行范围＋事由＋文种"构成。前者如《中华人民共和国进出口商品检验条例》,后者如《全民所有制小型工业企业租赁经营暂行条例》。如果条例内容还不够完善,尚待修改完善,一般可以在文种前加上"暂行""试行"等字样。如《中华人民共和国个人收入调节税暂行条例》。

制发时间和依据。这两项内容属于条例签署项目,即在条例的标题下用括号括注条例通过的时间、会议和公布的日期、施行的日期等。如果条例是随"命令""令"等文种同时公布的,那么,制发时间和依据也可以省略。

2. 正文

条例的正文一般由总则、分则、附则构成。

条例的总则一般是制定条例的缘由,包含了条例制定的目的、意义、依据,条例涉及的对象范围等内容,也即正文的开头或曰前言部分。

条例的分则也就是条例的条规。条规一般分章逐条书写,内容的长短视具体情况而定。条例的条规要有"条"有"例",且要注意先"条"后"例"。"条"是从正面阐述条例的条文;"例"是从反面加以说明,即做不到怎么处理。

条例的附则也就是条例的附加说明部分,是对条例实施的具体要求和注意事项。一般包括解释、修改与废止的权限,适用的其他范围,以及与其他文件的相关事宜等等。

（四）条例写作的注意事项

条例是具有法规性、权威性、稳定性的一种公文，在写作中要注意与法律、法规的深刻联系，条例的内容要注意不要违反国家的法律、法规、政策等。

条例的语言要明确、简洁，用语要注意科学性，不能使接受者产生歧义。专业性用语则要注意严谨规范。

【范文 2.3.3】

个体工商户条例

第一条　为了保护个体工商户的合法权益，鼓励、支持和引导个体工商户健康发展，加强对个体工商户的监督、管理，发挥其在经济社会发展和扩大就业中的重要作用，制定本条例。

第二条　有经营能力的公民，依照本条例规定经工商行政管理部门登记，从事工商业经营的，为个体工商户。

个体工商户可以个人经营，也可以家庭经营。

个体工商户的合法权益受法律保护，任何单位和个人不得侵害。

第三条　县、自治县、不设区的市、市辖区工商行政管理部门为个体工商户的登记机关（以下简称登记机关）。登记机关按照国务院工商行政管理部门的规定，可以委托其下属工商行政管理所办理个体工商户登记。

第四条　国家对个体工商户实行市场平等准入、公平待遇的原则。

申请办理个体工商户登记，申请登记的经营范围不属于法律、行政法规禁止进入的行业的，登记机关应当依法予以登记。

第五条　工商行政管理部门和县级以上人民政府其他有关部门应当依法对个体工商户实行监督和管理。

个体工商户从事经营活动，应当遵守法律、法规，遵守社会公德、商业道德，诚实守信，接受政府及其有关部门依法实施的监督。

第六条　地方各级人民政府和县级以上人民政府有关部门应当采取措施，在经营场所、创业和职业技能培训、职业技能鉴定、技术创新、参加社会保险等方面，为个体工商户提供支持、便利和信息咨询等服务。

第七条　依法成立的个体劳动者协会在工商行政管理部门指导下，为个体工商户提供服务，维护个体工商户合法权益，引导个体工商户诚信自律。

个体工商户自愿加入个体劳动者协会。

第八条　申请登记为个体工商户，应当向经营场所所在地登记机关申请注册登记。申请人应当提交登记申请书、身份证明和经营场所证明。

个体工商户登记事项包括经营者姓名和住所、组成形式、经营范围、经营场所。个体工商户使用名称的，名称作为登记事项。

第九条　登记机关对申请材料依法审查后，按照下列规定办理：

（一）申请材料齐全、符合法定形式的，当场予以登记；申请材料不齐全或者不符合法定形式要求的，当场告知申请人需要补正的全部内容；

（二）需要对申请材料的实质性内容进行核实的，依法进行核查，并自受理申请之日起15日内作出是否予以登记的决定；

（三）不符合个体工商户登记条件的，不予登记并书面告知申请人，说明理由，告知申请人有权依法申请行政复议、提起行政诉讼。

予以注册登记的，登记机关应当自登记之日起10日内发给营业执照。

第十条 个体工商户登记事项变更的，应当向登记机关申请办理变更登记。

个体工商户变更经营者的，应当在办理注销登记后，由新的经营者重新申请办理注册登记。家庭经营的个体工商户在家庭成员间变更经营者的，依照前款规定办理变更手续。

第十一条 申请注册登记或者变更登记的登记事项属于依法须取得行政许可的，应当向登记机关提交许可证明。

第十二条 个体工商户不再从事经营活动的，应当到登记机关办理注销登记。

第十三条 个体工商户办理登记，应当按照国家有关规定缴纳登记费。

第十四条 个体工商户应当在每年规定的时间内向登记机关申请办理年度验照，由登记机关依法对个体工商户的登记事项和上一年度经营情况进行审验。

登记机关办理年度验照不得收取任何费用。

第十五条 登记机关和有关行政机关应当在其政府网站和办公场所，以便于公众知晓的方式公布个体工商户申请登记和行政许可的条件、程序、期限、需要提交的全部材料目录和收费标准等事项。

登记机关和有关行政机关应当为申请人申请行政许可和办理登记提供指导和查询服务。

第十六条 个体工商户在领取营业执照后，应当依法办理税务登记。

个体工商户税务登记内容发生变化的，应当依法办理变更或者注销税务登记。

第十七条 任何部门和单位不得向个体工商户集资、摊派，不得强行要求个体工商户提供赞助或者接受有偿服务。

第十八条 地方各级人民政府应当将个体工商户所需生产经营场地纳入城乡建设规划，统筹安排。

个体工商户经批准使用的经营场地，任何单位和个人不得侵占。

第十九条 个体工商户可以凭营业执照及税务登记证明，依法在银行或者其他金融机构开立账户，申请贷款。

金融机构应当改进和完善金融服务，为个体工商户申请贷款提供便利。

第二十条 个体工商户可以根据经营需要招用从业人员。

个体工商户应当依法与招用的从业人员订立劳动合同，履行法律、行政法规规定和合同约定的义务，不得侵害从业人员的合法权益。

第二十一条 个体工商户提交虚假材料骗取注册登记，或者伪造、涂改、出租、出借、转让营业执照的，由登记机关责令改正，处4000元以下的罚款；情节严重的，撤销注册登记或者吊销营业执照。

第二十二条 个体工商户登记事项变更，未办理变更登记的，由登记机关责令改正，处 1500 元以下的罚款;情节严重的,吊销营业执照。

个体工商户未办理税务登记的,由税务机关责令限期改正;逾期未改正的,经税务机关提请,由登记机关吊销营业执照。

第二十三条 个体工商户未在规定期限内申请办理年度验照的,由登记机关责令限期改正;逾期未改正的,吊销营业执照。

第二十四条 在个体工商户营业执照有效期内,有关行政机关依法吊销、撤销个体工商户的行政许可,或者行政许可有效期届满的,应当自吊销、撤销行政许可或者行政许可有效期届满之日起 5 个工作日内通知登记机关,由登记机关撤销注册登记或者吊销营业执照,或者责令当事人依法办理变更登记。

第二十五条 工商行政管理部门以及其他有关部门应当加强个体工商户管理工作的信息交流,逐步建立个体工商户管理信息系统。

第二十六条 工商行政管理部门以及其他有关部门的工作人员,滥用职权、徇私舞弊、收受贿赂或者侵害个体工商户合法权益的,依法给予处分;构成犯罪的,依法追究刑事责任。

第二十七条 香港特别行政区、澳门特别行政区永久性居民中的中国公民,台湾地区居民可以按照国家有关规定,申请登记为个体工商户。

第二十八条 个体工商户申请转变为企业组织形式,符合法定条件的,登记机关和有关行政机关应当为其提供便利。

第二十九条 无固定经营场所摊贩的管理办法,由省、自治区、直辖市人民政府根据当地实际情况规定。

第三十条 本条例自 2011 年 11 月 1 日起施行。1987 年 8 月 5 日国务院发布的《城乡个体工商户管理暂行条例》同时废止。

范文简析:

这个《个体工商户条例》是经过 2011 年 3 月 30 日国务院第 149 次常务会议通过,温家宝总理签署,以《中华人民共和国国务院令》第 596 号文件方式于 2011 年 4 月 16 日发布的。全文共 30 条,第一条为总则,第 2～29 条为分则,第 30 条为附则,对个体工商户的经营管理进行了详细全面的规定。本条例语言规范、条文清晰,是个体工商户经营管理工作的纲领性文件。

 课后练习

一、简答题

1.什么叫章程? 章程的特点是什么?

2.什么叫规定? 写作规定要注意什么?

3.什么叫条例? 写作条例要注意什么?

二、写作训练题

1.假如你是某公司的人事科长,请拟写一份本公司的薪酬管理规定。

2.阅读下面某酒店的奖惩条例,试分析其不足之处,并将其改写为一份规范的条例。

××酒店奖惩制度条例

酒店奖惩制度条例如下：

一、优秀员工

酒店每月按照各员工的岗位职责进行考核，年终进行评比，被评为优秀员工者，将受到酒店的荣誉及物质奖励。

二、嘉奖、晋升

酒店对改进管理、提高服务质量和经济效益有突出贡献者，或者在酒店日常的工作中创造出优异成绩者，将进行嘉奖或晋升。

三、纪律处分/失职的种类

1.纪律处分为口头警告、纠正面谈、书面警告、辞退警告、停薪、辞退、解除合同或开除。纪律处分由部门经理发失职表，失职表交失职的员工签收，副本送主管部门负责归档。

2.失职行为分为甲、乙类，犯有其中任何一条都要填写职工失职表，并据此扣发浮动工资。

3.凡第四次发生甲类失职时将扣除一天基本工资的处分，每次失职将扣除10％的浮动工资。

4.凡第三次发生乙类失职时将扣除两天基本工资的处分，情节特别严重者将会被辞退。

甲类失职：

1.上班迟到；

2.不使用指定的职工通道；

3.仪表不整洁；

A. 留长发；

B. 手脏；

C. 站立姿势不正；

D. 手插口袋；

E. 衣袖、裤脚卷起；

F. 不符合仪表、仪容规定。

4.擅离工作岗位或到其他部门闲逛；

5.不遵守打电话的规定；

6.损坏工作服或把工作服穿出酒店之外；

7.培训课旷课；

8.违反员工餐厅规定；

9.工作时听收音机、录音机或看电视（休息或工作需要例外）；

10. 上班做私事,看书报和杂志;

11. 不经许可带妻子、丈夫、男女朋友等进入酒店;

13. 上班时使用客用坐椅休息或使用客用厕所;

14. 穿工作服进入商店(为客人买东西例外);

15. 将酒店文具用于私人之事;

16. 在公共场所大声喧哗或在客人可以看到和听到的地方做不雅的习惯动作;

17. 在公共场所和酒店其他地方聚众讨论个人事情;

18. 违反更衣室规定。

乙类失职:

1. 上下班不签卡或唆使别人为自己签卡或替别人签卡;

2. 对客人和同事不礼貌;

3. 因粗心大意损坏酒店财产;

4. 隐瞒事故;

5. 拒绝安全检查包裹、手提包或员工身份证;

6. 拒绝执行管理员或部门主管的指示;

7. 上班时打瞌睡;

8. 涂改工卡;

9. 违反安全规定;

10. 在酒店内喝酒;

11. 进入客房(工作例外);

12. 说辱骂性和无礼的话;

13. 未经同意改换班次、休息日或休息时间;

14. 超过工作范围与客人过分亲近;

15. 在除了指定位置以外的其他场所吸烟;

16. 不报告财产短缺;

17. 在酒店内乱丢东西;

18. 不遵守消防规定;

19. 损坏公物;

20. 工作表现差或工作效能差;

21. 不服从主管或上司的合理合法命令;

22. 擅自配制酒店范围内任何钥匙;

23. 发表虚假或诽谤言论,影响酒店、客人或其他员工的声誉;

24. 在酒店内危害任何人员;殴打他人或打架;

25. 向顾客索取小费或其他报酬;作不道德交易;

26. 泄露酒店机密情况;调戏或欺侮他人;

27. 偷窃酒店、客人或其他人的财物或拿用酒店、客人的食物、饮料;

28. 违反店规,造成重大影响或损失;

29. 在酒店内赌博或观看赌博;

30.故意损坏消防设备;

31.触犯国家任何刑事罪案;

32.配失、复制、未经许可使用总钥匙;

33.旷工。

第四节 求职信 招聘函

一、求职信

(一)求职信的含义

求职信包含自荐信和应聘信,两种作用相同,区别在于:自荐信是毛遂自荐,主动求职;应聘信是针对用人单位的招聘广告而写,紧扣招聘条件展示自己,其针对性更强。

它是一种随着社会经济的发展而产生的应用文体,尤其是在大学毕业生实行自主择业、自谋职业后,求职信的应用范围越来越广,与应聘者的职业发展关系也越来越大。好的求职信可以拉近求职者与人事主管之间的距离,从而获得面试机会,为顺利就业打下良好基础。

(二)求职信的特点

1. 自荐性

要让一个对你一无所知的人或单位凭一封求职信就了解你、信任你,乃至录用你,难度是很大的。要实事求是地自我推荐,把自己的长处和优势客观地、清晰地、充分地表达出来,既不夸大也不过分谦让,让用人单位受到你的自信的感染,获得一个良好的印象。

2. 针对性

为了达到求职的目的,要研究自荐过程中可能遇到的情况、问题,从用人单位和自身条件入手,认真、客观地分析自己的优势和劣势。自荐要分清主次、突出重点,有的放矢地加以表达,与求职无关的话一概不提。

3. 竞争性

为了在激烈的竞争中取胜,要对用人单位的特点、求职岗位的要求、自身的条件进行具体的分析和归纳。要勇于挑战,竭尽全力去竞争。

(三)求职信的写作格式与写作要点

求职信的写作格式一般由七部分组成,即标题、称呼、开头、正文、结尾、署名日期、附件。

1. 标题

标题一般写"求职信"或"自荐信""应聘书",居中,字号要比正文大而醒目。

2. 称呼

称呼是对读信人的称谓,要顶格书写。由于读信人是公司或单位的负责人,故可直呼为"××公司经理"("××厂厂长""××经理")等。求职信不同于一般的私人书信,故称

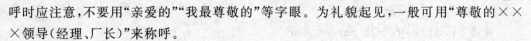

呼时应注意,不要用"亲爱的""我最尊敬的"等字眼。为礼貌起见,一般可用"尊敬的××
×领导(经理、厂长)"来称呼。

3. 开头

开头可以与一般书信的开头一样,用问候语"您好""打扰了"等,还可直截了当地说明
自己写信的原因和目的。

4. 正文

这是求职信写作的重点。一般先介绍求职的缘由,再介绍自己的具体情况、技能、特
长和优势,强调自己应聘的目的和愿望,希望应聘的职位等。

5. 结尾

结尾主要是强调自己的愿望和要求。要恰当地赞美招聘单位,希望并请求招聘单位
给予面谈的机会,语气应诚恳、有礼貌。

6. 署名日期

年月日要写清楚,不要用"."来代替。

7. 附件

附件是证明和支持自己能力、技能等的材料。附件包括推荐人的姓名和地址,本人其
他有关资料文件,如毕业证书、学位证书、获奖证书、履历表、有关证明等。

(四)求职信写作的注意事项

1.语气自然,通俗易懂,言简意赅,具体明确。

2.字迹要工整。如果是打印的求职信,也要求打印工整;如果手写求职信,字体一定
要端正秀丽。端正秀丽的字体本身就是一封最好的"介绍信",容易给人留下良好的第一
印象。

3.写清联系方式。求职信一定要写清联系方式,包括通信地址、邮编、电话、电子信
箱等。

【范文 2.4.1】

求职信

尊敬的领导:

您好!谢谢您能在百忙之中翻阅我的求职信。

我是一名即将毕业的计算机系高职毕业生。大学三年,奠定了扎实的专业理论基础、
良好的组织能力、团队协作精神、务实的工作作风。

一、认真学习理论知识

认真学习专业理论知识,阅读了大量计算机专业书籍。同时对于法律、文学等方面的
非专业知识我也有浓厚的兴趣。在校期间,在专业考试中屡次获得单科第一。获得院二
等奖学金一次,院三等奖学金五次。获第三届大学生科学技术创作竞赛一等奖。入选学
院 2012 届优秀毕业设计。

二、扎实的专业知识

精通 Visual Basic、SQL Server、ASP。

熟练使用 Linux、Windows 9x/Me/NT/2000/XP 等操作系统。

熟练使用 Office、WPS 办公自动化软件。

在校期间自学 HTML、Frontpage、Dreamweaver、Fireworks、Flash 等网页制作相关软件。能够熟练使用常用软件。利用业余时间考取了 Microsoft 公司的 MCSE(Microsoft Certified System Engineer)、MCP＋I(Microsoft Certified Professional＋Internet)，以及 Cisco 公司的 CCNA2、0(Cisco Certified Network Association)，具备较为丰富的专业知识。

三、良好的组织能力

本人在校期间担任院学生会成员、副班长等职，现任计算机系团总支组织部部长。多次组织系部、班级联欢会、春游等活动，受到老师、同学们的一致好评。

四、崇高的思想道德修养

品质优秀，思想进步，笃守诚、信、礼、智的做人原则。在校期间，光荣加入中国共产党。

五、社会实践经验丰富

在三年的大学生活中，我对自己严格要求，注重能力的培养，尤其是动手实践能力更是我的强项。

曾在厦门软件园的××公司、××公司实习，深得所在公司领导和同事的好评。在校期间多次深入多个企业实习，进一步增强了社会实践能力。

手捧菲薄求职之书，心怀自信诚挚之念，我期待着能成为贵公司的一员。

此致

敬礼

×××

2012 年×月×日

联系方式：(略)

附件：(略)

范文简析：

本文是一份应届毕业生的求职信(自荐信)。开头直截了当说明自己写信自荐的原因，正文部分介绍自己的具体情况，理论学习、专业知识等，强调自己的专业特长和社会实践经历，层次分明、条理清楚、目的性明确，结尾部分表明态度，提出录用请求。

二、招聘启事

(一)招聘启事的含义

招聘启事是用人单位面向社会公开招聘有关人员时使用的一种应用文书。招聘启事撰写的质量，会影响招聘的效果和招聘单位的形象。

（二）招聘启事的特点

1.针对性

招聘启事的针对性是指招聘启事所拟写的内容要针对招聘单位的实际需求,同时对应聘对象也有明确要求,只有这样,才有利于双向选择,不至于使招聘计划落空。

2.真实性

招聘启事的内容必须真实,这是对招聘方负责,也是对应聘者负责的一种基本态度,否则会给双方带来不必要的麻烦和损失。

3.沟通性

招聘启事在一定意义上还是招聘单位与广大有意愿的应聘者之间的沟通渠道。应聘者一般可以通过招聘启事了解招聘单位的基本情况。

（三）招聘启事的格式写作要点

招聘启事一般包括标题、正文、落款三个部分。

1.标题

招聘启事可以简单地由事由和文种名称构成。如"招聘启事"或"招聘启事"。

较为复杂的招聘启事还可以加上招聘的具体内容,如"招聘营销人员函""招聘科技人员函",还有的招聘启事在标题中写明招聘的单位名称,如"××服装厂招聘启事"。

2.正文

招聘启事的正文较为具体,一般而言,需着重交代下列一些事项。

招聘方的情况:包括招聘方的业务、工作范围及地理位置等。

具体要求:包括招聘人员的工作性质、业务类型,以及招聘人员的年龄、性别、文化程度、工作经历、技术特长、科技成果等。

受聘后的待遇:该项内容一般要写明月薪或年薪数额,写明执行标准工休情况,是否解决住房等。

其他情况:应聘人员须交验的证件、应办理的手续、应聘的手续,以及应聘的具体时间、联系的地点、联系人、电话号码等。

3.落款

落款要求在正文右下角署上发表函的单位名称及发文时间。题目或正文中已有单位名称的可不再重复。

（四）招聘启事写作的注意事项

1.招聘启事要遵循实事求是的原则,对各项内容均应如实写出,既不可夸大也不可缩小。

2.招聘启事的各项内容,可分条列出,使之醒目。

3.招聘启事的语言既要简练得体、重点突出、庄重严肃,又要礼貌热情。

4.招聘启事要体现出对应聘者的尊重,要给对方限定一个答复时间,这对双方都是有好处的。

【范文 2.4.2】

海尔集团工业创新设计中心 2011 年度招聘启事

海尔集团工业创新设计中心成立于 1994 年,是中国企业成立的第一个设计中心,也是目前设计实力最强的设计中心。设计中心以时代性、超值性和国际性的优质设计有力支持着海尔品牌的全球推广和市场拓展。

经过 16 年的发展,海尔集团创新设计中心分支机构广泛分布于欧洲、美国、日本、韩国等世界各区域,与全球著名设计机构开展广泛交流与合作,建立了覆盖全球的当地化设计网络。现有 6 个海外设计中心,领域涉及白色家电、信息电子、通信及数码产品、交通工具、建筑及环境、家居集成、展览展示、平面广告等,拥有来自不同国家和地区的优秀资深设计团队。在不断优化设计流程的同时,对工业设计进行了更加专业化的分工,拓展出 ID、CMF、UI 三个专业领域。

创新设计中心成立 16 年来,超过 80％的设计转化为有竞争力的产品,为海尔集团产品附加值的提升和销售推进起到了重大作用。设计中心还十分重视设计流程和设计品质管理,投资建立项目研发投入核算体系,搭建了完善的设计档案和知识库管理系统,保证了开发效率和质量。海尔创新设计中心一直把为全球用户提供设计体验与服务,与全球用户共享创造感动的喜悦奉为团队的宗旨。经过多年的国际化经营与发展,已发展成为具有深厚经验的国际化设计公司。

未来,仍然是设计发展的无限空间,设计就是进化,不仅是用品和生活意识形态的进化,更是民族精神和品牌文化的不断延伸和升华。

海尔集团工业设计与贵院有着良好的合作基础,我们非常感谢贵院为我集团培养了一批优秀的人才,他们目前都是中心的各个岗位的中坚力量。

2011 年将是海尔集团向全球化品牌发展新的一年,为了更好地满足集团的业务需求,为集团提供更优质的服务,计划在贵校招聘一批优秀的工业设计专业的本科生及研究生担当设计工作,集团将对其进行培训,使其成为优秀的、专业的产品设计或者企划人员。具体招聘要求如下:

一、专业

1. 工业设计专业应届本科生、研究生,获得学士、硕士学位。

a. 主要发展方向:全球产品设计、GUI 设计、设计研究和战略。

b. 主要工作部门:设计部、设计战略部、色彩材料实验室、UI 部。

2. 艺术设计专业方向应届本科生、研究生,获得学士、硕士学位。

a. 主要发展方向:平面设计、设计研究、品牌设计管理。

b. 主要工作部门:PI 推进部、设计战略部。

3. 界面设计和人类工程学方面专业应届本科生、研究生,获得学士、硕士学位。

a. 主要发展方向:UI 设计、GUI 设计、UT、设计研究。

b. 主要工作部门:UI 部、人类学研究室。

4. 心理学、社会学专业应届本科生、研究生,获得学士、硕士学位。

a.主要发展方向:UT、设计研究和战略。

b.主要工作部门:UI部、人类学研究室、色彩材料实验室。

二、其他要求

1.有扎实的专业基础和良好的发展潜质,爱好广泛,对未来充满梦想,有创造力。

2.诚实、创新,有良好的团队精神,具备良好的语言沟通及表达能力。

3.英语良好,同等条件通过国家六级者优先;

4.身体健康,五官端正。

"海纳百川,有容则大",请贵院推荐优秀人才,加入我们的团队,共同企划美好的明天!

海尔集团工业设计中心

2010.11.22

范文简析:

本文是一篇海尔集团工业设计中心的招聘启事,除了介绍该中心的基本情况外,主要是说明招聘的专业、学历要求,以及其他方面的要求。从文末来看,这份招聘启事主要是针对某学院而写的,具有较强的针对性,对应聘者的要求也比较详细。但缺乏薪酬与福利方面的说明,联系方式也未说明,这是这份招聘启事的不足之处。这也可能是因为招聘方可以通过其他方式提供给应聘者,所以才没有在招聘启事中写出。这种情况在目前许多招聘启事中都是存在的。

 课后练习

一、简答题

1.求职信的特点是什么?

2.招聘启事的写作应注意哪些事项?

二、写作训练题

某招聘网站上有这样一份招聘总经理秘书的函:

招聘启事

招聘人数:1　　　　学历:大专

外语要求:英语熟练　　接受简历语言:中文或英文

一、任职要求

1.25~40岁,女性,貌端、气质佳;

2.大专以上学历;

3.英语六级以上,高级口译证书,具有较强的语言文字表达能力;

4.掌握电脑操作和文书处理所需的技能。

二、职责描述

1.协助安排总经理议事日程,办理相关后勤事宜;

2.草拟、批转各类文件、报告；

3.负责处理来往信函、电传等，及时做好上传下达的工作；

4.接听总经理室电话并做详细留言记录；

5.各类酒店内外部资料的翻译；

6.负责安排、组织总经理室召集的各类行政会议，做好会议的翻译和记录，起草决议和会议纪要；

7.协助总经理做好各种接待工作，并做好翻译和记录；

8.落实完成总经理交办的其他任务。

刘莉莉是即将毕业的文秘专业的大学生，请为她拟写一封应聘这个职位的求职信。

第五节 工作计划 工作总结

一、工作计划

(一)工作计划的含义

计划是党政机关、社会团体、企事业单位和个人，对一定时间内所要开展的工作或所要完成的任务进行预先安排，制定明确目标、任务和具体要求，制订步骤、方法、措施，并加以书面化、条理化和具体化的一类应用文的总称。人们常常因为内容、性质、范围、时间及成熟程度的不同而使用了规划、方案、安排、设想、打算、要点等不同的名称。

工作计划，是某一单位或部门对某一时期内的工作作出打算和安排的文书。制订合理的工作计划，可以提高预见性和自觉性，减少盲目性、被动性和随意性；有利于各方面的分工合作、协调一致，充分利用人力、物力和财力，从而提高工作效率，保证工作的顺利完成；可以为日后检查工作进度，总结、评价和考核计划的完成情况提供必要的依据。

(二)工作计划的种类

由于工作计划是总称，并且种类不一，因此划分的角度和标准也各不相同。

(1)按内容分，工作计划可以分为综合计划和专项计划两类。前者带有全局性，涉及范围广，多规定计划期的总目标和指标；后者带有局部性，涉及范围较窄，目标指标较为单一。

(2)按项目分，可以分为生产工作计划、营销工作计划、财务工作计划等。

(3)按时限分，可以分为长期工作计划、中期工作计划和短期工作计划三类。长期计划也叫规划，属于对工作进行战略部署的纲领性文件，时限一般在五年以上；中期工作计划负有将长期工作计划所规定的战略任务具体化并指导近期工作的使命，一般以二到五年为限；短期工作计划一般比较细致，操作性较强，包括年度工作计划、季度工作计划、月份工作计划、周工作计划等。

(4)按范围分，可以分为国家工作计划、地区工作计划、单位工作计划、部门工作计划和个人工作计划等。

（5）按形式分,有文字工作计划、表格工作计划、图表文字工作计划等。

（三）工作计划的特点

1. 预测性

工作计划是对未来的一段时期内的实践活动和预定目标的构想和策划,是在对当前的情况和未来的发展趋势进行判断和分析的基础上,所做的预先设想和设计,具有一定的预测性。

2. 目的性

目的性是计划的灵魂,任何一份工作计划都要有明确的目的,计划都是为了达到某种目的、完成某项任务而制订的。有了目的,才会有努力的方向和奋斗目标;失去了目的,计划也就成了一个"空壳"。

3. 针对性

任何一份科学的计划都应该是针对本地区、本单位、本部门或本人的实际情况,结合工作需要和主客观条件而定的,因而具有很强的针对性。

4. 可行性

可行性与针对性是紧密相连的。工作计划的中心内容是要阐明"怎么做",因此计划的制订必须建立在必要和可行的前提下,不必要的计划毫无意义,不可行的计划只是空想。计划的可行性是以客观情况为基础的,只有具备必要的客观条件,加上主观的努力,计划才能实现。

5. 约束性

工作计划一经制订,就要认真地贯彻执行,在一定的范围内甚至具有法律效力,对实践具有巨大的指导作用。未来的工作将在计划的指导下进行,有关地区、有关部门和相关人员必须严格遵守,并为实现它而积极努力。

（四）工作计划的格式与写作要点

工作计划通常由标题、正文、落款三部分构成。

1. 标题

完整的工作计划标题有四个构成要素:单位名称、适用时间、主要内容和文种。如"××大学 2010~2011 学年第一学期教学工作计划","××大学"是单位名称,"2010~2011 学年第一学期"是适用时间,"教学工作"是主要内容,"工作计划"是文种。有些计划标题省略了某些要素,如省略单位名称,由适用时间、主要内容与文种构成;或者省略单位名称和适用时间,只由主要内容与文种构成。如果计划尚不成熟,或未经上级批准,或没有正式讨论通过,那么就应该在计划标题的后面用括号注明"初稿"、"供讨论用"或"草案"等字样。

2. 正文

正文是计划的主体部分,是计划的具体内容。这部分内容较多,包括前言、主体、结束语三部分。

前言。它是全文的导语,也是制订工作计划的指导思想和基本情况,要简明扼要地说明制订计划的依据、上级的要求,结合本单位实际,确定今后总的任务。

主体。这部分应明确任务和具体要求,提出工作的步骤、方法、措施、分工及必要的注意事项等。这是计划的中心部分。具体来说,主体部分有下列注意的内容:

任务、指标和要求。计划应写明总任务是什么,要达到什么指标。这部分在写法上既可以分条分项写,也可以列成表格,或将部分列成表格,作为附件处理。

步骤与措施。就是怎样做。它要求写的具体,以便执行。步骤是工作程序和时间安排、要求。每项任务,在完成过程中都有阶段性,要体现轻重缓急和时间的顺序。措施和方法主要指实现计划目标过程中可能出现的问题及其防护措施,以及人力、财力、物力和思想政治工作等各项保证措施。为了眉目清楚,一般都分条分项写。

完成时间。达到目标的每一程序安排,都要有明确的时间要求,顺序要合理,各环节相互衔接,环环相扣,措施切实可行。

执行希望与有关事项。有的计划在正文最后写上一小段具有鼓动性、号召性的文字。有关事项,包括应注意的问题,实施计划的措施,以及检查、评比、修改计划办法等。

每个计划都要逐条将这些内容写清楚,其中的详略可以有所不同。主体部分要写得比较周到、详尽,具体明白,逻辑性强。语言应简洁、通俗,条理清晰。

结束语。这是工作计划的辅助、补充部分,如在计划制订过程中什么人提出好的修改意见等,或强调工作中的重点和主要环节,或分析实施过程中可能产生的问题,或展望计划实施时的情景,还可以提出号召。应根据实际需要,决定写与不写。

3. 文尾

这部分一般应写清制订计划的单位和日期。

此外,如果有些与计划有关的材料在正文里表述不便,可在正文后写上"附表"或"附图"字样,然后在下面把表或图列出,如生产工作和财务工作计划中的指标和数字。这些图表、说明也是工作计划的一个重要组成部分。

(五)工作计划写作的注意事项

1. 对上负责

要坚决贯彻执行党和国家的有关方针、政策和上级的指示精神。

2. 切实可行

要从实际情况出发定目标、定任务、定标准,既不要因循守旧,也不要盲目冒进。即使是做规划和设想,也应当保证可行。工作计划的目标要明确,措施要可行。

3. 集思广益

要深入调查研究,广泛听取群众意见、博采众长,反对主观主义。

4. 突出重点的原则

要分清轻重缓急,突出重点,以点带面,不能眉毛胡子一把抓。

5. 防患未然的原则

要预先想到施行中可能出现的偏差,可能出现的故障,有必要的防范措施或补救办法。

【范文 2.5.1】

销售工作计划

根据公司××年度深圳地区总销售额 1 亿元、销量总量 5 万套的总目标及公司××年度的渠道策略，做出以下工作计划：

一、市场分析

空调市场连续几年的价格战逐步启动了。二、三级市场的低端需求，同时随着城市建设和人民生活水平的不断提高以及产品更新换代时期的到来带动了一级市场的持续增长幅度，从而带动了整体市场容量的扩张。××年度内销总量达到 1950 万套，较 2003 年度增长 11.4%。2005 年度预计可达到 2500 万～3000 万套。根据行业数据显示，全球市场容量在 5500 万～6000 万套，中国市场容量约为 3800 万套。根据区域市场份额容量的划分，深圳空调市场的容量约为 40 万套，5 万套的销售目标约占市场份额的 13%。

目前格兰仕空调在深圳空调市场的占有率约为 2.8%，但根据行业数据显示近几年一直处于"洗牌"阶段，品牌市场占有率将形成高度的集中化。根据公司的实力及××年度的产品线，公司××年度销售目标完全有可能实现。2000 年中国空调品牌约有 400个，到 2003 年下降到 140 个左右，年均淘汰率 32%。到××年，在格力、美的、海尔等一线品牌的"围剿"下，中国空调市场活跃的品牌不足 50 个，淘汰率达 60%。2005 年度，LG受到美国指责倾销，科龙遇到财务问题，市场份额急剧下滑。新科、长虹、奥克斯也受到企业、品牌等方面的不良影响，市场份额也有所下滑。日资品牌如松下、三菱等品牌在 2005年度受到中国人民的强烈抵日情绪的影响，市场份额下滑较大。而格兰仕空调在广东市场则呈现出急速增长的趋势，但深圳市场基础比较薄弱，团队还比较年轻，品牌影响力还需要巩固与拓展。根据以上情况做以下工作规划。

二、工作计划

根据以上情况，××年度销售计划主抓六项工作：

1. 销售业绩

根据公司下达的年销售任务和月销售任务，根据市场具体情况进行分解，分解到每月、每周、每日。以每月、每周、每日的销售目标分解到各个系统及各个门店，完成各个时段的销售任务。并在完成任务的基础上，提高销售业绩。主要手段是：提高团队素质，加强团队管理，开展各种促销活动，制定奖罚制度及激励方案（根据市场情况及各时间段的实际情况进行），此项工作不分淡旺季时时主抓。在销售旺季，针对国美、苏宁等专业家电系统实施力度较大的销售促进活动，强势推进大型终端。

2. K/A、代理商管理及关系维护

针对现有的 K/A 客户、代理商或将拓展的 K/A 及代理商进行有效管理及关系维护，对各个 K/A 客户及代理商建立客户档案，了解前期销售情况及实力情况，进行公司的企业文化传播和公司××年度的新产品传播。此项工作在 8 月末完成。在旺季结束后和旺季来临前不定时地进行传播。了解各 K/A 及代理商负责人的基本情况并进行定期拜访，进行有效沟通。

3.品牌及产品推广

品牌及产品推广在 2005 年至××年度配合及执行公司的定期品牌宣传及产品推广活动,并策划一些投入成本较低的公共关系宣传活动,提升品牌形象,如"格兰仕空调健康、环保、爱我家"等公益活动。有可能的情况下与各个 K/A 系统联合进行推广,不但可以扩大影响力,还可以建立良好的客情关系。主要通过一些"路演"或户外静态展示进行一些产品推广和正常营业推广。

4.终端布置(配合业务条线的渠道拓展)

根据公司 2006 年度的销售目标,渠道网点普及还会大量增加,根据此种情况随时、随地积极配合业务部门的工作,积极配合店中店、园中园、店中柜的形象建设(根据公司的展台布置六个氛围的要求进行)。积极对促销安排上岗及上样跟踪和产品陈列等工作。此项工作根据公司业务部门的需要进行开展。布置标准严格按照公司的统一标准(特殊情况再适时调整)。

5.促销活动的策划与执行

促销活动的策划及执行主要在 2006 年 4 月—8 月销售旺季进行,第一要严格执行公司的销售促进活动,第二要根据届时的市场情况和竞争对手的销售促进活动,灵活策划一些销售促进活动。主题思路以避其优势,攻其劣势,根据公司的产品优势及资源优势,突出重点进行策划与执行。

6.团队建设、团队管理、团队培训

团队工作分四个阶段进行:

第一阶段:8 月 1 日—8 月 30 日。A.有的促销员进行重点排查,进行量化考核。清除部分能力低下的人员,重点保留在 40 人左右,进行重点培养。B.制定相关的团队管理制度及权责分明明晰和工作范围明晰,完善促销员的工作报表。C.完成××空调系统培训资料。

第二阶段 9 月 1 日—××年 2 月 1 日这一阶段主要是对主力团队进行系统的强化培训,配合公司的品牌及产品的推广活动策划系列品牌及产品宣传活动,并协助业务部门进行网点扩张,积极进行终端布置建设,并保持与原有终端的有效沟通,维护好终端关系。

①培训系统安排进行分级和集中培训

业务人员→促销员

培训讲师＜促销员

②利用周例会对全体促销员进行集中培训

9 月 1 日—9 月 30 日:进行四节的企业文化培训和行业知识培训

10 月 1 日—10 月 31 日:进行四节的专业知识培训

11 月 1 日—11 月 30 日:进行四节的促销技巧培训

12 月 1 日—12 月 31 日:进行四节的心态引导、培训及平常随时进行心态建设

××年 1 月 1 日—1 月 31 日:进行四节的促销活动及终端布置培训

××年 2 月 1 日—2 月 29 日:进行全体成员现场模拟销售培训及现场测试。在每月末进行量化考核,进行销量跟进。

第三阶段:××年 2 月 1 日—2 月 29 日

①用一周的时间根据网点数量的需求进行招聘促销员工作,利用10天的时间对新入职促销员进行系统培训、考核、筛选。对合格人员进行卖场安排,试用一周后对他们的促销再次进行考核,最后定岗定人,保证在3月1日之前所有的终端岗位有人。

②所有工作都建立在基础工作之上。

第四阶段:××年3月1日—7月31日

第四阶段全面启动整个深圳市场,主抓销售,所有工作重心都向提高销售倾斜。

第一:跟随进货源,保证货源充足、比例协调,达到库存最优化,尽量避免断货或缺货现象。

第二:招聘培训临时促销员,以备搞活动,全力打造在各个环节都比较有战斗力的团队。

第三:严格执行公司的销售策略及促销活动,并策划执行销售促进活动,拉动市场,提升销量。

第四:跟进促销赠品及赠品的合理化分配。

第五:进行布点建设,提升品牌形象。随访辅导,执行督导。

第六:每月进行量化考核。

第七:对每月的任务进行分解,并严格按照WBS法对工作任务进行分解,做到环环相扣,权责分明,责任到人,工作细节分到不能再细分为止。

第八:利用团队管理四大手段,即周工作例会、随访辅导、述职谈话、报表管理。严格控制团队,保持团队的稳定性。

第九:时时进行市场调研、市场动态分析及信息反馈,做好企业与市场的传递员。全力打造一个快速反应的机制。

第十:协调好代理商及经销商等各环节的关系。根据技术与人员支持,全力以赴完成终端任务。

以上是××年度的工作计划,如有考虑不周之处,请领导多多指导!

销售部

×年×月×日

范文简析:

本文是某公司××年销售工作计划。全文共两大部分:市场分析和工作计划。计划对市场现状进行了概要分析,制订了比较详细的分阶段销售计划,严格规定时限内所要完成的工作内容,内容翔实、重点突出。

二、工作总结

(一)工作总结的含义

工作总结是一个单位、部门或个人对过去一定时期内的工作活动进行回顾、分析、检查和研究,从中找出经验教训或规律性的认识,以明确努力方向、指导今后的工作,并最终形成理论化、系统化的书面材料的一种事务文书。平时所使用的小结、体会也属于总结。总结对实际工作具有重要意义。通过总结前一时期的工作,可以深化人们的认识,从中获取经验、汲取教训,以便更好地指导今后的工作;同时,它还可以起到交流信息、推广经验的作用。总之,"前事不忘,后事之师",总结能帮助人们避免无谓失误,使各项工作有条不紊地开展。

工作总结与工作计划的区别在于:第一,计划是对工作的打算和安排,总结是对工作完成后的认识、评价;第二,总结是对前一段计划完成情况的检验,也是制订下一个阶段计划的依据;第三,计划回答的是"做什么"、"怎样做"、"什么时间做",总结回答的问题则是"做了什么"、"做得怎样"、"为什么"。

(二)工作总结的类型

关于工作总结的类型,根据不同的分类标准,可以有不同的形式。

(1)按内容划分,有综合性工作总结和专题性工作总结。

(2)按项目划分,有生产工作总结、教学工作总结、科研工作总结、××活动总结等。

(3)按范围划分,有部门工作总结、单位工作总结、地区工作总结、个人工作总结等。

(4)按时间划分,有年度工作总结、季度工作总结、月工作总结等。

(5)按形式划分,有文字工作总结、表格工作总结、图表文字工作总结等。

以上划分只是相对而言,对于一份工作总结来说,可以在不同类之间相互交叉和重复。如一份个人总结,既可以是工作总结,也可以是年度工作总结和综合性工作总结。

(三)工作总结的特点

1. 理论性

总结的过程,是人们不断加深对客观事物认识的过程。人们在分析事实材料的基础上,通过分析、研究,归纳、提炼出正确的观点,从而由对事物的感性认识上升为理性认识,得出规律性的结论,更好地指导今后的工作和活动。

2. 客观性

总结是对过去一定时期内的工作或活动进行的分析和研究,是在实践的基础上展开的,它的内容必须真实确凿、客观地反映实际情况,解决问题,获得经验,不允许无中生有、东拼西凑、主观臆造和任意虚构。

3. 指导性

总结是对过去的回顾与思考,其目的在于更好地指导今后的工作。通过对以往工作全面系统的检查、分析,从而提高认识、把握规律,在今后的工作中就能扬长避短,纠正缺点和错误,争取把工作做得更好。

4. 概括性

总结是人们对客观事物规律认识的反映,它既不是对工作实践做简单复述,也不是把工作细节罗列至此,而是要做本质概括,实现从现象到本质、从感性认识到理性认识的飞跃。

(四)工作总结的格式与写作要点

因为工作总结的类别很多,所以具体写法也不尽相同。一般来讲,工作总结的结构由标题、正文、落款三部分组成。

1.标题

总结的标题有下列几种构成方式：

陈述式标题。即一般公文式标题，由单位名称、时由和文种构成。如《××学院2010年招生工作总结》。如果单位名称署于文末或标题下，时间概念也较明确，标题中将不再重复。

论断式标题。由正、副两个标题组成，正标题概括总结的内容或基本观点，副标题标明单位名称、内容范围、时间和文种。如《还是生一个好——××市年计划生育工作总结》。

概括式标题。根据内容概括出题目，类似一般文章标题的写法。

2.正文

一般分为前言、主体、结束语三个部分。

前言。概括基本情况，包括交代工作总结及所涉及的时间、地点、对象和背景；概述基本经验、点明主旨；引用数据，扼要说明主要成绩和问题。前言以精练的语言揭示工作总结的精髓之处，引起读者注意，并对全文有个大体的印象。

主体。这是总结的主要内容，包括：

主要成绩和收获。成绩和收获是指在实践活动中所取得的物质成果和精神成果。这个内容在不同的工作总结中有不同的写法。若是写综合性工作总结，则在前言中概括提一下，而在主体中应专门详细地、具体地归纳成绩和收获的几个方面；若是写专题性经验总结，则除在前言部分扼要点明成绩和收获外，其他具体的成绩收获常常写在下面的"经验体会"中，作为各论题的例证之用，不必在此专门写"主要成绩和收获"。

主要经验体会。经验是指取得优良成绩的原因、条件以及具体做法。体会则是经验的升华、理论的认识。这部分是总结的重心，应下功夫分析、研究、概括，对经过事情的是非得失、利弊作出科学的判断，并表述出来，指出此项工作的规律性。若是写经验性总结，应根据推广经验的需要而使侧重点不同，有的重点阐明工作的成效，有的重点阐明做法的先进，有的重点阐明体会的深刻、认识的提高。

存在问题和教训。查找工作实践中应当解决而未解决的问题，或未做完工作存在的问题。分析造成问题的教训，究竟是思想方法上的问题，还是工作方法不对头，或者是其他主客观原因，从而总结出造成失误、损失的反面经验，明白应记取的教训。

结束语。一般写两层意思：一是今后努力的方向。在总结经验教训的基础上，明确工作前进的方向，提出新的目标和任务。二是针对问题和教训，提出改进措施和新的设想。这部分行文要简短有力、有针对性和鼓动性。

3.落款

包括署名和日期。单位总结的署名，一般写于标题中和标题下，也有的另随文发送，总结上不署名。个人总结的署名，一般都写在正文的右下方。

（五）工作总结写作注意事项

1.目的明确

工作总结写作的目的要非常明确，要通过工作总结来体现某一阶段的工作业绩、存在的不足、应该吸取的教训、值得推广的经验等。如果应付了事,为总结而总结,那是没什么作用的,无论对自己还是对所服务的单位都没有益处。

2.实事求是

工作总结要实事求是,有一说一,有二说二,无论是成绩还是问题,都要如实地写出,这样的总结才有意义。实事求是还指材料真实,如果工作总结的材料不真实,那么,这个工作总结文字写得再好也是无用的。

3.要有高度

工作总结不能就事论事,要有写作的高度,也就是说,要能对某一阶段的工作作出正确的评价,要有正确的结论,如果能够总结出规律,对今后的工作就更有帮助了。

4.文字精练

工作总结的语言要精练,不啰唆。适当的文采是可以的,但是,不该用文采的时候就不要用了。否则,既不容易使人明白,同时也使文章显得拖沓。

【范文 2.5.2】

××县农培办扎实深入开展农村劳动力素质培训工作总结

今年上半年,××县农培办根据市农培办要求和县委具体部署,认真贯彻落实全市"百万农村劳动力素质培训工程"现场会精神,借鉴先进地区经验,调整组织机构人员,强化各项政策措施,扎实深入开展农村劳动力素质培训工作,共培训农村劳动力 7564 名,其中"转业农民"的技能培训 1840 名,"专业农民"的农村实用技术培训 1650 名,"务工农民"的岗位技能培训 2610 名,预备劳动力培训 1464 名。

一、贯彻精神,借鉴经验,调整机构

××县委、县政府高度重视农村劳动力素质培训工作,××现场会后,县委再次召开培训领导小组工作会议,认真学习市委包哲东副书记的重要讲话和"苍南经验",专题研究深化我县农村劳动力素质培训工作。县委要求相关部门要在思想上进一步重视,认真贯彻落实苍南现场会精神,切实抓好我县农村劳动力素质培训工作。同时结合实际工作,调整人员,健全机构,充实专兼职干部,落实了专门的办公场所和办公设备,努力使培训工作规范化、制度化。

二、结合实际,强化措施,开展培训

年初,我们认真总结去年经验,分析存在问题,结合实际提出了有针对性的办法和措施,制定了《××县 2009 年度农村劳动力素质培训实施意见》,落实专项培训经费 250 万元。

首先是调查研究,开展基地培训。为整合培训基地,促进培训资源的充分利用,4 月份组织人事、劳动、教育、农业等部门到瓯北等地对我县的劳动力素质培训基地基本情况进行了调查。在调查研究的基础上,结合我县实际,出台了《××县农村劳动力素质培训基地认定办法》,并要求各有关部门将自己管理范围内的培训基地认真进行一次检查和评估,择优上报一批基地作为县级培训基地报县农培办审核认定。到目前为止,已有10家基地上报,培训的范围包括泵阀、裁缝、计算机等一些符合我县主要工业产业发展的专业。

其次是结合实际,开展培训工作。各培训负责单位根据县委2009年度实施意见精神和实际工作需要,开展了内容丰富、形式多样的培训。科技局以培训农村先进技术为主,组织我县13位农村技术骨干到杭州进行了为期10天的培训;农业局和科协以培训农村实用技术为主,结合各乡镇农业发展特点,开展了蔬菜、畜牧、果树等专业的培训;人事、劳动和经贸部门以技能培训为主,开展了多期计算机、电工和家政服务培训;教育局以我县职高为载体,针对山区学生开展了裁缝、畜牧养殖业等培训,使他们掌握一技之长,毕业后能够充分就业。为了适应我县泵阀产业发展形势,给待业青年提供培训和就业良机,2月份我县成立了××先进制造业培训基地,面向××籍具有技校或职高学历以上的待业青年、普通大中专毕业待业青年、普职高三分流学生,开展泵阀实用操作技术培训,培训经费由县农培办、企业、学员各承担1/3。目前第一期培训班的50名学员已开始了为期6个月的培训。学员培训后,经劳动部门和企业共同验收合格,取得初级技能证书,即由瓯北镇的较大规模以上泵阀企业录用为正式员工。验收不合格学员继续参加下一期培训,合格后由企业录用。

三、当前存在的主要问题

在培训工作中,我们也存在一些不足和问题,主要表现在以下四个方面:一是宣传不到位,农民培训的热情不高。由于宣传工作做得不够,使一些农民没有充分认识到培训的重要性,且由于我县滞留在家的农民普遍文化程度低,年龄偏大,就业竞争力差,他们参加培训的积极性不高。二是各乡镇培训工作开展不平衡,工业和农业重点乡镇培训工作开展得比较好,一些贫困落后的乡镇培训积极性不高。三是培训项目开展不平衡。目前,我县的专业农民培训开展得比较好,绿色证书、农函大培训工作力度非常大,而务工农民和转业农民的技能培训人数比较少。四是培训后的就业服务不到位。由于目前企业用工需求量不大,加上一些培训机构自身条件的限制,劳务输出供需见面会和本地用工招聘会质量不高,服务工作没有完全到位。

四、下一步工作打算

一是健全组织机构,进一步完善农村劳动力培训工作制度。健全和完善工作机构,特别是四个专业培训小组和各乡镇的培训组织机构,配备相应的专职工作人员,使农民素质培训工作真正做到有人抓。加强县农培办同各部门之间的协作,发挥他们各自的优势,形成合力,共同抓好我县的农村劳动力素质培训工作。开展县级培训基地认证工作,加强对培训基地的规范化建设。进一步建立信息交流、工作通报、调查研究等工作制度,及时了解农村劳动力素质培训工作的新情况,发现新问题,总结新经验,提出新举措。

二是结合我县产业结构特点,进一步加强技能培训工作。继续采用订单培训或定向培训方式,联合我县一批知名企业,引导企业根据国家职业标准和不同行业、不同工种、不同岗位对从业人员的要求,开展岗位技能培训。重点结合我县服装、泵阀、鞋业等产业结构特点,充分利用××先进制造业培训基地,开展服装、泵阀等实用操作技术培训,使更多的农民不断掌握实用技能,以适应我县产业发展需要。全面实施劳动力培训"双后双百"工程,使我县初、高中毕业后的分流学生百分之百参加培训,百分之百能够转移就业。

三是拓宽融资渠道和劳动力转移平台,进一步做好培训农民就业工作。在用好县财政培训专项扶持资金250万元的基础上,我们鼓励企业和社会力量参与培训工作,利用企业现有的设备和技术人员,努力形成政府、企业共同投资参与培训的良好局面。积极拓宽劳动力转移平台,通过建立劳务输出服务中心,依靠法律援助中心,采取跟踪服务、上门服务等措施对已培训的农民提供劳务信息服务、诚信担保和法律援助,促进农民真正转移就业。

四是加强指导,强化督查,进一步确保培训的质量和效果。把农村劳动力的培训率、合格率、发证率、转移就业率纳入政府部门年度工作目标考核指标体系。加强对各乡镇和有关部门的督促指导,把任务分解落实到部门、乡镇、村、人,每两个月对全县各部门、乡镇的培训工作完成情况进行通报,对培训工作完成好的单位和个人予以表彰,对未完成任务的单位要追究主要领导责任,并予以通报批评。

范文简析:

本文是××县关于培训工作的总结。用数据说话,总结了农村劳动力素质培训工作所取得的成绩,指出了当前存在的主要问题,提出了解决问题的办法,并结合本县实际情况做出了下一步的工作打算。

 课后练习

一、简答题

1.工作计划的写作要点和要求是什么?

2.简述工作总结的写作重点和要求。

二、写作训练题

1.如果你是一家电器公司的销售人员,请写一个季度销售计划。

2.阅读下面这篇工作总结,对这篇总结的标题、前言、主体和结尾分别予以评点,指出其优点和不足。

售后服务是企业的命根子

——万宝技术服务中心××年工作总结

××年,万宝集团技术服务中心全体员工和分布在全国各地维修网点的员工一起,根据何总经理关于"售后服务是企业的命根子"的指示精神,坚持"拥有万宝电器,享受一流服务"的宗旨和"一切为了使用户满意"的标准,发扬"同心多奉献,合力创一流"的企业精神,大力开展优质服务活动,扎扎实实地做好各项工作,实现了××年的总体目标。全年维修合格率达 99.8%,比去年上升了 30.3%;维修返修率 0.2%,比去年下降 30.13%;用户来信处理率 100%,全年未出现重大的维修质量投诉,赢得了用户和社会各界的好评,促进了万宝系列产品的销售,促进了万宝售后服务工作和服务质量标准化、服务网络体系化、服务管理规范化、服务方式多样化、服务经营一体化的方向发展。××年被评为全国优质服务企业。

回顾一年来,我们主要做了以下几项工作:

一、优化网点建设,加强网点管理(略)

1.开展网点调研考察。(略)

2.合理调整网点布局,扩大维修服务的覆盖面。(略)

3.开展用户抽查,优化网点结构。(略)

二、调整售后服务策略,适应市场和用户需要(略)

1.增加服务项目,扩展服务范围。(略)

2.转换服务形式,提高服务水平。(略)

3.开拓服务、经营一体化道路,增强自身实力。(略)

三、提高员工素质,深化优质服务(略)

四、开展"万宝电器百日维修服务质量无投诉"活动(略)

××年是万宝事业发展的关键一年,也是实现集团中期发展规划的决定性一年。我中心必须进一步贯彻落实何总关于"售后服务是企业的命根子"和汤总关于"服务先于销售"的指示精神,坚持"一切为了使用户满意"的最高标准,把售后服务工作作为首要任务,为维护万宝信誉作出更大贡献。

第六节　简报

一、简报的定义和种类

简报是由机关、团体和企事业单位内部编发,用来反映情况、交流经验、沟通信息的一种简要的书面报道或报告。简报是一种内部文书,兼有向上级反映情况和向所属单位、平行单位通报情况的作用。

常见的简报有三种：一是会议简报，主要反映会议交流、进展情况；二是情况简报，反映人们关注的问题，供机关领导参考；三是动态简报，又称信息简报，是传播信息、反映动态、交流情况的一种简报。

二、简报的作用

1. 反映情况

通过简报，可以将工作进展情况以及工作中出现的新情况、新问题、新经验及时反映给各级决策机关，使决策机关了解下情，为决策机关制定政策、指导工作提供参考。

2. 交流经验

简报体现了领导机关的一定指导能力，通过组织交流，可以提供情况、借鉴经验、吸取教训，对工作有指导和推动作用。

3. 传播信息

简报本身即是一种信息载体，可以使各级机关及从事行政工作的人互相了解情况，吸收经验、学习先进、改进工作。

三、简报的特点

1. 简洁精练

简报是对某一阶段的工作进展情况的通报，它的第一个特点就是体现"简"字，也就是要简洁精练，不啰唆。简洁精练不仅指语言方面，同时也指材料的选择要精练，要抓住主要问题，突出重点，使简报所反映的情况具有典型意义，使之更具参考价值。

2. 迅速真实

"迅速"是要及时将最新的工作情况反映出来，要把简报迅速地提供给相关工作人员阅读，以使他们及时了解情况。所谓"真实"主要是指内容要真实反映各种情况，不能虚构和歪曲反映工作情况，否则就失去了工作简报的写作意义。

3. 新颖灵活

"新颖"指内容新鲜，要反映工作中的新情况、新经验，要反映新问题，要体现新思维；"灵活"则指工作简报的形式可以不拘一格，要围绕提供工作情况反映的根本，不拘泥于刻板的形式。只有这样，才能真正反映工作中的情况，使之更有指导价值。

四、简报的格式与写作要点

简报的写作格式：简报一般由报头、主体、报尾三个部分组成。

1. 报头

报头排在简报的第一页上方，约占全页的1/3。报头的组成要素是：

（1）简报名称。其位置在报头中间,字体较大,有的还套红,以示醒目。

（2）简报期号。一般放在简报名称下面,居中排列。若是增刊或专刊,则在期号下写"增刊"或"××专刊"。

（3）编发单位。在期号下左侧的横线上,写编发单位的全称。

（4）印发日期。在期号右下侧的横线上,写印发简报的年月日。

（5）提醒事项。在简报名称左上侧,标明"绝密"、"机密"、"秘密"、"内部刊物"、"注意保存"等字样。

（6）分隔线,用破栏卡线将报头与报体分开,以示区别。

2. 主体

主体是简报的主要部分,一般包括标题、正文两部分。

标题。简报的标题不像其他应用文标题那样有较为固定的写法,可以灵活多样,但要力求生动、形象、简明醒目、揭示主题。一般有四种写法:直述式,即运用精粹的语言高度概括简报的基本内容;提问式,即以提问形式点出简报中最吸引读者的问题;比拟式,即以比喻、拟人手法形象地表述简报的主要观点;补充式,即以主标题概括简报的主旨和主要事实,以副标题补充说明主标题的内容,写在主标题下方。有时还用眉标题,写在主标题上方,主要是交代背景、说明形势、引出主标题。

此外,对重要简报或转发的简报应写按语,一般是根据领导意图,对本期简报反映或提出的问题发表倾向性意见,以引起读者的重视。按语一般放在正文前,也可以在正文中用括号加按语。

正文。正文是简报最主要的部分,也是写作简报最需要下功夫的部分。简报的正文内容要充实,结构要合理,语言要有力。正文包括导语、主体、结束语三部分。

导语。即简报开头的一段话,说明全文的主旨和主要内容,给读者一个总的印象,明了何人、何事、何时、何地以及原因、结果等。导语的写法有以下几种:概述式,即用简洁精练的语言,把最主要的事实概括地叙述出来;设问式,即通过设问揭示简报的主题,把简报涉及的主要问题强调得尖锐、突出,造成悬念,以引起读者的关注;描述式,即用生动形象的语言,把与主要内容相关的场景简洁地描绘出来,以期引人入胜;结论式,首先从某一高度用肯定的语言表明简报的结论,给读者以深刻印象,然后再提供事实依据,详细说明。

主体。承接导语,用大量的有说服力的典型材料,把导语中概括出来的观点和内容具体化,进一步阐明简报的主题。表现方法一是按时间顺序,即根据事件发生的先后来写;二是按空间顺序写;三是按问题的性质分条分项写;四是按逻辑规律写,先提出问题,再加以分析,然后提出解决问题的思路和对策。

结束语。用一句话或一小段文字,或照应全文、强调主旨,或指明事情发展趋势、明确方向,或言尽意远、发人深省。如果简报内容单一、篇幅短小,且在主体已表达清楚,也可以不写结语。

3. 报尾

在正文的下面,画两条平行横线,在这两条线内注明发送范围、对象和印制份数。

（密级）
（编号）

××简报

第×期（总第××期）

×××编 　　　　　　　　　　　　　　　　　　年　　月　　日

编者按：

标　题

正文：

报：

送：

发：

共印××份

图 2.6.1 简报样式

五、工作简报写作的注意事项

1. 紧跟形势，反映中心工作

简报的撰写必须紧跟形势，根据党的路线、方针、政策，从全局出发，反映当前中心工作中的新情况、新经验、新问题，从而强化简报的针对性，解决工作中的实际问题。

2. 材料典型，真实可靠

在占有丰富材料的基础上，围绕简报的主旨，精选有代表性、有说服力、有普遍意义的典型材料。但典型材料绝不是人为编造的，或道听途说的，必须从客观实际中获得，并认真地核实、查对，文中所涉及的人员、时间、地点、事件和数据，都要准确，真实可行。

3.文思敏捷,编发及时

简报在机关各种文书中以"新"、"快"著称,迅速及时地把有价值的信息反映出来。所以,撰写者必须善于捕捉过去未发生过的或带有倾向性的苗头、问题,及时反映,迅速印发,使领导机关及时掌握新情况、处理新问题。

【范文 2.6.1】

××集团公司财务工作会议简报

(第××期)

在清产核资工作全面展开、新的《企业会计制度》即将实施、主辅分离逐步开展的形势下,12月16日—18日,集团公司在××楼召开了××集团2010年度财务工作会议,各子分公司总会计师、财务科长、决算人员、审计人员,各指挥部办事处财务主管等130余人参加了会议。

集团公司总会计师××出席会议并做了重要讲话。在讲话中,××从认清新的财务形势、树立新的财务理念、完善成本管理机制、规范资金运作、实施新《企业会计制度》、做好清产核资工作、做好财务预算工作、做好审计工作、加强会计基础工作、加强财会队伍建设等十个方面做出重要指示,为集团公司下一步的财务工作指明了方向。

集团公司副总会计师、财会部部长××总结了2010年度××集团公司财务工作情况,并对下一年度××集团公司的财务工作做出了安排布置,提出了2011年度财务工作九个方面的要点:加强内部资金管理,提高信用意识;加大成本管理工作,探索有效的成本管理途径;严格执行财务预算制度,加大对资本运营中的监控;做好清产核资工作,为全面执行《企业会计制度》奠定基础;执行《企业会计制度》,完善相关的财务配套制度;结合"主辅分离",紧缩经费开支;开展财会信息化建设,促进财会管理水平的提高;继续加强财会队伍的建设,提高公司的财务管理水平;加强财会学会建设,充分发挥财会学会的作用。

此次财务工作会议全面布置了2010年度财务决算编制工作,提出了2011年财务预算的编制要求,明确了清产核资的步骤和方法,解答了汇总纳税及青藏退税的有关问题。为下一步做好财务决算编制工作,提高财务预算的编制水平,加强国有资产的监控管理,合理筹划纳税工作,全面实施《企业会计制度》打下了基础、做好了准备。

范文简析:

本文是一篇会议简报。简报开门见山地把会议的基本情况进行了概要,侧重于会议的主要内容,提出下一年度财务工作的要点,为新形势下企业财务制度的实施铺路。简报还传达了会议的主要精神,指导今后的工作。

课后练习

一、简答题

1. 什么是简报？它有哪些种类？

2. 简报写作的注意事项有哪些？

二、写作训练题

为了提高大学生职业创新能力,××学院组织了为期一周的以"创新能力提高"为主题的创业大赛活动,活动结束后,请你编写一份创业大赛活动简报。

第二章
财经信函写作

 教学目标

了解财经信函的概念、特点、种类和作用。

掌握财经信函的结构、内容和写作要求。

能够熟练写作建立关系函、询价函、报价函、还价函、接受函、催款函、索赔函、理赔函等。

教学重点

财经信函的结构、内容和写作要求。

建立关系函、询价函、报价函、还价函、接受函、催款函、索赔函、理赔函的写作格式、内容和写作的注意事项。

教学难点

建立关系函、还价函、催款函、索赔函、理赔函的写作格式、内容和写作的注意事项。

【导入新课】

2011年12月4日的《中国保险报》曾发表过一篇郭立刚的《创意信函行销》的文章，里面谈到"创意行销"与信函的关系。实际上，在财经信函中，有许多是与行销有关系的。《创意信函行销》一文中说道："我们是否也会发现，在成百上千封的推销信函当中，我们所感兴趣的信函往往正是我们所关注的呢？比如你从网站上购买一件衣服，你可能会希望看到该网站发来的付款和购物确认电子邮件；你正准备买家用电器，那么你可能就会对家电连锁店寄来的促销信函感兴趣；如果你是从事培训工作的，那么你也不会对培训咨询机构发来的信函反感。这就是信函所隐藏着的商机力量，只要寄对了人，激起收信人的兴趣，那么他就有可能成为创造销售利润的媒介。"

新华网在2010年曾有一篇《商业信函逐渐代替传统邮件成为邮递市场新宠》的报道。

该报道说,据天津邮政部门统计,2009 年天津市信函总数约为 1.11 亿件,个人信函仅占 600 多万件,其他全是商业信函。而家住天津市南开区华苑小区的赵女士这几天收到五六封信,除了每月的银行对账单,还有大商场、超市的促销广告。

商业信函只是财经信函的一种,但在今天却受到越来越多的商家喜爱。商业信函在国外是很成熟的营销方式,在我国则刚刚开始普及,也越来越受到消费者的欢迎。

这就是财经信函的营销力量,这就是用纸和笔(或者键盘)赚钱的学问。

那么,究竟什么是财经信函?它有什么作用?它有哪些写作要求?我们该如何进一步学习它、了解它?这就是本章的主要内容,也是我们在现时代乃至于将来都需要面对的财经应用文中很重要的学习内容。

财经信函是指用于商贸往来,处理经济事务的书信函件。这里的函件不是指行政公文中的“函”,而是一种简便的书信,它可适用于各种商务场合或商贸往来中。

在这一章里,我们着重学习三类财经信函的基础知识,并进行相应的写作训练。它们是建立关系函、交易磋商函、索赔函与理赔函。

现在,让我们一起走进财经信函的世界,去领略其丰富的内容……

第一节　建立关系函

一、建立关系函的概念

建立关系函是指为了企业的生产与销售,通过多种途径了解客户后,经论证值得与之建立商务、贸易、合资、合作等关系而使用的信函。

二、建立关系函种类

根据建立关系函的内容,可以分为建立业务关系函、建立贸易关系函、建立商务关系函、建立合作关系函、建立全面关系函、建立战略关系函、介绍商品函、提供资料函等等。

三、建立关系函的结构与写作要点

1. 标题

标题要精炼、概括地点明去函的主旨内容,可以写成事由＋文种,即“建立业务关系函”。

2. 称呼语

称呼用全称显得礼貌。如“厦门茶叶进出口有限公司”或者“××经理/先生/女士 台鉴/雅鉴”。

3. 正文

建立关系函的正文包括开头语、主体、结束语等三部分。

开头语:如果是初次联系客户的首发函,先简要说明得到对方消息的途径,或者直接进行简单的自我介绍。同时表示我方有意与对方建立业务关系,进行交易,希望得到对方的合作。

主体:是函件的重点。先介绍本公司的主要业务范围、经营状况,推销商品时要突出产品特色和优点,包括价格优势等。而后说明发函意图,表明合作的意愿。语言表达要具体、明确。

结束语:用惯用语表示出对方回函的愿望。

4.祝颂语

一般用"顺致商安"、"顺致商祺"等,要求书写规范、礼貌得体。

5.落款

置于信函的右下角,写明发函公司的名称(盖章)或个人姓名和日期。

四、建立关系函写作的注意事项

1.如果是初次联系的客户,开头语要先做自我介绍,或先说明如何得知对方,再做自我介绍。

2.产品介绍要求文字生动、活泼,重点突出产品的特色。

3.给初次联系客户发送电子邮件时,最好不要主动附上附图,以免被删或被反垃圾邮件软件拦截。

4.结尾语,要求能激发对方愿意合作、联系的愿望。

【范文 3.1.1】

建立业务关系函

福建省德化××陶瓷有限公司:

通过商界朋友的介绍,得知贵公司是专门从事日用陶瓷、工艺美术陶瓷的出口企业。

我公司经营中国日用陶瓷、工艺美术陶瓷已有多年历史,是美国最大的陶瓷批发商兼零售商之一。我公司愿与贵公司建立贸易关系。为此,请即将你们公司经营的陶瓷目录及价单寄来,以便我们考虑试购一批作为开端,如能寄来几只实样,更为感激。价格要CIF纽约,包括 6‰佣金,并希望附告大概装运期。

特此致函,盼复!

顺颂

商祺!

××贸易公司(章)

2011 年 3 月 20 日

范文简析:

这是一篇初次与对方联系要求建立商务关系的函件,表达了愿与客户建立贸易关系的愿望。标题精练地概括点明去函的主旨内容,称呼用全称显得有礼貌。开头简要说明得到消息的途径,主体先自我介绍公司经营范围,之后说明发函意图,表明合作意愿。结束时,用惯用语表示希望对方回函的愿望。祝颂语写得规范得体。落款包括署名和日期,完整规范。全文结构严谨、层次清晰,有利于对方准确理解内容,把握交易条件。行文简洁,言简意赅,效率高。语言表达礼貌得体。

【范文 3.1.2】

建立商务关系函

尊敬的×××先生：

在《化学》杂志上看到贵公司的名称及地址，我们非常希望与您建立商务关系。本公司为化学产品数一数二的出口商之一，在 50 年的商务经验中具有良好的信誉。我们确信，您会对我们的服务及货物的完美品质甚为满意。如果贵公司对我们的信用需进一步了解，请直接洽询建设银行××市分行。

盼尽快回复。

您真实的朋友××公司总经理

2012 年 6 月 6 日

范文简析：

这是一篇表达希望与某公司建立商务关系的函件。标题直接点明函件的主题，称呼礼貌。开头简要说明得到希望建立商务关系的公司的联系方式。主题则介绍自己公司的经营实力，表达了双方建立商务关系的意愿。结尾则用"盼尽快回复"表达希望对方回复的愿望。函件整体规范得体，行文简洁。

【范文 3.1.3】

介绍产品函

香港××食品有限公司：

××经理　台鉴

从厦门"9·8"国际贸易洽谈会得悉，贵公司对内地茶叶感兴趣，特借此机会与你们通信，我们非常希望与您建立业务关系。

我们是一家主营乌龙茶内外销业务的现代化茶叶生产企业，已有 50 多年的历史。"海堤牌"是我公司茶叶系列产品的专用商标，是中国茶叶在国内、国际市场上的著名品牌，广为海内外客户所称道。公司经营的产品除乌龙茶外，还有花茶、白茶、绿茶、红茶、普洱茶、有机茶、花草茶等。厦茶有独特的制茶工艺，香高味醇火功好的"海堤牌"乌龙茶，以其选材之精良、加工之精细、口味之纯正、保健之功效，广受消费者青睐。为了让你们详细了解我公司茶叶的品种，我们将另邮寄一份最新目录供参考。若其中有哪些产品你们感兴趣，请尽快告知我方。一俟收到你方具体询盘，我们将寄送报价单与样品。

盼早复！

顺致

商安！

××茶叶进出口有限公司（章）

2012 年 6 月 1 日

范文简析:

这是一封介绍产品的推销函,目的是与对方建立业务关系。称呼语根据港澳台及外商习惯,称谓后可用"台鉴"、"雅鉴"等。正文首先说明获取信息的途径,紧接着表明发函的意图,表达出愿意合作的意愿。在自我介绍时突出了公司业务范围以及其专用商标"海堤牌"享誉海内外的荣誉,可增强对方对其品牌的认可度。同时介绍公司生产销售的茶叶品种和主要特点,并邮寄了品种目录。最后提出希望对方回复,并与对方建立业务关系。此函内容具体,语言简洁、得体,结构完整。

 课后练习

一、简答题

1. 什么叫建立关系函?它的种类有哪些?
2. 概述建立关系函的格式与写作要点。

二、写作训练题

1. 请根据下列材料,代××鞋厂写一份产品介绍函发给××贸易公司。

××鞋厂专门开发和生产时尚女式凉鞋、串珠绣花鞋、休闲鞋,已有 10 年的生产历史了。产品主要销往加拿大蒙特利尔、意大利、泰国、越南、新加坡、俄罗斯、美国、法国、英国、阿联酋迪拜、沙特阿拉伯、也门以及刚果、安哥拉、加纳、尼日利亚、塞内加尔等国家和地区,一般开发在 16～18 元左右的价位为主,日产量 1000～1500 对。

2. 假如你是某家用电器公司总经理,你希望与北京某同行的公司建立合作关系,请以总经理的身份给对方写一份建立合作关系函。

第二节 交易磋商函

交易磋商函是指在交易磋商过程中形成的函,包括交涉函、询价函、报价函、还价函、订货函、发货催货函、确认货物收到函、催款付款函等。一般达成一笔交易需经过询盘→发盘→还盘→接受→签订合同五个环节。

下面就交易达成而需使用的几种常用信函做具体介绍。

一、询价函

1. 询价函的概念

询价函是指由买方向卖方询问有关商品的交易条件或具体价格而使用的函。它是经贸磋商交易的第一个程序即"询盘"阶段而使用的信函。询价的目的是请对方报价,询价对交易双方都没有法律上的约束力。

2. 询价函的格式与写作要点

询价函的格式主要包括标题、称呼语、正文、结束语、落款等五部分。

(1)标题

一般直接写上"询价函"三字,也可直接写"咨询函"。

（2）称呼语

顶格写上收函公司的名称或个人姓名＋先生/女士。

（3）正文

写明向收函人索要主要商品目录本、价目单、商品样品、样本等，也可以用发询价单或订单的方式询问某项商品的具体情况。

（4）结束语

希望得到对方的回复。

（5）落款

写明发函公司的名称和具体日期。

3.询价函写作的注意事项

询价函写作时要就事论事，写法上直截了当，想知道什么就问什么，突出最主要的未知事项。语言要求简洁明了、结构简单。

【范文 3.2.1】

询价函

××省土产进出口公司：

我公司对贵方生产的红茶感兴趣，欲订购正山小种红茶、桐木关金骏眉和桐木关银骏眉。品质：一级；规格：每包 200 克。望贵厂能就下列条件报价：

（1）单价

（2）交货日期

（3）结算方式

如果贵方报价合理，且能给予最惠折扣，我公司将考虑大批量订货。并希望贵公司顺带惠赐样品。

希速见复。

××贸易公司

×××谨上

2011 年 5 月 16 日

范文简析：

这是一封询问茶叶价格的函。先写明对产品感兴趣，其次说明了希望对方报价的条件，最后提出希望。全文行文目的明确、语言简洁明了、层次分明、格式完整，是一篇行文简洁、规范的询价函范文。

二、报价函

1.报价函的概念

报价函是指由卖方向买方提供某项商品的有关交易条件或具体价格所写的信函。它是经贸磋商交易的第二个程序即在"发盘"或"报盘"阶段而使用的信函。适用于对询价函所提出的问题进行答复。

2. 报价函的格式与写作要点

报价函的格式包括标题、称呼语、正文、结束语、落款等五部分。

(1)标题

直接写上"报价函"或"关于××的报价"。

(2)称呼语

顶格写上收函公司的名称或个人姓名＋先生/女士。

(3)正文

正文有两种情况:主动报价,一般写上产品价格、规格、发货期、可供数量、结算方式、包装运输等内容。如果是回复对方的报价,首句应先说明接到对方×月×日(编号:××)的函,一般用"悉"或"收悉"。接着可表示感谢对方对我方产品的关注。然后再针对来函的内容做出具体回复,还可提出要求。

(4)结束语

希望对方能订购。一般用"恭候佳音"、"期盼合作成功"等语。

(5)落款

应写明发函公司的全称并盖章或者署个人姓名,同时写上"××年×月×日"。

3. 报价函写作的注意事项

写报价函的目的是为了争取最终与客户成交,而要能最终实现成交目的,就必须抓住产品规格相符、报价这两个重点。

所报的价必须是与当前的市场行情相吻合的实价。报价太高会吓跑客户,而报价太低,客户会认为你不是内行,也不会理你。因此,切勿乱报价,应了解清楚行情,多方比较后再报价,这对新公司和新产品尤其重要。

【范文 3.2.2】

报价函

××先生:

贵方 5 月 16 日询价信收悉,感谢您对我公司产品的关注。兹就贵方要求,报价详述如下:

品名	等级	产地	单位	规格	单价(元/包,含包装费)
正山小种红茶	一级	武夷山	包	200 克/包	100.00
桐木关金骏眉	一级	武夷山	包	100 克/包	100.00
桐木关银骏眉	一级	武夷山	包	100 克/包	100.00

包　　装:标准纸箱,每箱 50 包

结算方式:银行转账支付货款

交货方式:买方自提,运费由买方承担

交货日期:收到订单 10 日内发货

我方所报价格极具竞争力,比市场上同类产品要低 20%,质量绝对可以保证。如果贵方订货量在 1000 包以上,我方可按 95% 的折扣收款。

另我们已邮寄我厂生产的红茶样品往贵公司(每个品种各3包,包括价单),请查收。

如贵方认为我们的报价符合贵公司的要求,请早日定购。

恭候佳音。

××省土产进出口公司(章)

2011 年 5 月 20 日

范文简析:

这是一封回复对方询价的函,首句点明收到对方何时发出的函,并向对方表示感谢。紧接着根据对方询问进行了回复,同时就价格方面根据订购量多少给予打折的优惠措施,有利于吸引对方大批订购。最后,根据自己的需要,向对方提出尽快回复的要求。全文格式规范、严谨,表意明确、肯定,发函事宜叙述具体、清晰,语言得体、庄重又不失热情,为双方进一步的合作提供了良好基础。

三、还价函

1. 还价函的概念

还价函是指收到报价的一方就对方报价中的某些条款感到不能接受,按照自己的能力提出修改意见供对方考虑的一种商业信函。还价函可以是买方就卖方的报价还价,也可以是卖方就买方的还价再进行还价。它是经贸磋商交易的第三个程序即"还盘"阶段而使用的信函。

2. 还价函的格式与写作要点

还价函的格式包括标题、称呼语、正文、落款等四部分。

(1)标题

直接写上"还价函"或"降低原报价函"。

(2)称呼语

顶格写上收函公司的名称或个人姓名+先生/女士。

(3)正文

主要内容包括还价措施、与原报价函变动情况、还价原因及建议等。

(4)落款

写明单位名称(公章)或个人姓名以及发文日期。

3. 还价函写作的注意事项

还价函的目的在于磋商报价,以获取更丰厚的利润。还价时要根据市场实际及对方所能承受的范围,不能还得过低,以免使对方误认为你没有诚意。

说明还价原因应有理有据。表明接受对方报价与否,态度要明朗。言语措辞应礼貌得体。

【范文 3.2.3】

还价函

××省土产公司:

很高兴收到于 5 月 20 日发出的报价函。茶叶的样品和价单也于今日收到,谢谢。

我们对你厂茶叶的质量感到满意,只是价格方面较广东的茶叶批发市场价格要高 10%～20%,现在正是茶叶盛产时期,市场供应量很大,可以随便购买。如贵方能在原有报价基础上降低 15%～20%,来日大宗成交将不成问题。

我们也会努力推销,多揽订单,以谋互利。因此,请在价格方面再行考虑优惠折扣,以利今后建立长期业务关系。

盼复!

顺致

商安!

××贸易公司(章)

×年×月×日

范文简析:

此封还价函就对方所报价格提出异议,发函者的意见表述得清楚具体,将不能接受对方报价的理由叙述得非常充分。同时,也表明若能降价以后将长期合作,态度诚恳,有理有据,说服力强。又具体明确了自己能承受的交易条件,以供对方考虑。此文态度明朗,语言礼貌得体,行文简洁,是一份规范的还价函。

四、接受函与订购函

1. 概念

(1)接受函的概念

接受函是指买方或卖方接受对方提出的交易条件而使用的信函。它是经贸磋商交易的第四个程序即"接受"阶段而使用的信函。

接受信函可作为双方成交的承诺,并具有法律约束力。如果是买方同意卖方的报价或还价的接受函,一般都要随函说明所需订购的一切货物。在此情况下,买方的接受函实际上也是买方的订购函。

(2)订购函的概念

订购函是指经过反复磋商,彼此均接受了交易条件后,由买方向卖方订购货物而使用的函件。它是经贸磋商交易的最后一个程序即"签下合同"阶段而使用的信函。

2. 格式与写作要点

接受函或订购函包括标题、称呼语、正文、落款四部分。

(1)标题

直接写"接受函"或者"订购函"。

（2）称呼语

顶格写上收函公司的名称或个人姓名＋先生/女士。

（3）正文

接受函要写明接受对方的具体报价条件,包括商品名称、规格、单价,以及结算方式、交货日期、地点等。订购函一般制成订单式,以表格形式列明各项交易条件。内容包含商品名称、牌号、规格、数量、价格、结算方式、包装、交货日期、交货地点、运输方式、运输保险等。

（4）落款

写明发函单位的全称(盖章)或个人姓名以及具体发文日期。

3. 写作的注意事项

接受函、订购函是双方均已接受交易条件,达成交易意向,将产品的订单用书面函件的形式发给对方。因此,接受函、订购函兼有合同的功用,写作函时要求考虑周详,表述应精确严密,以免日后发生纠纷。

4. 接受函与订购函的异同

相同点:均是彼此均接受了交易条件后而使用的函件,有时接受函也是订购函,二者均具有合同的功用,受到法律的约束。因此,都要求考虑周详,表述精确严密。

不同点:接受函可以是买方发出,也可以是卖方发出。而订购函是买方向卖方订购货物而发出的函件,具有订单的作用。

【范文 3.2.4】

订购函

×××先生:

贵厂×月×日的报价来函收悉。我方同意贵方关于价格给予折扣的建议,特订购下列货物:

1. LG 32LH20RC 32 英寸高清液晶电视 10 台,单价 2300 元,总计 23000 元。

2. LG 32LD450C－CA 32 英寸全高清液晶电视 10 台,单价 2700 元,总计 27000 元。

3. LG 42LD550－CB 42 英寸全高清液晶电视 10 台,单价 4300 元,总计 43000 元。

4. LG 42LE5300 42 英寸全高清 LED 电视 10 台,单价 5700 元,总计 57000 元。

交货日期:×年×月×日之前

交货地点:××市××仓储部

结算方式:转账支票

烦请准时运达货物,以利我地市场需要。送货时请一并将货款发票(总计人民币壹拾伍萬圆整,请注明我单位名称)带来。

我方接贵方货物后,将立即开具转账支票。

请即予办理为荷。

××公司(章)

×年×月×日

范文简析：

此函是经过双方磋商后,买方向卖方出具的订购函单。正文开头表明同意对方×月×日的报价,接着详细写了订购产品的信息和交代应注意的事项。事项表述具体明确、重点突出,格式完整规范,语言表达简洁明了。此函是一篇比较规范的订购函。

五、催款函

1. 催款函的概念

催款函用于催交款项,是卖方在买方未按约定期限缴交款项而使用的函,意在提醒买方付款结账。商务贸易中,常会出现买方超过规定期限尚未将货款付给卖方的情况,此时卖方就应致函提醒买方付款结账。

2. 催款函的结构与写作要点

催款函包括标题、称呼语、正文、落款四个部分。

(1)标题

可直接表明"催款函",也可在标题前写上"紧急"二字,以示催收的是紧急款项。标题一般需注明编号,便于查询和联系。

(2)称呼语

顶格写上收函公司的名称或个人姓名＋先生/女士。

(3)正文

催款单位和欠款单位的全称和账号,必要时写上催款单位的地址和电话以及经办人的姓名等;双方交易往来的原因、日期、发票号码、欠款金额、拖欠货款情况等。处理意见,可从这几方面予以说明:一是要求对方说明拖欠的原因;二是重新确定一个付款的期限,希望对方按时如数交付欠款;三是如再次逾期拖欠,将采取罚金或其他措施。

(4)落款

写明催款单位的全称,并加盖公章,最后注明发文日期。

3. 催款函写作的注意事项

催款函目的在于催收欠款,既要触动对方,达到收回欠款的目的,又要顾及对方的脸面,维持原来的良好合作关系。因此,写作催款函时语言要得体,不必虚礼客套,只需简洁地表达清楚催款的主题即可;注意避免使用威胁口气和过激的言语,才能达到收回欠款的目的,并能促使对方今后继续合作。

【范文 3.2.5】

催款函

(第 6 号)

××电器商场:

贵方于×年×月×日向我公司订购液晶电视机××台,货款金额计××万元,发票编号为××××。根据贵我双方的合同约定,贵方应在×年×月×日付清该款。可能由于贵方业务过于繁忙,以致忽略承付。故特致函提醒,请收到此函后×天内将上述款项汇入我公司账户(公司银行账号××××,开户行:××××,户名:×××)。逾期按合同规定,加收千分之八的罚金。如有特殊情况,请即与我公司财务科王××联系,电话:××××,邮编:××××,地址:×××市××路×号。

特此函达。

××公司(章)

×年×月×日

范文简析:

这是关于催收款项的催款函。正文的开头写了双方交易往来的原因、日期、发票号码、欠款金额、拖欠货款情况等,简洁明了。接着提醒公司需付清款项,用"可能由于贵方业务过于繁忙,以致忽略承付"一语,不直接指责对方逾期付款,照顾到对方的面子,更易于为对方接受。最后,提出自己的处理意见,重新确定一个付款的期限,并指出逾期未付将按合同加收罚金,态度明朗。全文表述条理清晰,语言得体,结构完整。

 课后练习

一、填空题

1.一般达成一笔交易需经过_____、_____、_____、_____、签订合同五个环节。

2.询价函是指由_____向_____询问有关商品的交易条件或具体价格而使用的函。询价的目的是_____。

3.报价函的结束语一般用_____、_____等。

4.还价函的目的在于_____。

5.接受函、订购函都具有_____,写作函时要求考虑周详,表述应精确严密。

二、写作训练题

1.××学院需要购买20台打印机,当地有一家公司是××牌打印机的经销商。请你以××学院的名义和××公司的名义写一份询价函和报价函。

2.××超市与××酒厂经过反复磋商,最终达成交易。现超市需要购买××特曲100瓶,每瓶500毫升,成交价格200元/瓶。请你替超市给酒厂写一份回函。

3.根据下列材料,写作询价函、报价函、还价函各一份。要求符合每一种函的写作格式,同时体验商务磋商各个环节对写作的不同要求。

上海纺织品进出口公司收到美国东方纺织品进出口公司希望订购1000箱印染布匹的询价函。

上海纺织品进出口公司提出了包括商品品牌名称、商品等级、包装规格、单价及总金额、结算方式、交货日期、交货方式等一系列信息的报价函。

美国东方纺织品进出口公司要求降价15%,并提出了他们所希望的包装规格。

上海纺织品进出口公司认为自己的商品品质优良,而且在世界各地都有不错的销售市场,不同意降价。但认可了美方要求的包装规格,并提出如果美方可订购 2000 箱印染布匹,可降价 5%。

美国东方纺织品进出口公司接受上海纺织品进出口公司的条件,决定订购 2000 箱印染布。

第三节 索赔函 理赔函

一、索赔函的含义

(一)索赔函的含义

索赔函是指在贸易过程中产生合同争议或发生经济纠纷后,受损一方依据有关协议或规定向违约一方提出赔偿要求的信函。

索赔函的产生,与多种因素相关,主要有质量问题、数量问题(如短缺等)、包装问题、时间问题(如未及时运送),以及其他违反合同规定等问题。这些问题都导致索赔问题的产生,因而也就需要索赔函了。

(二)索赔函的格式与写作要点

索赔函的格式主要包括标题、称呼语、正文、附件、落款等五部分。

1.标题

直接写上"索赔函",也可注明索赔的原因,如《质量不符索赔函》。

2.称呼语

顶格写上收函公司的名称或个人姓名+先生/女士。

3.正文

索赔函主要包括索赔的依据、期限、赔偿损失的办法和金额等内容。一般按以下条款来写:简述事由、陈述违约事实、说明索赔理由、陈述对方违约给自己带来的损失、提出具体的索赔要求。

3.附件

提供相关检验报告或其他索赔的证据材料。

4.落款

索赔方的单位名称、签章和具体日期。

(三)索赔函写作的注意事项

1.在写作索赔函前,应先认真研读买卖双方所签订合同的相关规定细则和双方交易过程中有关的往来函电,以分清是非责任。

2.提供足够的书面文件和有关方面的证明。

3.提出的索赔要求应合情合理,不漫天要价。

4.应根据引起索赔的原因和不同的索赔情形选择相应的措辞和语气。

【范文 3.3.1】

索赔函

××船运公司：

贵我双方合作多年，尤其是在对欧洲的海鲜罐头运输业务上，我方本着对贵公司的信任，一直使用贵公司的船，但是在×年×月×日的冰冻鱿鱼运输到英国业务中，贵方在未收到正本提单的情况下就将两柜冰冻鱿鱼放行，造成了我方的货款损失。根据贵我共同签订的运输合同规定，现将我方的索赔要求提出如下：

一、海运费：3000 英镑×2 柜＝6000 英镑

二、去程陆运及港杂费：4500 元×2 柜＝9000 元（人民币）

三、货物损失费：6000 英镑×2 柜＝12000 英镑

以上共计 18000 英镑＋人民币 9000 元，折合人民币 200810 元（贰拾萬零捌佰壹拾圆整）。

上述索赔要求是我们考虑到与贵公司是长期合作关系，仅就丢失的货物给我公司造成的直接损失提出的，希望贵公司认真对待，并尽快答复。我公司将在收到贵方答复后，提供有关单据和文件。

顺祝

商祺

××食品进出口公司（章）

×年×月×日

范文简析：

这是一封由于船运公司无单放货致使食品进出口公司遭受经济损失，损失一方因此向对方要求索赔而写的函。正文首先对以往双方的愉快合作表示肯定，接着具体说明造成损失的事实，明确指出索赔理由，并具体提出索赔要求。以分条列项的方式列出索赔的项目、金额。结构完整、层次清楚，用简洁的语言表达，便于对方回复。态度坚决、果断，有理有据，但语气和缓，不卑不亢。

【范文 3.3.2】

质量不符的索赔函

××瓷砖厂：

第 26 号销售合约的 300 箱白色瓷砖，已于×月×日运抵本公司。我方质检员验货时发现，其中有 50 箱在运输的过程中破损，箱内损耗率超过 10%，远远超过合同规定的"损耗率低于 1%"，估计共损失 5 箱白色瓷砖。另有 30 箱瓷砖的质量明显低于贵方所提供的样品。其后请××市××质量监督局人员进行检验，有关报告与我方质检员的结论一致。因此，特向贵方提出：

一、补偿已破损的白色瓷砖 5 箱。

二、不符合质量标准的货物按降低原成交价 30％的扣价处理。

三、赔偿检查费 100 元人民币。

随函附质检报告一份,烦请早日解决赔偿事宜。

特此函达,盼复!

附:××市××质量监督局质量检验报告一份

××装修公司(章)

×年×月×日

范文简析:

这是关于质量不符和数量不足而向对方要求索赔的函。首先开头告知货已到,并指出验货时发现破损严重,后又经过检验,进一步得到证实。接着写明赔偿的具体要求,并希望对方早日解决赔偿事宜。全文层次鲜明,语言简洁,内容明确,有理有据,赔偿要求具体、明确,是一份规范的索赔函。

二、理赔函的含义

(一)理赔函的含义

理赔函是指合同争议或纠纷产生后,违约一方受理遭受损失一方的赔偿要求的信函。一般是针对索赔函而作的答复函。

(二)理赔函的格式与写作要点

理赔函的格式由标题、称呼语、正文、结束语、落款等构成。

1. 标题

直接写上"理赔函",也可注明理赔的原因,如"质量不符理赔函"。

2. 称呼语

顶格写上收函公司的名称或个人姓名＋先生/女士。

3. 正文

理赔函一般是作为答复对方索赔要求而写的,因此应先引述来函要点;提出处理意见。根据实际情况及相关的证据材料确定理赔方案,可用"我们已经就你们提出的索赔做了仔细研究"来引出具体的处理意见,如全部接受对方的索赔要求,或部分受理,或拒绝理赔等,表明己方态度。如果确实是己方的责任,应做出诚挚的道歉,并保证以后不再发生类似失误;如果责任不在己方,则可用"我们很抱歉,不能接受你方索赔"等语,态度要诚恳,内容要明确。

4. 结束语

一般用"特此函复""此复""特此函达"等。

5. 落款

单位名称、签章和具体日期。

三、理赔函写作的注意事项

写作理赔函,应认真研读索赔函,看看对方的索赔理由是否成立,函中提供的证据是否有效,索赔金额是否合理,索赔期限是否逾期,然后据此确定不同的理赔策略。

【范文 3.3.3】

质量不符理赔函

北京市××连锁超市有限公司:

贵公司于9月28日的来函已收悉。对信中提到的20箱不合格馅饼问题,我公司立即进行了全面调查,发现是由于装箱时工作人员误将次品当做合格品,从而造成这一事件的发生。这是我公司工作的失误造成的,对此我们向贵公司表示诚挚的歉意。

我公司对于贵公司在信函中提出的有关要求和处理意见完全接受。对于因此造成的贵公司不必要的损失,我公司将负责赔偿,并将在最短时间内责成当地办事处的有关人员协助办理此事。

这件事的发生给我公司的管理工作敲响了警钟。我公司将在生产管理中进一步强化责任意识,杜绝此类事件的再次发生。

特此函复。

××食品有限公司(章)

×年×月×日

范文简析:

这个理赔函第一段引述来函要点,以及作出的具体反映;第二段表示自己完全接受对方提出的"有关要求和处理意见",并提出具体的赔偿意见;第三段表明"杜绝此类事件的再次发生"的态度,态度明确,语言简洁,层次清晰,结构完整,用词礼貌得体。

【范文 3.3.4】

理赔函

××装修公司:

贵方×月×日函及货样收悉。对信中提到部分瓷砖的质量与样品不符一事,我方立即进行了调查,发现是由于装箱时误装了部分二等品。这是我方工作的疏忽,对此,我们深表歉意。因此,我方愿意接受贵方的要求,部分质量不符的产品按降低原成交价30%的扣价处理。我方保证以后将不再出现类似失误。

另,关于索赔破损5箱白色瓷砖的要求,很抱歉这一点我们不能接受你方要求进行理赔。按合同"损耗率允许在1%"的规定,我们仅补偿你方两箱白色瓷砖即可。

特此函复。

××瓷砖厂(章)

×年×月×日

范文简析：

此篇理赔函就主要的理赔依据、理赔标准做出清楚的表述。根据合约有关规定，"不符合质量要求的按降低原成交价 30％的扣价处理"，而对破损索赔要求，则"补偿你方两箱白色瓷砖即可"。按照实际情况，不同问题做出不同的处理意见，有理有据，让人心服口服。全篇态度鲜明、语言简洁、层次清晰、结构完整。

 课后练习

一、简答题

1. 什么叫索赔函？写作索赔函要注意哪些格式问题？
2. 什么叫理赔函？写作理赔函的注意事项有哪些？

二、写作训练题

某小卖部的老张从 A 食品公司进了 100 箱的××牌火腿肠。近日，这个牌子的火腿肠被市食品质监局检测出添加瘦肉精，并被媒体曝光。霎时，人心惶惶，很多超市都把这一牌子的火腿肠下架了。老张店里的火腿肠也因此滞销，造成了不少损失。老张把店里的火腿肠送去市食品质监局，结果也检测出含有瘦肉精，是不合格的产品。老张想要求 A 食品公司赔偿他的损失，请你替老张写一封函给 A 食品公司。同时，也代 A 食品公司写一封回函。

第三章

财经市场文书写作

教学目标

掌握财经市场文书概念,理解财经市场文书特点。

理解财经市场文书写作要求,重点掌握市场调查报告、市场预测报告、市场可行性研究报告、创业计划书这几类文书的写法和要求。

体味例文,培养撰写财经市场文书的能力。

教学重点

掌握几类文书的写法和要求。

教学难点

撰写财经市场文书的能力。

【导入新课】

《北京晨报》2012 年 4 月 29 日发表了《北京召开一季度经济形势分析会》一文。文中写到:北京市委书记刘淇对发展北京经济的信心来源于四个基本判断:首都经济发展方向正确,符合科学发展观要求;首都经济新增长点正在积极培育,是有前途的;首都经济结构好,有利于平稳发展;全市干事业、谋发展的氛围非常浓厚。刘淇分析了北京一季度经济形势。他说:"一季度形势总体是好的,一是发展有成效,全市地区生产总值增长 7%,总体上处于合理范围,具体分析,不少指标都保持了好的增长势头。在国内外宏观经济下行压力加大和形势复杂的情况下,我们主动调控,取得这些成绩十分不易。二是增长有亮点,企业自主调整转型的动力不断增强,中关村发展态势好,区县发展后劲大,高端产业创新高地加快形成,群众生活进一步改善,生态环境建设全面启动。但我们也要充分认识到,进一步推动工作还有一定的难度,需要付出更大的努力。"

我们撇开其他问题来看北京市委书记刘淇的讲话,这个讲话的核心内容是对 2012 年北京第一季度经济形势的分析。那么,在开这个会议之前,必定要对一季度北京的经济发展情况有个调查。在文章中,汇报 2012 年第一季度北京经济社会发展情况的是北京市发改委。发改委在开会前肯定要对北京一季度经济社会发展情况有详细的了解,否则,这个会议召开就意义不大了。

不独北京,全国省市县级领导部门都要召开类似的会议,从而更好地了解经济社会发展情况,并为改进下阶段的经济社会发展提供依据。

其实,在市场经济时代,不单是各级领导部门,任何一家公司或企业要获得成功,就必须对市场进行了解和分析,任何盲目的经济活动,必然以失败告终。因此,在经济活动中,需要对市场进行调查、预测的分析,需要对市场可行性的研究和分析。对于创业者来说,在创业之前也需要对市场进行详细的了解和分析,如果对市场的了解不够深入,对市场的分析不够精细,就会造成对诡谲万端的市场缺乏深入的了解,最终的结果必然影响到经济活动的正常进行,甚至造成无可估量的经济损失。

正因为如此,财经市场文书的写作是非常重要的。一般来说,在一个具有一定规模的公司和企业,都会有一班专业的工作人员具备这种写作能力,这些人可能是销售人员或领导,也可能是专业的市场运营的人员或领导。

而对于那些小规模的公司和企业,有时候需要老板亲自披挂上阵,对市场进行调查、分析,以期对市场有充分了解,进而对公司和企业的运营有指导价值。

有时候,公司和企业在生产新产品前,也需要对市场进行调查、预测,包括即将生产的产品的可行性,都需要进行一番深入的调查和分析。

所有这些,都是本章需要进一步学习的内容,也是大家需要了解和学习的重要内容。

第一节　市场调查报告

一、市场调查报告

市场调查报告的写作基础是市场调查。

市场调查是以市场为对象的调查研究活动,是根据市场学的原理,运用科学的方法,有目的、有计划地对商品买卖市场的场所,即市场的供求情况、供求规律及影响其发展变化的诸因素进行调查。

市场调查报告是运用科学的方法,对市场的营销情况或重要的经济现象进行调查,经过认真分析、研究后写成的报告性文书。它反映了对市场进行调查研究和分析的结果。

二、市场调查的作用

1. 有利于企业组织生产

市场调查报告将真实可靠的市场需求信息提供给生产企业,使企业能够按照市场对产品的需求来组织生产,这对企业来说意义是重大的。在市场经济越来越发达的今天,企业的生产活动是离不开对市场需求的真实状况的了解的。没有对市场需求的真正了解,企业生产的组织就极有可能是盲目的。

2. 有利于企业营销

成功的营销首先在于有高品质的产品,但是,当产品的技术差别越来越小的时候,对市场的了解就变得越来越重要了。只有对市场作出精确的调查,尤其对同类产品作出精确调查,才有可能在市场经营中立于不败之地。

3. 有利于提高企业经济效益

市场调查中很重要的就是对同行的调查,同行是竞争对手,但也是最好的参照系。如果能够对同行的产品、市场占有份额、经营管理方式有充分的了解、参考和学习,这对企业的可持续发展、提高经济效益都是有利的。

4. 有利于社会经济的协调发展

社会经济是一个大系统,市场调查有利于比较全面地了解社会经济这个系统,有利于企业了解同类产品的生产状况和经营状况,有利于了解相关产品、相关行业的发展状况,这就有利于社会经济协调有序的发展。

5. 有利于消费者的需求

企业要发展壮大,就需要对消费者的需求进行调查研究,市场调查在这方面功不可没。只有真正了解消费者对产品的需求,企业才不会生产市场不需要或不太需要的产品。这也叫做"知己知彼,百战不殆"。

6. 有利于科技进步

真正的科技总是来源于实际生产的需要,历次工业革命的历史昭示了这一不变的真理。市场调查的最终结果就是要使企业发展立于不败之地,在"科学技术是第一生产力"的时代,谁先拥有先进的技术,谁就能抢占市场的先机。所以,市场调查报告对科学技术的发展也是有利的。

三、市场调查报告的特点

市场调查报告是随着商品经济发展而产生的一种应用性文体,是调查报告的分支,是以指导工作为目的的专业性调查报告。所以,既具有新闻的特点,又具有报告的属性,但又不同于商业报告和一般的调查报告。

1. 科学性

市场调查报告的科学性表现在两方面:一是调查方法的科学性,市场调查的方法有资料法、问卷法、观察法、抽样调查法等。二是调查数据、调查结果的科学性。调查数据和调查结果要符合事实,否则,市场调查报告就失去了意义,甚至对企业造成危害。

2. 目的性

市场调查的目的性一定要明确,也就是要有针对性。市场调查有时候是对市场做某方面的专题调查,这种专题调查的目的性往往很明确;即使有时候做比较全面的调查,也要有所侧重,这也是市场调查的目的性的表现。

3. 时间性

"时间就是金钱。"市场调查报告一定要对市场的方方面面进行快速反应,对企业生产决策提供有益的建议。好的市场调查报告还要有一定的市场预测能力,力争能超前一小步,这对企业领先市场有着重大意义。

4. 实用性

市场调查报告因为能够对市场发展状况作出比较确定的判断和预测，所以，对于企业而言，它就具有较强的实用性。企业根据市场调查报告的判断和预测来研发产品、组织生产，这对企业来说，实用性是不言而喻的。

四、市场调查报告的格式与写作要点

市场调查报告的写作目的、类型不同，其写作格式有所区别。一般由标题、前言、主体、结尾、落款五部分组成。

1. 标题

标题即报告的题目。标题的概写既要鲜明、醒目，揭示调查报告的主要内容，又要反映出文章特色。常见的市场调查报告标题有单标题和双标题两种：

单标题。单标题一般写明调查对象和报告内容，可写成一般文章的标题形式，如《关于 90 后学生群体消费观念的初步研究》；也可写成公文形式，如《××关于××××的调查报告》等。

双标题。双标题由正、副标题组成。正标题提出中心问题，副标题写调查的对象、范围、问题，如《高职院校发展重在实训建设——××学院实训建设实践思考》。

2. 前言

前言亦称导语。写出市场调查的人员、时间、地点、范围、对象和调查方法。也有调查报告为了吸引读者眼球，在导言中概括调查报告的基本结论。前言部分的写作要求紧扣主题，与主体有内在的逻辑联系。

3. 主体

主体是市场调查报告的主干部分，是全文的重点，可分为三个部分：

详述调查报告的基本情况、调查方法以及调查结果。一般以文字为主，也可以图表及数字进行补充说明。

分析调查研究所得材料中得出的各种观点和结论，并对市场发展趋势进行分析预测。这一部分是直接决定调查报告质量高低的关键，为表述清楚，一般分为若干方面或者以小标题的形式分别阐述。

针对市场调查的情况，提出对策和建议。

4. 结尾

结尾是对市场调查报告的结果做一个小结，重申观点加以认识。

5. 落款

落款就是在调查报告的结尾署上调查对象、执笔人的姓名、日期等。

五、市场调查报告写作的注意事项

1. 讲究方法

这是要求市场调查的方法要科学，要切实可行。

2. 实事求是

这是要求市场调查的材料要真实，尤其是对各种数据要反复核查，做到没有任何的纰

漏。实事求是还要求客观对待调查所得的材料。不能只选择对自己的观点有用的材料，而对与自己观点相左的材料就放弃。要记住，那些与自己观点相左的材料往往要特别加以注意，因为，它们可能代表一种新情况、新问题的出现。

3. 重点突出

市场调查报告一般要事先确定一个或几个主要问题作为调查时的重点，只有这样，才能做到重点突出、目的明确。

4. 观点鲜明

市场调查报告的观点与材料要紧密结合，观点的提出要从调查材料中来，要注意材料与观点的统一。表达观点是要态度鲜明，主张什么，反对什么，一定要旗帜鲜明。

5. 讲求时效

市场调查报告的时效性很强，所以，调查要及时、快速，调查报告的写作和呈送也要及时。因为市场的变化是不等人的。过时的调查结果对企业的作用也就很小，有时候甚至会起到负面的效果。

6. 语言精简

市场调查报告是实用经济文书，所以，语言要求精简。特别是在叙述调查材料时，更要加以注意。提出看法、加以议论时也要精简，不能洋洋洒洒、滔滔不绝。

【范文 4.1.1】

图书市场调查报告

2007 年 10 月 29 日—11 月 3 日，福建教育出版社—福州教发数码公司编校中心对图书市场进行了为期一周的调查。其中，我和 XFY、CC、ZFF 四人分为一组，调查地点为福州越洋图书城。

本次调查从周一上午至周六晚间，调查时间超过 36 小时。我们将一天分为上午、下午和晚上三个时段，每天抽取两个时段（每时段 3—4 小时）开展调查：一是发放调查问卷（周六，共 10 份，对象兼顾男女老少，对象学历为中学学生至硕士不等，职业包括学生、工程师、教师、离休干部等，其中有两人在"留言"栏目作了填写）。二是卖场信息了解[将各部分图书与新书推荐和月份销售排行榜结合起来考量，主要涉及人文社科类、教育类（包括教育理论、教学案例、教师读物等）、教辅类、学生课外读物类、少儿类，关注此类图书的访问量和销售量及读者构成，留心图书的作者、出版方、内容、开本、装帧、印数、印张、版面设计等]，本人根据以上两种调查所得到的结果作概述与分析，并尝试在此基础上，结合我社情况，初步探讨出版营销方面的微调可能。

一、问卷调查及分析

1. 青年读者（25—40 岁）对文学、社会科学类、自然科学比较关注，家长对教辅类也有比较明显的关注；中学学生对教辅和以文学为主的课外读物的图书较感兴趣；老年人对社会科学和自然科学（包括医学知识方面）比较关注。

读者群不分职业、年龄地对人文社科类图书保持关注，这与图书城方面提供给我们的信息基本一致——全年 2000 多万码洋，其中 40％左右为社科类图书。如果把人文社科

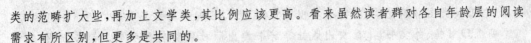

类的范畴扩大些,再加上文学类,其比例应该更高。看来虽然读者群对各自年龄层的阅读需求有所区别,但更多是共同的。

2.读者一般倾向于购买简装和30元以下的图书。

图书装帧与印数对定价的影响越来越明显,虽然读者认为认可的图书不论价位,但考虑到目前较少有鲜明独特性的图书,定价对购买者的影响也在加大。

3.购书时多半注重出版社,并多半曾购买过我社图书。

读者对出版社的认定与评价的程度日趋明显,而我社有一定传统优势。

4.读者留言上,一位教师表示2004年曾用过我社编写的高考教辅,因内容质量一般而舍弃,如今虽然是省内命题,但校方依旧没有选用我社教辅;另一位初中生则建议在教材类图书后增加一个阅读板块,作为课外阅读的一个素材。

购买者对教辅与教学需要、本省实际的要求较高,对本省出版社也有期许,但目前出版似乎没有很好地满足市场需求;而一位学生建议在教辅类图书背后增加相应学科的阅读板块,使教辅多功能化,也不失为今后出版的一个卖点。

二、卖场信息及分析

1.图书类别方面

(1)社科类红火,图书出版且渐呈系列化、品牌化及与电视传媒结合化的特点。9月的销售榜前列里,就有"百家讲坛"系列的图书,而自我管理、励志类的图书等卖场里也有良好的访问量和销售量。我社近几年在这方面的出版力度加大,民国时期调查丛书售罄,《刘燕敏生活小品》也有一定的销售,其他图书在卖场则较难找到。

总的看,读者对人文社科类图书的关注较为广泛,电视传媒与网络对读者的影响日渐扩大,比如"百家讲坛",出版方更多是成为成品化的一道程序,读者不介意出版社的名气,更多是以电视传媒效果为主,所以易中天、于丹、钱文忠等人的图书的出版方虽然不同,但并没很大程度地影响其销售效果。而网络小说特别是网络历史解读式小说,如《明朝那些事儿》、《清朝那些人》、《盗墓笔记》等,和概述式的图书,如《一口气读完大清史》《一口气读完欧洲史》等都带有比较明显的符合当前快餐式阅读的性质。另外,随着近几年社会经济的发展,读者对成功学、修身养性等一类兼具心理学和医学性质的图书需求越来越大。

我社研究民国时期的书籍已有走向市场的能力,生活小品文也有一定额度,且我社在图书系列化上有自身传统,如早年的木犁书系,近年的明日教育文库、新教育文库,以及这几年在对民国时期教育名著进行归纳整理方面、鲁迅研究方面都有高质量的图书出品。若在图书营销上有进一步包装,应能社会效应和市场效应双丰收。

(2)文学读物风采依旧,出版社知名度和传统优势对此类图书销售影响加深。古典文学、20世纪初国内经典不断被出版社重新包装,国外名著则被多人次翻译,其中比较明显的是四大名著和五四时期作品。

由于中学课程标准里把课外阅读作为很重要的部分来考查学生阅读情况,文学读物和学生课外阅读交叉频繁,所以此类图书访问者年龄跨度较大。根据销售情况,古典文学方面,人民文学出版社、中华书局、上海古籍出版社等在读者中有较高认可度。另外,新时期部分作家的作品成为畅销书和常销书,比如余华带有明显现代写作特点的作品《兄弟》仅上部就有60多万的印数,而莫言回归传统写作的《檀香刑》也有15万左右的印数。

（3）工具类图书颇受欢迎，辞书类出版社优势明显，辞书类别多元化。

商务印书馆、外文书店、语文出版社等辞书类出版社优势较为明显。销售方面，在这方面有悠久历史并有高度权威的出版社出版的工具书更被认可。但也有一些出版社从读者查询习惯入手编写辞书，并获得一定的访问量。

（4）少儿读物（包括儿童文学）规模不断扩大，并与教育类图书逐渐兼容，成为图书市场较为强势的增长点。调查期间，适值《哈里·波特》7面市，一时占据销售头名。而像《小王子》、《窗边的小豆豆》、《孩子，把你的手给我》、《绝对小孩》这类图书既被一般家长喜爱，又为广大教师认可，成为真正意义的被家长、孩子接纳的少儿读物。国内儿童文学方面，郑渊洁继续保持其影响力，其最新的"皮皮鲁"系列人气极高，曹文轩的著作《草房子》也很被读者留意；地域特点上，东北儿童文学作家群如刘东等的作品孩子们也比较喜欢翻阅。此外，经典文学读物口袋本化、图文化趋势明显，较多出版社结合当前国学热推出系列书籍。而电脑查询结果显示，我社出版的"奥运小子"系列有一定销售，但具体在卖场上却不容易找到，少儿读物特别是学前读物方面着力相对较少。

随着学前教育的走热，少儿读物中面向学前幼儿的图书所占的比例不断升高。目前，多数出版社出版的幼儿读物内容较为粗糙，图片效果并不很符合幼儿阅读习惯，比较畅销的有中国少年儿童出版社的《宝宝认知百科》（大卡、挂图、图画书专为 0～3 岁婴幼儿设计）、幼儿学习包等。但即便在这样的情况下，家长们依旧很有购买冲动，可见幼儿读物市场潜力很大。另一方面，人民文学出版社、传统的少儿类出版社继续大量投入，而不少综合类出版社也开始加大介入少儿读物出版的力度，比如接力出版社、南海出版社等。

从销售和好评方面看，除了广受佳评的"哈里·波特"系列外，像《小王子》这类更有模拟空间的图书能将少儿读物与教育读物很好地结合起来，既有卖点，又有品位，使销售对象和手段有更宽裕的空间，应为今后出版方向，如果出版少儿版和成人版效果应该会更好。

（5）教材销售稳中有升，教辅市场竞争激烈，考试类教材潜力日涨。因为教材走新华书店系统，所以越洋图书城销售的品种较少，由于低幼孩子容易丢书，故低年级教材销售较好。

而教辅则竞争激烈，省内出版社在市场销售里几乎没有份额，外省做得非常出色的，有《中学教材全解》系列、《三点一测》系列等、《同步作文》系列、北京市仁爱教育研究所编写的初中英语教辅、《同步教练》系列、《优化方案》系列大量进入市场，不少学生还表示部分教辅为其老师额外推荐。我社教辅目前在市场上的《词语手册》广被认可，建议可以继续包装。

考试类用书，以公务员考试和自学考试为主，职业资格考试相对一般。我社 2007 年上半年投入市场的公务员考试用书在与权威出版社的竞争中依旧早早售罄。

教材销售受政策及配额征订等影响，无法投入市场。而教辅开发几乎不受限制，外省教辅大量涌入福建市场，表明：一、福建省内教辅教育系统推广有余，而市场推广力度不足；二、市场实际需求大，学生一人多套教辅现象突出，学校征订的教辅正日益成为学生手中教辅的一种；三、教辅的系统发行与市场销售不完全对立，应为互补关系。畅销的教辅特别是针对非毕业班学生的教辅，多半注重学习过程解析，使真正需要教辅的孩子能够较为直观地获取学习方法,明悉作答步骤。

(6)教师读物(教育理论、教学案例、教学方法、教育随笔等图书)相对平淡,但图书品种较为丰富,且教育心理学类书籍开始进入市场。我社这类图书已有相当规模,《二十世纪中国教育名著丛编》第一辑有部分销售不错,2005年出版、2007年再版的《基础课程改革的关键词》也进了新版本;像教学分析和教学方法方面的书,如孙绍振的《孙绍振如是解读作品》、陈日亮的《我即语文》、新教育《教育有梦》系列都已售罄。值得一提的是,《孙绍振如是解读作品》一书定价58元,投放市场一个多月就已卖完(书店基本是每个品种先进10本)。

虽然该周越洋图书城此类图书销售一般,但品种的丰富性反而能从侧面表明市场对教育图书的潜在需求。由于教师压力大、时间紧,所以教学分析、案例等图书较为畅销。而具有较高理论水平和解析水准的《孙绍振如是解读作品》的销售则表明我社此类图书已经初步形成规模,并被市场认可。考虑到图书定价与销售,以及其他出版社的图书出版策略,日后分期出版图书并以此形成系列的做法较为可行,这样也能减轻单本图书销售压力。

2.图书制作方面

畅销的图书在制作上相对都比较精细,价位基本在30元以下,书名都较为独特。

图书作者、书名、装帧很大程度上影响甚至左右读者的选择。目前畅销类图书的封面设计都比较大胆,传统意义上比较注重淡雅风格的文学类和社科类图书现在也日益走向华丽和独特的装帧风格。突出书名,适当大量留白等手段都较能引人注目。由于多半图书只露出书脊,因此书脊的设计也广受关注。另外,封面方面日益由一些美术工作室承担。

目前异型16开、轻型纸较为普遍,但由此也带来纸张的浪费和价格的提高。因此印数较多的图书成本显得更低,当前轻型纸1个印张价格基本维持在1.3元～1.6元左右,最低的是1.1元,最高的是2.1元(引进版)。目前我社图书总体初版印数在5100左右,所以图书成本的核算与定价应妥善综合考虑。

三、思考与建议

1.图书出版

当前比较热门的图书是人文社科类(可涵盖文学)、少儿读物、教辅,教师读物品种虽然不少,但和教师及大中专、研究生相关专业的不多,因此市场额度开发还是较少。我社在这几类图书均有开发传统,从近日观察来看,建议:

(1)以民国时期系列图书为辐射点,做大做强社科类图书。现有民国系列图书形成品牌,有社会效益。而近年来民国时期事件及人物渐成热点,若能结合当下对民国历史的兴趣,逐渐把学科研究与历史普及相结合,当有更好效果。

(2)少儿读物可从低幼入手,利用本省优势,着重开放学前教育资源。此外,根据幼儿阅读习惯,图文结合地将经典文学或民间故事以童话的形式作相关出版,既能作为育儿读物,也能作为幼儿读物,还可作为课外读物延伸。

(3)注重小学教辅研发。

2. 图书营销

(1)以《闽教书香》为基础,定时及时将图书出版信息图文,通过电子文档、纸质产品等方式,并第一时间告知卖场。其中,对一些比较重点的图书,建议改变等图书出版后才发布消息的做法,采取紧跟选题、适时公布、酝酿铺陈、后期跟进等方式,使图书出版与宣传不再"两层皮"。

(2)结合官方媒体和大众期刊,对图书作相应推荐。官方的如《中国新闻出版报》《出版人》等,较受大众认可的读书类期刊则有《中华读书报》《读书》等,特别是《读书》,读者群有十余万之众,而且读者一般有较高的学历,建议可与其加强合作。

(3)销售上与书店保持联络,争取与省内卖场保持紧密联系,从而及时收集市场信息和卖场信息。用"图书信息—图书—销售信息—市场信息"的模式,使发行出版一体化。

(4)以教育图书为平台,创办读书会。

通过一周的调查,本人感受到当前我社图书既有传统优势,又面临激烈的市场竞争,在对市场进行一定了解的情况下,做了个人的汇总与分析。考虑到信息及分析为个人观察所得,难免疏漏片面,希望能抛砖引玉。

调查报告执笔人:×××
××年×月×日

范文简析:

本文是一个关于福州越洋图书城的图书市场调查报告,调查方法通过问卷调查和卖场信息了解图书市场情况,内容集中具体、材料丰富、目的性明确,能联系实际,针对性强。最后对图书的出版和营销提出自己的思考和建议。

 课后练习

一、简答题

1. 什么叫财经市场文书?它有什么特点?
2. 什么叫市场调查报告?它有什么作用和特点?

二、写作训练题

1. 调查你所在学校附近的超市或集贸市场,撰写一篇关于某种商品或某类商品的市场调查报告。

2. 根据下面《2012年4月中国房地产数据》材料,写一篇关于房地产市场分析及投资建议,300字左右。

政策方面:存准率再次下调0.5个百分点;北京发布进一步加强《北京市工作居住证》核验工作的通知,强调经核验发现伪造《北京市工作居住证》行为的,2年内本市不得向其销售住房。

行业数据:2012年1—4月份,全国房地产开发投资15835亿元(YOY19%),房屋新开工面积54468万平方米(YOY-4%),房屋竣工面积22296万平方米(YOY30%),全国商品房销售面积 21562 万平方米（YOY－13％），销售额 12421 亿元（YOY－12％），房地产开发企业本年资金来源 26667 亿元（YOY5％）。4 月末，商品房待售面积 30308 万平方米（YOY33％），其中住宅待售面积 19443 万平方米（YOY44％）。

城市数据：住宅成交面积同比 10 升 2 降，其中北京、上海、广州和深圳分别上升19％、下降 50％、上升 13％和上升 55％；环比 2 升 10 降，其中北京、上海、广州和深圳分别上升1％、下降 26％、下降 12％和下降 15％。

重点公司销售情况：万科 4 月实现销售面积 76.7 万平方米，销售金额 74.4 亿元，分别同比上升 13％和下降 6％，分别环比下降 30％和下降 35％；保利地产 4 月实现销售面积 71.9 万平方米，销售金额 91.48 亿元，分别同比增长 45％和 37％，分别环比下降 23％和 6％；金地集团 4 月实现销售面积 17.7 万平方米，销售金额 22.7 亿元，分别同比增长39％和 28％，分别环比下降 32％和 23％。

第二节　市场预测报告

一、市场预测报告

市场预测是在市场调查的基础上，通过科学的分析方法，对未来一定时期内的市场的发展变化进行事先的预计和推测。市场预测报告就是把市场预测的分析研究过程用书面形式表述出来。

二、预测报告的作用

1. 有助于科学决策

科学的市场预测报告由于能够准确地反映市场的情况，因而能对企业的经济活动进行正确的指导，有助于企业对生产、销售等环节进行科学决策，从而使企业在激烈的市场竞争中占据主动。

2. 有助于科学计划

市场预测报告是在市场调查的前提下，以市场为导向，运用科学的预测方法，使企业的各种经营计划更加科学，而好的市场预测计划还能使企业的生产更有前瞻性，使企业的经营能够趋利避害，从而更好地为企业的经营发展服务。

三、市场预测报告的特点

1. 预测性

预测性是市场预测报告的根本特点，人们撰写市场预测报告的目的就在于对生产经营活动进行预测，为企业的健康发展服务。这与市场调查报告是有区别的，市场调查是市场预测的一种手段，是市场预测的第一步。市场调查针对历史和现状，市场预测针对未来。

2. 科学性

市场预测报告需要依据科学的方法对已知材料加以分析和研究，在已有的详尽资料的基础上,通过严谨的推测和科学的判断,得出正确的结论。科学性也可以说是对市场预测报告的质量要求,如果一份市场预测报告不科学,那么它不但不能指导生产经营活动,反而会对产生经营活动产生误导,甚至产生巨大的危害。

3. 针对性

通常来说,市场预测报告必须对某一方面的问题进行调查研究,从而对某一方面的问题进行有针对性的预测和分析。市场预测报告调查的内容如果缺乏针对性,那么它的作用是很微弱的,甚至是有危害的。

四、市场预测报告的格式与写作要点

市场预测报告由标题、前言、主体、结尾四部分组成。

1. 标题

由时间、范围、对象、文种四要素组成,如《2009 年高校大学生手机使用情况市场预测》。也可以省略时间和范围,如《手机市场预测》。

2. 前言

前言一般是简要交代预测的缘由、预测的对象、主要的观点,或者是概括预测的主要内容。有些预测报告不写前言,直接进入主体部分。

3. 主体

主体一般由三部分组成:说明现状、预测分析、结论建议。

说明现状。这一部分是预测的基础。主要是用具体详尽的材料说明市场的现状,根据预测的目的,突出重点内容。

预测分析。这一部分是对具体材料的进一步分析过程,是预测报告的核心内容。根据现状,运用科学的预测方法,预测市场走向,为企业发展方向提供依据。

结论建议。写作市场预测报告的目的是为了准确作出决策,建议是市场预测的重要部分。只有科学、准确的建议才能对市场起到积极的推动作用。

4. 结尾

或者称为落款。同市场调查报告一样,结尾写明预测报告的姓名、日期、单位名称。

五、市场预测报告写作的注意事项

1. 科学的预测方法只有选用最合适的方法,才能达到预测的目的,目前最常用的预测方法主要有经验推断法、时间序列法、统计调查抽样法等。

2. 目标明确。预测报告与调查报告一样,必须有突出的主题,根据预测的目的明确预测目标。

3. 语言准确、精练。文字表达准确、精练,预测报告才更具说服力。

【范文 4.2.1】

2012 年中国钢铁市场预测报告

尽管 2012 年国内外宏观经济形势复杂多变,但从目前来看,钢铁市场的主要指标基本符合我们 2011 年底的预判。因此,总体上讲,我们继续维持去年年底《2012 年中国钢铁市场年度报告》的主要观点不变,仅就个别指标稍做修正。以下仅对钢材价格和粗钢产量等进行大体叙述,其他重要指标的预判参见我们季度报告系列。

2012 年一季度的钢价走势与预判相一致,我们对全年的预判仍维持不变。前期报告中,我们认为,钢价在 2011 年底至 2012 年一季度这段时期将呈现"先探底,后回升"的格局,回升开始的时间点在 2 月底 3 月初,而国内钢材市场实际走势大体与此相一致。对于今年全年钢价运行预判,我们认为,将是一个缓慢回升的过程,其间可能有反复,但总体上将呈现"前低后高"的走势。

图表 1　2011—2012 年钢价实际走势与 2012 年钢价走势预判对比

资料来源:MRI

由于政府在近期对今年经济增长设定的目标低于我们在去年四季度时给出的预测值,这将会导致国内钢产量难以达到前期的预测值,因而本次对全年粗钢产量预测值进行了适度下调。前期报告中,我们预判 2012 年中国 GDP 增长目标继续维持 8% 不变(预判 GDP 实际增长 8.6%),并以此为基础,作出全年的粗钢产量预测。然而,温总理在今年的政府工作报告中将经济增长预期目标下调至 7.5%(实际增长 8% 以上还是可以期待的,但或稍低于预判值),因此我们将全年粗钢产量从 7.3 亿吨调低至 7.1 亿吨。全球经济整体复苏出现分化,经济二次探底可能性不大。美国经济持续复苏,消费、就业状况均有所好转,制造业表现好于预期。为避免经济再次出现下滑,未来美联储仍可能推出进一步的宽松政策。欧元区经济继续衰退,债务危机形势依然严峻。新兴经济体经济增速放缓。2012 年以来,主要新兴经济体经济增速持续放缓,出口大幅下滑,韩国、中国台湾出口不容乐观,后期货币政策的宽松力度或将进一步加大。

中国经济有望走出前低后高的态势,上半年在欧债危机和内需放缓的影响下经济进一步下滑,下半年随着货币政策的逐步放松,再加上保障房、水利设施以及战略新兴产业投资的支撑,经济或将逐步回升。今年又是地方政府换届的第一年,投资冲动仍存,各地经济或将有较好的表现。在目前内外需放缓的背景下,投资可能仍将成为拉动 2012 年经济增长的主要动力。2012 年货币政策不会出现实质性转向,总量维稳、定向宽松、结构微调将是主要内容。

图表 2　2012 年中国主要经济指标预测

指标	2012Y1Q 增速	2012Y2Q 增速	2012Y3Q 增速	2012Y 增速
GDP	8.3%	8.5%	8.8%	8.7%
工业增加值	11.2%	11.8%	12.3%	12.1%
固定资产投资	21.0%	21.3%	22.4%	20.3%
房地产开发投资	27.0%	22.0%	18.0%	20.0%
消费	15.0%	16.3%	16.8%	16.5%
出口	7.2%	11.2%	12.6%	11.2%
进口	7.9%	12.5%	10.5%	12.4%
CPI	1.1%	2.3%	2.8%	2.2%
广义货币 M2 增速	12.2%	14.3%	15.1%	14.2%
狭义货币 M1 增速	7.6%	9.4%	12.2%	10.5%

资料来源：MRI

产能增速放缓，全国各区域投资冷热不均，民营钢企产能扩张加速。预计 2012 年新增炼铁产能 4000 万吨左右，炼钢总产能将达 8.4～8.7 亿吨。据 Mysteel 统计数据显示，2011 年我国新上高炉 63 座，炼铁产能合计 8559 万吨，其中仅重点地区唐山市就新增 12 座高炉，炼铁产能合计 1550 万吨。而最新统计数据显示，2012 年预计我国还将至少新增高炉 34 座，炼铁产能合计 4012 万吨。

预计 2012 年全球粗钢产量 15.8 亿吨，同比增长 4%。增长将主要是受新兴经济体和美国更为明朗的经济前景驱动。对于 2012 年全球钢材市场形势，主要产钢国均较为谨慎。韩国粗钢产量将比 2011 年增长 27%，达到 6920 万吨的水平。由于供给大幅增加，内需疲软，韩国钢协预计，韩国钢企将集中力量攻占国外市场，预计钢材出口量将实现较高增长。而新兴市场的代表越南 2012 年钢铁行业增长目标仅为 3%～4%（2005－2009 年增长高峰期年均 20% 以上），主要原因是 2011 年和 2012 年与前些年相比，无论是整体经济形势还是钢铁行业利好因素不多。

下游需求短期难以乐观，中期或将逐渐改善。固定资产投资增速在调控和预期中放缓，中西部地区增速远高于东部地区。地方政府普遍下调了 2012 年固投增速目标，但总体上仍处于较高水平。具体来看，东部地区增长目标较低，中西部仍是固投增长的主要引擎，全国平均增速为 20%～22%。

水利投资增长空间大。长期滞后于 GDP 增长速度，水利建设固定资产投资在 GDP 中比重非常低。按 2011 年水利固投 3412 亿元计算，占当年 GDP 的 0.8% 还不到。铁路投资仍处于对前期过快增长的修正过程中。铁路基本建设投资，被视为铁路建设规模变化的风向标。2012 年铁道部将安排固定资产投资 5000 亿元，其中基本建设投资 4000 亿元，相比 2011 年的 4690 亿元略有下降。房地产行业已进入寒冬，短期暂时看不到改观的迹象。从监测房地产行业的主要指标来看，行业景气度、建筑企业家信心指数和房地产业企业家信心指数连续 4 个季度下滑，购置土地面积、新开工面积增速都在连续回落。

2012年全球对铁矿石的需求仍将保持增长,铁矿石供需基本保持平衡,供给略大于需求。中国经济增长形势放缓,需求增速放缓。国际炼焦煤市场供过于求;下游需求较为疲软。受进口焦煤价格下跌以及下游需求偏弱影响,后期国内炼焦煤市场或将走出"先探底,后回升"的格局,价格总体上仍表现坚挺。焦炭仍将被"两头挤压"。

综合以上,我们维持前期对钢铁行业主要运行指标的判断基本维持不变。在钢材价格预判方面,我们认为,在天气转好下,下游需求逐渐开启,钢厂和贸易商拉涨意愿较强,市场思涨情绪较高,配以原料价格的相对稳定,预计今年2月份开始的这波上涨势头有望延续,在5月底6月初或将达到上半年的高点。

范文简析:

这是一篇关于2012年中国钢铁市场的预测报告,全文有详尽的数据分析,并附有两个图表,对中国2012年的钢材市场进行了预测,并在全球视野下对中国钢材市场在2012年的基本走向做了比较到位的分析,对钢材市场的发展具有一定的指导作用。

 课后练习

一、简答题

1.什么叫市场预测报告? 它有什么特点和作用?

2.市场预测报告的写作包含哪些方面?

3.试分析市场调查报告与市场预测报告的异同。

二、写作训练题

1.结合所学专业,撰写一篇本专业未来发展趋势预测报告。

2.根据下述材料,写一篇关于室内装饰业方面的市场预测报告的建议与对策。

近年来各类大小装饰公司如雨后春笋般涌出,室内装饰业每年以40%至50%的速度增长。目前,涉及的装饰品有抛光砖、石英砖、仿大理石釉砖、地毯、壁纸、瓷砖、多彩灯具、五金门窗、塑钢门窗、高档窗帘等。另外,高新涂料在市场亦占有一定的份额,其他高光冷瓷涂料、仿大理石涂料、乳胶涂料等均有一定市场。

近年来,北京、上海、天津、广州等一些大城市居民装饰热潮呈上升趋势,上海市97%的居民在拥有新房后进行现代装饰。沈阳新婚夫妇新房装饰费用在80000元至150000元不等。

全国各地装饰建材的需求量逐年上升。用户对产品质量要求高,名牌产品受青睐。产品规格选择性增强,大规格、高档次装饰材料逐渐成为市场新宠。产品图案、色泽需求多样化,瓷砖中浮雕型、多彩型走入平民家庭。

第三节　市场可行性研究报告

一、市场可行性研究报告

市场可行性研究是一种科学的研究方法,指以市场为对象,对实施某种项目的建议或方案的可行性和有效性等问题进行分析论证的科学方法。

可行性研究完成后把研究过程和研究结果写成的书面报告就是可行性研究报告。可行性报告一般涉及选址、资金、原料、设备、技术力量、人力资源、营销、利润等方面内容。

二、市场可行性研究报告的作用

1. 提供决策依据

这是市场可行性研究报告最主要的作用。在立项之前,企业对项目的可行性与必要性进行分析论证,对实施后的经济和社会效益,实施的条件和措施,实施中可能发生的意外情况的处理等问题,作出科学、具体的论证,从而为决策者提供决策依据。

2. 避免失误

市场可行性研究报告集中了多方面专家的权威分析论证,能最大限度避免失误,合理投资。尤其是大型项目的实施,一定要经过严格和科学的市场可行性研究,才能最大限度地避免不必要的失误;当然,即使是小公司、小企业,在开始正式实施项目之前也最好要有市场可行性研究报告,经过分析判断后再决定是否进行投资和生产,否则也容易造成不必要的损失。

三、市场可行性研究报告的特点

1. 科学性

市场可行性研究报告是一种科学的研究方法,是对即将展开的项目进行预测。它要在充分掌握相关资料的基础上,对其合理性、可行性作出科学的估计。

2. 论证性

市场可行性研究报告要按项目目标设计多种方案,只有通过充分的论证、深入的分析才能得出最佳方案。

3. 综合性

市场可行性研究内容涉及诸多学科领域,资金的预算、环境的影响、实施措施等不同内容必须由多学科共同完成。

四、市场可行性研究报告的格式与写作要点

市场可行性研究报告的格式一般由标题、正文、附件、落款四部分构成。

1. 标题

标题由项目单位、项目名称和文种构成,如《××市关于××湖污水治理的可行性研究报告》。也可以省去项目单位,突出项目名称,如《关于引进×××的可行性研究报告》。

2. 正文

一般由前言、主体、结论三部分组成。

前言要写明项目名称、主办单位、项目负责人。简要交代项目立项的背景、项目研究的意义。

主体。主体是市场可行性研究的论证部分,也是报告的核心部分。从以下几个方面加以论证:

市场需求：对拟建项目建设规模和产品方案加以分析，同时要包含对国际、国内同行业市场的现状和发展方向有基本的概述和分析。

资金预算：对资金数额、来源、使用安排进行合理论证。

资源预算：包括对原材料、能源、交通等基本情况的分析。

环境影响：对生态环境的影响进行预测，对环境保护加以技术论证，也包括项目选址、工程预算等方面的情况。

经济效益：对项目投资回报率、投资回收期等作出评价；社会效益：对项目在整个国民经济中的综合经济效益进行评价。

技术支持：对项目自身各方面如工程、设备、生产方法等加以技术论证。

可根据市场可行性报告不同的内容，对以上内容加以增减。

结论。这是全文的总结，明确突出该项目是否可行的结论。

3. 附件

必要的证明文件、图、表，可放在正文最后，作为附件补充，增强报告说服力。

4. 落款

在正文右下方标注完成可行性报告的时间、主办单位、研究人员。

五、市场可行性研究报告写作的注意事项

1. 内容真实

市场可行性研究报告是立项前期调查研究的最后环节，是项目能否通过的关键，材料和数据应该真实、准确。

2. 分析科学

市场可行性研究本身就是一门科学，必须运用科学的方法，论证项目可行性，选择最佳方法。

3. 语言简明，重点突出

市场可行性研究报告篇幅较长，因此，在写作时，必须条理清晰、语言简明，重点突出项目的可行性论证。

【范文 4.3.1】

咖啡西餐厅投资可行性分析报告

从国外到国内，从沿海到内地，咖啡，正在以它无与伦比的魅力与中国历史悠久的茶叶抗衡，中国传统茶叶地位正在受到咖啡市场的冲击。人们看到了咖啡市场的光明前景，都在争先恐后地抢这块蛋糕。有品牌的、没有品牌的，大规模的、小规模的，专业的、非专业的，高档的、低档的，数不胜数。然而，有的活得很好，有的还在挣扎，有的却经受不住市场的考验被迫退出了市场。本文以成都为例，分析咖啡西餐行业发展的现状，对当前的投资模式深入探讨，并从专业的角度对新店投资的筹备工作给出了相关指导，希望对热衷咖啡西餐的投资者有所帮助。

一、行业现状观察

咖啡、西餐的真正兴起,大概是从 20 世纪 90 年代末开始的。在短短十来年时间内,达到了前所未有的繁荣。沿海地区与国际接轨较早,其行业的发展也较内地要快得多,从咖啡西餐厅的规模、档次、数量、消费量都远远超过内地。举个简单的例子,来自台湾的品牌"上岛咖啡"光是在上海就有 100 多家连锁店,还不包括由加盟商后来滋生出来的店面,用一些人的话讲,走不了几步就可以看到一家分店,其品牌影响力恐怕不会比星巴克低。尽管如此,市场并没有饱和,仍然有许多要求加盟。当然,这样的繁荣景象与上海当地的消费能力、消费习惯和消费意识是分不开的。内地的发展速度同样惊人。以成都为例,成都是全国著名的休闲城市,咖啡和西餐在这里也得到了空前的发展,尤其是最近两三年内,大大小小的咖啡厅、西餐厅如雨后春笋般生长起来,繁荣了市场,也刺激了消费,并在一定程度上改变了部分成都人的消费习惯。过去,成都人的生活和工作都似乎与茶离不开关系,谈商务也好,朋友聚会也好,人们第一个想到的肯定是茶楼。由于咖啡厅的兴起,一部分人开始向咖啡厅转移。谈恋爱的,找一个窗边或一个角落坐下来,温馨而有情调;谈生意的,可以找一家安静一点的咖啡厅,边聊边喝咖啡,因为这里不会有茶楼里的喧闹;吃腻了川菜的,可以找家西餐厅试试西方人的口味。

精明的投资者每时每刻都在关注着行业的发展变化,只要有市场,他们就不会放弃对利润的追求。因此,目前对于咖啡厅的投资可以说是热火朝天、争先恐后。我们先不用去看沿海发达城市,而是立足于四川,以成都为中心来观察整个行业的现状。成都,咖啡西餐厅主要聚集在市中心和南门,其次是西门,东门和北门基本上没有什么具备规模和档次的店面。市中心和南门的咖啡厅密度可以说相当大,因为经营的形式雷同,导致同行业之间差异较小,相互竞争也显得十分激烈和残酷。许多店面经营状况都不理想,有的甚至可以说举步维艰,换句话讲,能够赚钱的是小部分,大部分是处于盈亏平衡点或者说亏损。难道说成都的咖啡市场已经饱和了吗?我看未必。成行成市对于行业来讲,固然是好事,但还是需要把握一个度的问题。一个区域,拥有的消费量是一定的,并不会因为成行成市而增加消费量。所以,现在如果再往市中心和城南这些地方挤,没有很强的创新能力和抗风险能力,最好别去。近两年成都二环路以外的发展特别大,居住群体越来越庞大,消费能力越来越强。其实我们可以将目光放在离市中心稍远一些的地方,消费群比较集中,消费能力较强就好。相比而言,这些地方的房租都会比市中心要便宜得多,同行业的竞争体现也不会太激烈,经营压力也会小一些,盈利的机会更大一些。

成都以外的如德阳、乐山、绵阳、内江、自贡等二级城市(严格地讲成都为二级城市,其他归为三级城市),目前市场一片看好,对于咖啡和西餐的消费意识正在膨胀;其次,行业发展较为落后,市场还不完善,给投资者留下了更多的机会;再次,专业度不高,如果引进专业的咖啡西餐经营,将成为行业中的亮点;最后,二级城市房租也很便宜,一般情况下最贵的一楼也不会超过 40 元/平方米,二楼的租金水平大约在 15 元左右,对于新开店来讲,降低租金成本无疑是最好不过了!因此,现在进入二级市场应该算是比较好的时机,行业发展太快,两年过后,也许二级市场的行业状况就会趋于饱和。换个思路来考虑,市场竞争并不等于没有机会,也并不都是恶性的,市场经济必然允许市场竞争的存在。那么,在激烈的市场竞争面前,同行之前竞争的无非就是专业的技术、深远的文化和精致的服务

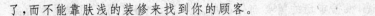

了,而不能靠肤浅的装修来找到你的顾客。

二、投资模式分析

目前,对于咖啡厅(或西餐厅)的投资模式,我们可以分为两种:第一种,自创品牌,一切从零开始;第二种,加盟现有的成熟的品牌,成为其连锁店的一员。下面我们对这两种投资模式进行详细的分析,投资者应当根据自己的实际情况,选择合适的投资模式。

1.自创品牌

自创品牌至少有两个好处:其一,与加盟相比,自创品牌更省钱,因为不需要向品牌提供商交加盟费。其二,可以最大程度发挥投资者的创意。自创品牌不受其他人或机构的干扰或管束,在装修风格、经营策略以及服务特色方面都可以将自我的聪明才智发挥到极致。

那么不利之处在哪里呢? 第一,风险相对较高。大多数投资者是没有行业从业经验的,就是兜里有资金。有的人把投资咖啡西餐厅想得过于简单,认为找一个黄金口岸的商铺,请高水准的设计师把店铺精心打造一番,把设备物料买回来,把员工一招齐,准备就绪,就开张大吉了。其实远没有那么容易:什么样的物业适合做咖啡西餐厅? 在硬件方面有什么具体要求? 装修成什么样的风格比较容易被接受? 要买些什么设备器具? 物料又需要哪些? 员工招多少才合适? 进货渠道在哪里? 厨房、吧台、外场的操作流程如何? 如何进行成本监控? 可能没有做过的实在有些摸不着头脑。如果这些细节没有把握好,基本上开业就是关门的开始。第二,宣传费用较高。这是相对于加盟模式来讲的,作为品牌的连锁店,很有可能早就名声在外,不需要过多的宣传,消费者都会清楚你装修的风格、经营的内容、消费水平多高。自创品牌在这方面可能就需要投入更多的费用进行店面宣传,从而增加部分经营成本。

因此,如果投资者对行业还不了解,或者说没有专业人士协助的情况下,自创品牌还得谨慎为之。如有专业人士相助,则另当别论。如果一定要自创品牌,无论规模大小,都最好请专业人士协助筹备,出小钱,省大钱,这才是最好的选择。

2.加盟成熟品牌

加盟成熟品牌对于投资者来讲省事省心,但不省钱。资金不充裕的投资者最好放弃这个选择,因为目前的各个品牌的加盟费用都不会低,各种费用加起来起码得20万,对于投资小规模咖啡厅的项目来讲,可能要占去总投资额的三分之一或者一半,实在没有帮人家赚钱的必要。一般而言,如果要加盟,则项目规模起码在400平方米以上,否则,投资的单位成本就会过高,投资回报期会加长。

目前大部分开展加盟连锁的咖啡品牌,其经营定位、经营模式和管理流程都比较成熟,品牌之前的差别主要体现在经营定位和收费标准上面,其他的东西都万变不离其宗。因此,加盟者在选择品牌的时候,要根据自身的情况选择,也不能一味冲着收费低的去。第一,品牌影响力如何。大方向讲,一个在全国连锁店数量多的,品牌影响力自然要大一些,相对而言更为可靠。第二,根据市场选择。比如说,在一些二、三级城市中,可能正在经营的咖啡厅都比较多了,但大部分都是休闲定位的,如果你再选择一个休闲定位的品牌进来,则可能因经营定位雷同而影响经营成果。在这样的情况下,最好选择一个商务型品牌进入市场,在定位上与其他竞争对手错开,各做各的消费群体,才能够保证自己的客源受对手影响较小。也就是说,根据市场的需要选择品牌。第三,加盟费用。同样类型的品牌,如果加盟费用上没有多少差别,则重点考察品牌提供商的后期支持程度以及技术力量。

与品牌提供商谈判的时候,一定要保持冷静,不要轻信对方的花言巧语。有的品牌提供商把自己的品牌吹得完美无瑕,把其他的品牌说得一文不值。加盟者应该认真分析各品牌之间的差异和各自的优缺点,以及对自己投资的影响。

还有一个重要的问题,就是很大一部分加盟商对加盟这种模式理解得过于简单,认为加盟无非是拿钱买对方的技术,使用对方的商标,加盟以后不想被盟主束缚,或者对盟主提出的意见不予理睬,认为我交了加盟费了,只要我不欠你的钱,并且按照你的要求统一了装修风格,就别想来制约我。其实这种想法是相当危险的。作为一个品牌来讲,它能够生存并发展壮大,必然是与它自身的优势分不开的,包括经营模式、服务特色以及管理方式、价格定位、装修风格等。因此,加盟商与盟主之前无论在钱或者其他方面存在什么样的矛盾,都不应该随意改变品牌本身的内涵性的东西。当然,我们更不会同意双方之间是一种对立的态度或立场,这样对于品牌的发展和自己店面的经营不会有一点好处。双方必须积极配合,加强互动,交流经营过程中存在的问题,一起探讨解决问题的方法,这才是正确的选择,盟主才能把品牌做强做大,加盟商的店面才可能盈得更大的利润。

三、投资前期准备

无论是自创品牌,还是加盟,都离不开投资前期一系列的准备工作,主要注意以下几个方面:

1. 市场调查

对拟投资地区现有的咖啡厅数量、档次、规模、经营状况进行详细分析,对当地的消费能力和消费习惯进行评估。根据商铺的口岸和市场特征进行经营定位。如果自己把握不准,请专业人士帮忙把关是不错的选择。

2. 商铺选点

这个环节是投资的关键,口岸的优劣将会直接影响到经营的好坏。原则上讲,人流量大、消费群较为集中、消费能力较强、停车位充足的商铺都是我们选择的对象。而现实中,如果要将所有的选铺标准都统一到一个点上,恐怕这样的商铺是找不到的。因此,要根据实际情况分析店铺的优劣势对自身的影响。

我们选用的物业按新旧程度可以分为老物业和新物业两种,老物业的装修期相对较短,新物业则开发商给出的装修期或免租期较长。成都市中心几个主要商圈的物业管理费也不尽相同,对于好的项目,物业管理费可以达到15元/平方米·月,一般的也就5元/平方米·月左右。二级城市的物业管理费要低很多,通常在2~3元/平方米·月。签订租赁协议的时候要把物业管理相关的内容都明确,以免日后产生不必要的麻烦。咖啡厅、西餐厅楼层不宜过高,一楼、二楼最为理想,最好不要超过三楼,特殊情况除外。

3. 装修风格定位

咖啡厅或西餐厅,讲究的就是环境。主要根据经营定位来确定装修风格,如果是商务型的,就不能搞得花里胡哨、动感十足;如果是休闲娱乐型的,则不能装扮得过于沉稳低调。

4.开业计划

什么时候开始装修,什么时候准备招聘员工,员工培训如何安排,物料器具什么时候到位,需要购买数量等等,这就需要一个比较完整科学的店面筹备计划,才能保证筹备工作不会找不到重点、摸不着头脑!

虽然上面只提到四个方面,但每个方面要做稳做细也不容易。咖啡厅或西餐厅,作为一个相对来讲较为复杂、专业的投资项目,在没有准备充分的情况下,再好的市场潜力也不要做,市场可以允许你来学习,但可能你自己不允许你交太高的学费。

四、经营过程中的管理

管理的内容应该是很复杂的,作为投资者需要把握好以下几个方面:

1.物料管理

有的店面管理比较混乱,进了多少货,出了多少货,可能一段时间以后就不清楚了,这个员工拿一点,那个亲戚拿一点,账面上又反映不出来,造成经营成本虚高。管理者需要对仓库这一块制订严格的管理制度,以便成本控制。

2.成本控制

物料方面的成本控制主要由吧台长和厨师长负责,其他方面的成本则可能由高级管理层来决定,广告投入、促销支持、业务招待等其他管理费用方面,管理层都需要把握好这个度。

有一点在这里明确提出来,那就是杜绝浪费。比如说,有的厨师习惯不好,水龙头打开就不关,让水白白地流掉而没有起到一点作用。杜绝了浪费就是节约了成本。

3.营销策略

管理层要善于把握消费者的消费心理和消费需求,要明白我们的消费群体主要是哪些,他们主要出现在什么地方,他们热衷于什么样的消费习惯等等。同时,对同行业竞争对手作深入的了解,包括价格差异、营销思路、经营优劣势等,做到知己知彼!结合消费者和竞争对手的信息,制定有效的营销策略,在形式上尽量地创新。有的做策划的,善于运用降价来刺激消费者,不可否认,降价可以刺激一部分人的大脑,但并不一定降价以后可以实现利润最大化,或者说增加营业额。因此,选择什么样的营销模式最优,是管理层或者策划人需要注意的一个细节。

总而言之,投资咖啡西餐是一个不错的项目,但必须建立在有准备的基础之上。最终可以落实到一句话上面,那就是专业决定成败。

作者:×××

×年×月×日

范文简析:

这是一篇关于咖啡西餐厅投资可行性的研究报告,文章主要从四个方面分析:行业现状分析、投资模式分析、投资前期准备、经营过程中的管理。各部分完整、紧密联系,构成了可行性报告的整体。

课后练习

一、简答题

什么叫市场可行性研究报告？它有什么特点？

二、写作训练题

结合所学市场可行性研究报告知识，写一篇关于大学生开淘宝店的可行性研究报告。

第四节 创业计划书

一、创业计划书

创业计划书是创业者在创立项目初期所编写的关于创立该项目整体规划方案的书面材料。创业初期风险较大，为获得商业贷款或说服风险投资商，都需要用大量的书面材料详细说明，同时也用于规范自己。

二、创业计划书的作用

1. 明确创业思路

创业计划书可以使创业者明确创业思路，在编写和研究中，根据实际情况不断修正文本，使之切实可行。

2. 管理创业企业

企业创业计划书提供了企业整体规划，对企业发展每一步有客观描述，及时根据实际运行情况调整方案、完善方案。

3. 筹集创业资金

创业计划书也让别人了解该项目的构想，是创业者对外宣传的重要工具。主要表现为获得银行贷款、寻求风险投资、签订大规模合同等。

三、创业计划书的特点

1. 完整周密

创业计划书应完整陈述必要的内容，在陈述过程中要注意周密性，周密性与完整性要紧密结合，这样更能体现创业者的专业素质。

2. 客观真实

创业计划书应运用中性语言，力求客观评价，要求真实地表现创业的客观情况，因为任何不符事实的内容都可能会影响将来计划的实施，会造成不必要的资金和人力等的损失。

3. 通俗易懂

这是语言方面的要求，创业计划书的语言要求简洁明了、逻辑清晰、通俗易懂，不要故弄玄虚。

四、创业计划书的格式与写作要点

创业计划书没有固定的格式,但是一般来说,一份完整的计划书需要单独成册,通常由下面几个部分构成:

1. 封面和标题页

封面包括项目名称、创业企业名称、地址、电话以及日期等。标题页紧随其后,再次写明创业企业名称,还有联系人的姓名、电话、地址等,并注保密声明。

2. 目录

按计划书页码从小到大的顺序依次排列各部分内容的名称。

3. 创业计划摘要

这是整个创业计划的精华,简明扼要地概括计划要点。

4. 企业介绍

包括企业基本情况、产品和服务以及它们的特殊性、销售策略、管理方式与管理人员。如果是初次创业人员,则着重介绍个人学历、特长,尽量突出优点。

5. 财务

主要写企业若干年内(一般是五年)财务预测。

6. 风险分析

提出企业未来可能遇到的风险以及避免风险的措施。

7. 附录

包括附件、附图和附表三部分。附件包括创业者个人简历、合同、法律文书以及其他与计划书相关的文件。

五、创业计划书写作的注意事项

1. 有足够的市场需求

有足够的市场需求是计划书的根本出发点。市场前景好,是吸引银行贷款、风险投资的前提。

2. 书写详略得当

创业计划要详略得当、突出优势,机密部分应略为简化,以防泄密。

3. 使用专业化语言

产品服务描述使用专业化语言;财务分析要形象直观,尽可能地采用图表描述;战略、市场分析、营销策略、创业团队要使用管理学术语,尽可能地做到规范化、科学化。

【范文 4.4.1】

艺术餐饮店计划书

一、店内艺术创作的创新问题

没有创新就没有发展,所谓标新立异、推陈出新,都是指在继承过去设计创作成果的基础上,开拓新思路、发掘新形式、寻找新题材。在建筑创作范畴,还要探索新结构、新空间、新环境,布置桌椅和碗筷,悬挂装饰灯具等其他装饰品,创造合理完善的建筑室内环境,以满足人们不断增长的物质和精神生活需要。

在室内色彩搭配中的构想:

空间配色不得超过三种,其中白色、黑色不算色。

金色、银色可以与任何颜色相配衬。金色不包括黄色,银色不包括灰白色。

家用配色在没有设计师指导下最佳配色灰度是:墙浅,地中,家具深。

厨房不要使用暖色调,黄色色系除外。

坚决不要深绿色的地砖。

不要把不同材质但色系相同的材料放在一起。

想制造明快现代的家居品位,不要选用印有大花小花的东西(除植物外),尽量使用素色的设计。

天花板的颜色必须浅于或与墙面同色。当墙面的颜色为深色设计时,天花板必须采用浅色。天花板的色系只能是白色或与墙面同色系。

空间非封闭贯穿的,必须使用同一配色方案。不同的封闭空间,可以使用不同的配色方案。

此外,在店内装修中还应重视"绿色设计"的问题。如:阳光的充分利用,除有利于创造窗明几净的气氛之外,还可以有利于紫外线消毒杀菌。保证通风的畅通,除可摄取新鲜空气外,还可有机地借进室外景观。

表现不同的环境气氛和具有不同的艺术感染力。(通过视觉、听觉、嗅觉、弱觉等来完成)具有鲜明时代感的设计风格趋向,同时做到低调而不低俗,高雅而不高贵,给予顾客一个幽雅的就餐空间环境。

在店内装修中,质量的好坏不取决于材质档次的高低,而应以别具一格的高超的设计质量取胜。为了使顾客在就餐的同时也能拿出画笔来画画,我会在有限的空间里摆放美术工具类型的桌椅,加上柔和的色彩,菜肴与灯光的衬托,营造一个幽雅的就餐空间。加以材料审慎的挑选,方能使家庭装修达到理想的境界。

随着人们生活水平的提高,在享受生活时追求优美的构思意境,它不仅可以陶冶人们的情操,甚至可以起到潜移默化教育后代的作用。人们在这样环境氛围中生活,既能使人的性格文静,又能提醒人们约束自己的行为,符合大众的生活水平。

二、店内的专长

一技之长是创业者具有的技术特长,它不仅是一个人能力和素质的具体体现,也是社会发展人对某些东西素质的必然要求。从这个意义上讲,获得一技之长不仅是立足城市的条件,也是发展自己的基础。

主经营:

(1)精美套餐

(2)西餐

(3)精美小吃

(4)创新雪糕

(5)各类个性饮品

本人学过美术,对艺术具有一定的了解,有自己独到的见解,对色彩有特别的感觉,对市场有敏锐的洞察力,开一家具有艺术风格的餐厅,这不仅是我店面与店内的问题,同时也是在菜圃、菜肴、食品上讲究的一个重要的环节。还有个最大的特点是提供画板和工具,让客人享受美味的同时还可以感受艺术,在一家具有艺术风格的空间里画出自己的想法,画出自己的风味。在与别人一样的餐桌中别具一格,脱颖而出。还可以让有共同兴趣爱好的同类人有个欢聚的地方,可以谈谈艺术……

三、店面设定点

首先,店铺的选择。一个客流量大且经济发达的地段等于是给了我们一个梯子,这样说吧,客流量带来了购买量,购买量带来了钱流量!看看开店的根本目标是什么吧,我们的目的是利润的效益,积累原始基金!要做到这点就必须要有很多的购买量,能带来购买量的就是客流量了!

还有,我们必须要把我们的顾客群体给定位好,创意产品让人产生很多的联想,拥有这种想象空间大的顾客群体是属于那群40岁之前的顾客群及本身有良好的教育基础的顾客群体!所以能在人流量其次的地段找到这类群体集中的店铺也是个非常不错的选择。

地点:

1.人流集中地区。

2.交通要道(各地铁或车站出入口附近,店址越靠近大众运输设施或交通传运站则越有价值)。

3.商业区、办公区与学校附近。上班族、学生、游憩人口为主要客层,以"清洁、快速、质量、服务"取得竞争优势。选择建店地点计划与确立最经济的运营规模计划。

在未来数年,上海成功培训团队后,便可将成功模式复制在其他城市,如北京、广州、重庆、成都、天津、深圳、南京、杭州等大型城市为主力市场。

四、竞争优势

作为一个新品牌的创立者,我们一定要有发现机会的眼光,做一个机会模式者。只有找到一个空白的市场,在这个空白的市场建立自己的品牌,才有可能生存下来。

1.新行业的空白点。新行业的空白点有两种可能:一种可能是这个行业以前还没出现过,是一个全新的行业或产品门类。这一点我已经想好了,在餐饮业中我也会用刷卡积分的形式来吸引更多的顾客。另一种可能就是虽然这个行业已经存在,但是却没有任何一个品牌率先来主打这个门类,它也可以算是新行业。那也就是说我的艺术餐饮了。"艺术"这两个字看似很高雅、很高尚,但在我这里就是要做到思想不是问题,光顾才是问题。

2.尽可能满足消费者需求空白点。现在有大多数行业都是独立供应消费者的需求。在此,"X&L"尽可能满足消费者在餐饮中的一切需求,做到一条龙服务。

五、商圈的评估、特性、注意事项及条件

1.根据当地人口大概统计变数,1公里范围内将近有30000人口,以大学生和生活小区为主。

2.虽然竞争不小,但能与本店相同档次的店面也是很少的。根据我初步的市场调查,近200米范围内没有大型餐厅,两家中型餐厅,小型的餐厅有四家。

3.这理想的大商圈里具有很大的发展前景,现在虽然还没发展得很热闹,但是附近的大型楼盘也将要开始出售。

4.本店面面向宽广美丽的江南大道,有大量的行人与车辆经过,左右是繁华的大型商场和商业街。

5.有10条线路公共汽车经过。左500米有天桥,右1公里有高架快环,行人、车辆异常方便。

6.附近商业楼盘正在成长当中,新的住宅区正快速地成长,新设公共运输站已经落成,大型的长途汽运也将落成。

六、关于开店的风险评估

(一)物的要素风险

1.建筑危险性(耐火等级、防雷、抗震等级等)设计;避免破旧楼房。

2.企业平面总布、单体间距、通道、水源、消防设施;选择具有质量保证的装修公司与消防设施。

3.产品、副产品、原料危险性、稳定性等级,包括物资流动性(对应主管部门认定过的相关报告,防止瞒、漏现象);聘请专门的人员负责监管材料的监督。

4.新建及历史变更情况(现场定位,这个很重要);行业归类及性质的基本确定或进一步认定。

(二)人的要素风险

1.企业管理人员、员工的素质。

2.企业风险管理组织的运行活动情况。

3.主管和专职人员履行职责情况。

4.一般员工风险意识。

(三)制度的要素风险

企业章程、管理制度、"物的要素"相关资料档案(许可、验收、资质等),行政管理部门出具的检查验收报告、检查记录等相关材料。

1.行政许可、验收、资质等文书,可以权作合法性或专业性参考的重要依据。

2.制度健全与落实情况、组织是否建立、专职人员资质、员工培训教育情况。

3.在查阅文献的基础上,组织企业中层干部和职工代表,对企业高级管理人员的能力素质进行测评并进行信任投票,掌握高级管理人员在群众中的信任度。

七、我的资金规划

店铺每月盈亏平衡点:

每月总支出为50000元×50%(毛利率)=25000元(每月只销25000元即达盈亏平衡)

每天的盈亏平衡点:25000元÷30天=8333元

八、投资风险分析

1.首期投入45万元(包括以下):

装修费用15万元

首期进货费用20万元

房租、水电费用 60000 元

宣传费用 40000 元

2.投资回收

每月销售额达到 50000 元,3 年时间即可回收所有全部成本。

九、我的财务规划

每月费用支出表

支出项目支出金额

网站制作及宣传费 ¥6000÷12 个月＝500 元按月平摊

店面租金 ¥1500,店面为 30 平方米左右

员工工资 ¥1600,店员 10 名

税收及水电费 ¥1000,税收采用定额税

装潢费用 ¥15000 元÷12 个月＝1250 元,装潢采用一年内分摊

合计总支出为 ¥20250 元

十、我的理想目标

四年后开十家连锁店。

十年后全国都有我的连锁店。

十一、我的行销计划

秀吃唯一,自我表现,创艺主张。

范文简析:

这是一份关于开办艺术餐饮店的计划书,尽管它不是完全按照创业计划书的格式来写的,但是,基本上还是符合了创业计划书的基本内容和基本格式。这个计划书具有自己独特的风格,具有个人化的色彩,是一份有个性的创业计划书。

 课后练习

一、简答题

什么是创业计划书? 它有何作用?

二、写作训练题

请您根据自己的兴趣爱好和市场需要,设计一个富有创意的商业项目,并撰写一份创业计划书。

第四章

财经契约文书写作

教学目标

熟悉各类财经契约文书的概念、种类。

了解各类财经契约文书的作用、特点。

探究、掌握各类财经契约文书的结构、格式和写作技巧。

能撰写意向书、合同书、招标书和投标书。

教学重点

各类财经契约文书的结构要素和写作要求。

教学难点

根据实际情境的需要撰写意向书、合同书、招标书和投标书。

运用写作理论知识对具体的文章进行辨析、评价和修改。

【导入新课】

《说文解字》载:"契,大约也。""约,缠束也。"可见,契约由来久矣。王旭教授在《中国传统契约文书的概念考察》一文中对中国传统契约文书进行了比较深入的考察:根据文献记载,早期的契约主要包括"傅别"、"质剂"、"书契"、"券"、"莂"、"合同"。据《周礼·秋官·朝士》载:"凡有责者,有判书以治则听。"郑玄注:"判,半分而合者。"又《史记·孟尝君列传》载,冯谖至薛"召诸取钱者,能与息者皆来,不能与息者亦来。皆持取钱之券书合之"。从以上两段引文,可以发现中国早期的一件契约一般由两部分组成,使用时通过合券的方式进行验证,明确双方的权利与义务。

虽然古代的契约与今天所讲的契约是有区别的,正如王旭先生认为的,中国传统契约的概念内涵与今天同样文字概念所包含的内涵存在着差异,其根源在于西学东渐所影响和塑造的整个今天的法律权利与义务关系,和传统社会下的法律权利与义务关系的结构存在差异,当然其中也包括法律概念体系的差异。我们在这里所讲的财经契约文书也更多与法律相关。

那么,什么是财经契约文书呢?财经契约文书是指自然人、法人之间为实现一定经济目的而规范、约定相关经济事务时所写作的应用文。财经契约类文书一般包括意向书、合同书、招标书、投标书等。

契约文书是大家今后工作和生活中常常会用到的应用文,因此很有学习的必要。大家毕业后参加工作,可能需要代表公司参加某项目的规划设计,这就需要撰写意向书。代表公司参加某项目的招标、投标,就需要撰写招标书或投标书。至于合同书,则无论工作还是生活,都可能会遇到。比如,大家毕业后,如果留在城市工作,不少同学可能需要租房子住,而租房子就需要签订房屋租赁合同。自己创业,也很可能需要租赁店面、办公场所,这些都需要合同。可见,契约文书跟大家工作和生活的联系是很密切的。

说得远一点,了解契约文书的知识,将能够更深入地理解历史,无论是古代的契约还是今天的契约——今天的契约也会成为将来的历史。从契约角度研究历史,早已是历史学家甚至是法学专家窥视历史的一个很好的视角。我们不一定要做这么精深的研究,但是,从契约的角度,的确可以看出很多有意义的信息,帮助我们了解历史、了解现实。

第一节　意向书

一、意向书的概念

意向书指的是双方或者多方就某一项目或问题在经过初步接触、商谈后,就该项目或问题达成的带有合作意愿、合作目的的一种文书。因为意向书所关涉的项目或问题多与经济、技术相关,所以,它也是经济文书的一种重要文体。

意向书的双方或多方可以是国家,也可以是地区和企业。意向书与合同类似,通常不具备法律效力。但是,一些关涉重大的项目合作意向书,却具有法律效力,违约的一方要负法律责任。

二、意向书的作用

在社会经济活动中,意向书发挥着先导作用、纽带作用和凭证作用。

1. 先导作用

意向书表达双方或多方当事人就某一项目初步洽谈所形成的一致性意见与合作的意愿,对今后具体合作的内容或方向提出设想或作出安排,为进一步合作创造条件,为签订合同或协议打下基础,是协议书或合同的先导。

2. 纽带作用

意向书是公关意向的信息载体,通过传递信息、表明意向,连接起双方或多方有意参与项目合作的企业或个人,促进商讨、争取协作。

3. 凭证作用

意向书记录了当事人之间就某一合作项目经过初步接洽所形成的意图和目的意向,是合作各方原则性的依据。

三、意向书的特点

1. 意向性

意向书的第一个特点就是它的意向性。表达合作意向是意欲合作的国家、地区、企业之间主动的一方向另一方表达合作意愿的目的,因此,意向性是意向书的第一个基本特点。

2. 协商性

意向书的语气多用协商的语气,一般比较客气,所以常常使用商量、询问的语调来表达合作意愿。

3. 导向性

意向书是合作方为了表达合作意愿的应用文书,所以具有导向性的特点,不要求很具体的条文或条款。这种导向性主要体现在主动表示合作意愿的一方。

4. 临时性

意向书只是表达初步的合作意愿,它还不是合作的最终完成,也就是说,它只是合作双方或多方正式合作的基础,是正式签订合作协议或合同的先导,所以,意向书是临时性的文书,一旦正式的合作成功,它的使命也就结束了。

5. 原则性

意向书的原则性指的是意向书的条款一般不涉及过于细节的问题,而只是对合作的原则问题作出协商或试探性的表示。因此,意向书的原则性条款又是概括性的特征。

6. 灵活性

意向书的灵活性体现在它的文字上,这种文书的语言一般比较灵活、比较委婉,也比较谦卑,一般不用过于刚性的词语和句子。

四、意向书的格式与写作要点

意向书写作的基本形式为条款式,其结构一般由标题、导语、正文、落款四个部分组成。

1. 标题

意向书的标题有两种形式:一种是公文式标题,由"合作单位＋事由＋文种"组成,如《飞利浦照明与山西省长治市关于建立 LED 战略合作的意向书》。一种是简略式标题,由"项目＋文种"组成,如《招股意向书》、《合资办厂意向书》等;有的把事由也省略了,直接以"意向书"作为标题。

2. 导语

导语又称前言,一般写明如下几个要素:

(1)合作单位名称及合作项目。为下文叙述的方便,可以各方名称后面用括号注明简称,如某方为"甲方",某方为"乙方"。

(2)制定该意向书的指导思想和政策依据。

(3)商洽的时间、地点、原则等基本情况。这部分适宜用简明扼要的语言进行概括。

(4)本意向书要实现的总体目标。

3.正文

正文一般包括以下两个方面:

(1)协商事项。即当事人各方经过商洽达成的具体意向。主要阐明各方应承担的责任和应履行的义务,明确各方在什么时间内向对方提供怎样的帮助,包括具体的条件和设施等。此外,还可写明合作项目的名称、拟订地址、计划规模、预计经济效益以及合作期限等。

这部分是意向书的主要内容,应叙述明确、条理清楚。

(2)未尽事宜。合作的当事人尚有哪些问题需要进一步洽谈,下次洽谈的时间、地点,预计达成最终协议的时间等事宜。

4.落款

落款主要写明参与商洽的各方当事人名称、谈判代表的姓名、意向书签订日期,并加盖公章。

五、意向书写作的注意事项

1.意向、设想切实可行

意向、设想的切实可行,是一份意向书具有现实意义的重要保障。首先,协商双方(或多方)是否已经具备了实现合作的必要条件,如土地、厂房、资金、人员、技术等;其次,提出来的意向、设想是否与外界大环境、大气候相适应。所谓大环境、大气候,包括政治经济形势、社会发展趋向、国家及地方的政策和发展规划、人们消费意识的变化、行业及同行间的竞争等方面。只有把以上内在和外在因素结合起来充分考虑,才能确保意向、设想的切实可行。

2.条款内容简明扼要

意向书是一种意向性的文书,只表明当事人对该项目的意见和初步合作的意愿,无意确定具体的操作内容。因此,合作目标只求总体轮廓清楚,不求详尽叙述描写;合作意向只要大体方向一致,不求进程明确;所列条款只作出原则性的确定,不涉及具体细则,以为进一步洽谈留有充分余地。

3.意向表达准确、完整

准确,是指写作意向书时,当事人意向的表达要确切、明白,不能模棱两可,以免在今后的履行中因叙述不清而造成不必要的纠纷。完整,是指各项条款之间的界限要清楚,内容要相对完整,对当事人之间协商一致以后确定下来的所有事项,要考虑周到,不能出现遗漏。

六、意向书与协议书、合同的区别

意向书虽与协议书、合同一样,同属于契约类文书,但有明显的区别。

1.意向书不具法律效力

意向书中只是当事人各方在项目合作初始阶段订立的文书,只表明合作的意向,还不具有法律约束力。

2.意向书具有灵活性

协议书、合同一经签订,任何一方即不得随意更改。意向书签订后,当事人各方还可以进行补充或变更。

【范文 5.1.1】

建立搅拌机组装厂合作意向书

意大利 SOMAT 公司(以下简称甲方)与中国凯福集团有限公司(以下简称乙方),本着"友好、平等、互利"的原则精神,就在意大利建立搅拌机组装厂项目(以下简称项目)的实施事宜进行了友好协商,达成如下合作意向:

1.总则

甲乙双方在互惠互利、优势互补的基础上就上述市场的开发及签约后的实施进行排他性合作。任何一方(包括各自的分公司、子公司、股份公司以及隶属单位)不得以其他任何方式就该项目与其他任何第三方进行合作。

双方的共同目标是:长期合作,持续改进产品,使之符合当地的标准,能够在意大利和周边国家销售。

甲方主要负责与本国政府部门、银行、商会等相关单位的总体协调和联系工作,并对项目开发进行总体管理;乙方主要负责技术文件编制、供货、技术服务和技术支持等工作,并提供周边国家的市场支持。

本意向书所涉及的产品为乙方生产的 Y-323,Y-324 和 Y-X436 三种规格的搅拌机。

2.双方的工作

2.1 在正式的合作协议签订前

2.1.1 甲方的责任和义务

a.编制该项目在意大利的可行性报告,及时就技术和商务问题与乙方进行澄清;

b.负责项目融资事宜并承担相应工作,在必要时与乙方协作,为该项目争取优惠的信贷条件;

c.审核乙方编制的商务、技术文件并汇总,提出修改意见、组织谈判;

d.负责组织乙方以及相关人员在意大利的考察工作;

e.负责在合作过程中及时向当地的商会和政府部门汇报项目情况,并获得有关政府部门的支持。

2.1.2 乙方的责任和义务

a.在充分考虑甲方要求的前提下编写目标产品的技术文件,保证技术的完整性、可靠性和先进性;

b.充分考虑甲方要求与乙方习惯的差异,并针对差异项尽可能提出备选方案以供甲方选择;

c.负责人员来华考察的接待,并负责安排参观生产工厂、会谈,组织技术交流;

d.及时安排有关人员参加国内外的考察和谈判工作,并根据甲方的意见对有关技术文件、商务文件进行补充和修改。

2.2 在正式的合作协议签订后

甲乙双方将根据合作协议的规定和要求,另行签订具体的采购合同,明确各自在合同执行过程中的责任和义务。

乙方根据自身的业务特点,特授权其全资子公司凯福国际经济贸易有限公司作为乙方的全权代表,与甲方签订采购合同、技术协议及服务协议等各种文件,并负责整个项目的操作过程。

3.费用

3.1 在正式协议签订前,甲乙双方分别承担各自为获得该项目所发生的所有费用。

3.2 在正式协议生效后的执行过程中,双方根据签订的合同或意向书支付相关货款或费用。

4.意向书的补充修改

此意向书为双方合作的依据,未尽事宜甲乙双方另行协商解决,在正式签订协议时予以补充。

5.意向书的生效及期限

5.1 本意向书自甲乙双方代表签字盖章之日起生效,有效期一年。

5.2 双方在此前签订的供货合同不受本意向书的约束。

5.3 意向书一式二份,双方各持一份。

甲　方:	乙　方:
意大利 SOMAT 公司	中国凯福集团有限公司
代表×××(章)	代表×××(章)
电话:	电话:
	时间:×年×月×日

范文简析:

这是一篇建厂合作意向书。标题是省略式,由项目和文种组成。导语用简明的语言交代了签订意向书的单位、原则,用承上启下的语句导出本文的主体。主体部分内容包括合作双方的共同目标、合作的项目、费用分担,分条列项地规定了正式协议签订前后甲、乙双方的责任和义务。此外还交代了意向书的修改等未尽事宜。文尾写明意向书份数、双方代表的签字及联系信息。

本文文字简约、结构完整。目标具有导向性,各条款内容注重只确定原则意向,而不涉及具体的数字细节,可为日后签订实质性、具体性的项目合同奠定基础。

【范文 5.1.2】

购物中心租赁意向书

编号:00056120100530

出租方:××房地产开发有限公司

承租方:苏宁电器有限公司

本着自愿、平等、互利、有偿的原则，经承租方与出租方友好协商，达成以下共识，签订本租赁意向书：

一、承租物业

承租方自愿租赁××购物中心东区一层3号物业，建筑面积为363平方米。（以下简称该物业）

二、承租价

原价（小写）：RMB￥3505800/年，折后价（照原价8.8折）年租金人民币叁佰零捌万伍仟壹佰壹拾肆元整（小写RMB￥3085114）。（以建筑面积计算）

三、承租期限及用途

承租方承租该物业期限为叁年，用作经营。

四、付款办法

1.租方须于签署本意向书时付清定金RMB￥50000。

2.经承租方与出租方协商，双方约定承租方按季度向出租方支付租金，即每120天支付一次。

3.承租方须于签署本意向书后3天内向出租方支付2个月租金（扣除定金）RMB￥464185作为承租抵押金，另向出租方一次性支付2010年8月10日至2010年12月10日租金RMB￥1028371，并与出租方签署《××购物中心租赁合同》。

五、双方约定

1.租方须依上述付款方式依期如数缴付上述款项。

2.承租方须于签订本意向书后5日内，即2010年6月9日前携本意向书、身份证或公司证明文件及出租方要求出具的证件与相关款项到出租方指定地点××购物中心北区102室签署由出租方拟订之《房屋租赁合同》及有关文件。

3.房屋租赁而发生税费，由双方依照有关规定缴纳。

4.违约责任：如果出租方在保留有效期内，将承租方挑选的房屋租赁给第三者时，出租方应向承租方双倍返还定金；如果承租方不能按双方约定时间签订《房屋租赁合同》，出租方定金不退，出租方有权将该房号租予第三者。

5.意向书于正式租赁合同签署后失效。

出租方：××房地产开发有限公司　　　　承租方：苏宁电器有限公司
法人代表：张××　　　　　　　　　　　地址：×××
身份证：　　　　　　　　　　　　　　　注册编号：
地址：　　　　　　　　　　　　　　　　公司代表：×××
电话：　　　　　　　　　　　　　　　　电话：
E-mail：　　　　　　　　　　　　　　　E-mail：

签约日期：×年×月×日

范文简析：

这是一篇房地产租赁的意向书，标题下方附有文件编号，便于分类存档和日后检索。引言部分紧承标题内容，开门见山，简明扼要地点明签订本意向书的依据和目的。主体部分阐明了当事人各方经过商洽达成的具体意向,包括承租地产的方位、面积,租金,期限,用途,付款办法及其他相关约定。叙述明确、条理清楚,是一篇比较严谨的意向书,为日后双方进一步签订租赁合同奠定了基础。

课后练习

一、填空题

1. _____为进一步合作创造条件,为签订合同或协议打下基础,是协议书或合同的先导。

2. 意向书的特点是_____、_____、_____、_____、_____和_____。

3. 意向书与合同、协议书的最大区别在于_____和_____。

二、简答题

1. 什么是意向书? 它有什么特点?

2. 意向书的格式包含哪些要素? 其写作要注意哪些事项?

三、改错题

下面是一份合资建立公司的意向书,内容不够完整,结构上也存在一些问题。请根据意向书的写作要求,修改下文。

意 向 书

东北铁矿开发有限公司与福州商贸投资集团有限公司经过友好协商,一致同意在福州市合资建立××制造公司。

一、甲、乙双方愿意按中国《合作经营企业法》合办一个合资企业,约定投资人民币1500万元。乙方投资人民币600万元,占投资总额的40%。

二、合资企业的名称为"福州市××制造有限公司",企业地址设在福州市××路××号。

三、合资企业的主导产品是乙方所需的××,产品90%以上由乙方负责在福建及广东一带销售。

四、甲方负责向合资企业提供必需的原材料、配套件、市场信息、样品图纸等;乙方负责立项、组织生产及解决生产场地等。

签订日期:×年×月×日

甲方:东北铁矿开发有限公司　　　　　　　乙方:福州商贸投资集团有限公司

代表:×××　　　　　　　　　　　　　　代表:×××

四、写作训练题

假设你是一名在建筑行业工作的技术员,与另一家同行业的公司进行技术合作,在正式合作前需要签署一份双方合作的意向书。请你根据双方情况,拟写一份技术合作意向书。

第二节 合同书

一、合同的概念

合同在中国古已有之，《周礼·秋官·朝士》："凡有责者，有判书以治则听"；清人翟灏《通俗编·货财》："人产业买卖，多于契背上作一手大字，而于字中央破之，谓之合同文契。"以上古文中提到的"判书"、"文契"即后世的合同。"判"、"契"在篆书中，都有以手持刀剖物的意思，与合同名称的形成有很大的关系。

本节介绍的合同书遵循 1999 年 3 月 15 日起实施的《中华人民共和国合同法》（以下简称《合同法》），是指平等主体的自然人、法人、其他组织之间为实现一定经济目的而设立、变更、终止民事权利、义务关系的协议。

依法签立的合同，对当事人具有法律约束力，并受法律的保护。

二、合同的作用

（1）合同可以提高经济效益，促进国民经济发展，实现国民经济计划。在目前市场经济时代，伴随着生产社会化程度的不断提高，社会分工也越来越细，这就要求各生产和经销部门，各地区、各单位之间的经济活动有机地配合。合同就扮演着协调各生产和经销部门、各地区、各单位之间联系的一种角色、一种形式。因为合同一旦签订，就具有法律效力，合同双方必须依法执行。所以，合同能够肩负提高经济效益、促进国民经济发展和实现国民经济计划的重任。它能够使各个生产和经销部门、各地区、各单位的生产、供应、销售均衡协调地发展，所以，合同又是编制国民经济计划的重要依据。合同的存在，也有利于落实和检验计划的精确实施。当各行业、各部门之间合同按期执行，就意味着国家计划的顺利完成。

（2）合同可以加强经济核算，提高管理水平，促进合同双方的互惠合作。实际上，对于任何签订合同的双方而言，合同对双方都是有强制执行的权利和义务的。《合同法》规定：当事人行使权利、履行义务应当遵循诚实信用原则；依法成立的合同，对当事人具有法律约束力。当事人应当按照约定履行自己的义务，不得擅自变更或者解除合同。一方面，合同双方要讲求诚信，这是一种道德要求；另一方面，合同对合同双方具有法律约束力，这是一种法律要求。因此，一旦合同订立，合同双方不能擅自变更合同，更不能解除合同。所以，为了能够履行合同的规定，合同双方都必须加强经济核算，提高管理水平，只有这样，才能使合同双方互惠互利、精诚合作。在市场化越来越高的今天，合同对签订的双方都是有相当的好处的。当然，对生产企业来说，意义则更为重大。对于生产企业来说，如何做到有效地组织产品生产，如何合理、科学地使用人力、物力、财力，如何尽可能地加强经济核算，提高企业的经营管理水平，真正有效地提高经济效益，合同都有着极大的作用。

（3）合同有利于提高国民的法律意识，促进社会进步，推动社会和谐发展。中国人过去的民间经济交往也有签订合同的，但是，使用的范围比较狭窄，人与人的经济交往，更多时候依靠的是熟人之间的信任。随着社会经济的发展，经济活动已经大大超越了熟人范畴,合同的使用频率也大大增加,这是社会进步的表现,也说明国民法律意识得到了提高。合同的广泛运用,大大减少了不必要的纠纷,这就有利于社会的和谐有序的发展。

(4)合同有利于维护合同双方的合法权益。依法签订的合同,对合同双方都是有效的,双方的权利和义务也很明确。所以合同双方的当事人就有义务按照合同条款履行,遵照合同条款规定的内容执行。如果合同的一方或双方没有按照合同条款履行,可依合同条款规定进行经济赔偿,情节严重的,给对方造成比较大的损失的,经济赔偿手段不能解决的,要给予刑事处理,保护受害一方的合法权益。

三、合同的特点

1. 合法性

合法性是合同的第一个也是最重要的特点。它表明合同的撰写与订立要严格遵守《合同法》的规定。所有违反《合同法》的合同都是无效的,也是不受法律保护的。即便是以合法形式掩盖非法目的的合同也是无效的。

2. 规范性

规范性首先指的是合同的写作要根据《合同法》的有关条款规定,不能随意撰写,要遵循合法性原则;其二,合同的写作格式要规范。每一种合同都有范本,写作时可以根据需要确定。

3. 平等性

平等性指的是订立合同的双方的法律地位是平等的。合同双方均不得将自己的意愿强加给另一方。任何一方以胁迫、欺诈的手段订立的合同,都是无效的。

4. 互利性

互利性是在平等性基础上实现的。互利性指的是合同双方的权利和义务是对等的,如果一方将自己的利益建立在损害另一方的利益之上,就是非平等的合同,也是非互利的合同。当然,这种互利性是在双方经过协商的基础上建立的,事实上,很难做到完全对等的互利。双方当事人经过充分的协商,彼此同意,在充分协商的基础上确定合同条款,那么,即使有一点微末的不对等,这个合同仍然是体现了双方的互利性的。

5. 强制性

在《合同法》规定基础上订立的合同,就是具有法律效力的文书,双方当事人应当严格按照合同条款履行义务。在这个意义上,合同具有强制性特点。任何一方在非法情况下不履行合同条款,都要承担违约责任,严重的要追究法律责任。

四、合同的种类

根据《合同法》规定,合同的种类共有 15 种,即:买卖合同,供用电、水、气、热力合同,赠与合同,借款合同,租赁合同,融资租赁合同,承揽合同,建设工程合同,运输合同,技术合同,保管合同,仓储合同,委托合同,行纪合同,居间合同。各类合同还可以分为各种小类,如技术合同可分为技术开发合同、软件开发合同、技术合作开发合同、技术服务合同以及各种具体的与技术合作相关的合同。

五、合同的格式与写作要点

根据《合同法》的规定,经济合同的形式主要有口头形式和书面形式两种。只有及时履行的经济合同,才能使用口头形式。凡是不能及时清结的经济合同,均应采用书面形式。

书面合同的格式一般由标题、当事人名称、正文、尾部四个部分组成。

1. 标题

合同的标题一般由合同类型和文种名组成,如《委托加工合同》、《房屋租赁合同》、《出口产品销售合同》。有时也可以省略合同类型,直接以《合同》做标题。标题下方一般标明合同编号。

2. 当事人名称或者姓名

在标题左下方,标明"订立合同单位"或"订立合同人",在右边分别写上订立合同单位的全称或者订立合同人的姓名。为了行文方便,通常在名称或姓名的后面用括号标明简称:一方为甲方(或卖方、供方),另一方为乙方(或买方、需方)。如有第三方,可简称为"丙方"。行文中以简称代替当事人名称时,应注意规范及其对应关系,切不可混淆。

3. 正文

(1)体式

合同的正文的体式主要有以下三种:

条款式。条款式是指用文字叙述的形式,将双方协商一致的内容逐条书写下来。这类合同适用于偶尔签订合同的单位和个人使用,或用于内容不固定的合同。

表格式。表格式是指将合同的主要条款分项编印在表格里,当签订合同时,把双方协商好的内容逐项填写到表格里即可。不仅填写方便,而且内容比较周全,可以避免经办人员因缺乏经验而造成的疏漏,也可以省时间,提高工作效率。这类合同适用于企业之间经常性的业务往来所签订的协议。

混合式。混合式是条款与表格两者的结合,往往在表现标的、价款部分使用表格,能一目了然。

(2)内容

合同的正文一般包括以下几项内容:

引言。交代订立合同的原因和依据。这是合同合法性的重要表述,要表明订立合同的当事人各方是在平等协商、自愿互利的情况下达成的一致协议。这部分常采用下面的格式来表述:"为了……根据……(法律)的规定……双方经过充分协商,特订立本合同,以便共同遵守。"

标的。标的也称标的物,是所有合同的基本条款。它是指合同当事人双方权利和义务共同指向的对象。如买卖合同的货物、建设工程合同的工程项目、借款合同的金钱等。

数量。数量是标的的计量,是以数字和计量单位来衡量标的的尺度。为避免在执行合同时产生矛盾和纠纷,标的的数量要写得具体、准确,例如,是毛重还是净重,是以件为计量单位还是以只为计量单位。使用计量单位必须采用国家法定的公制计量单位。

质量。质量是对标的质的规定,具体地说,是对标的物外观形态和内在素质优劣程度的综合限定。这是合同中一项重要的条款,其衡量的标准根据标的的不同而区别对待。例如买卖合同中,涉及产品的质量,对其品种、型号、规格、结构、性能、等级、包装等各项标准要有明确清楚的说明,甚至附图说明,并作为合同的附件。有的还要有实物样品,作为交货和验收的依据。

价款或者报酬。价款或报酬,是取得合同标的的一方向提供方支付的代价。价款通常指买卖商品的货款、财产租赁的租金、借款的利息等。报酬通常指货物运输费、仓储保管费、加工承揽费等劳务费用。除了少数合同采用以物易物或劳务交换外,价款和报酬一般以货币的数量来表示。为实现价款和酬金的支付,本项条款中还应具备有关银行结算和支付方法的条款。

履行期限、地点和方式。

履行期限是指当事人各方依照合同规定全面完成自己合同义务的时间界限。例如,在购销、买卖合同中,履行期限是指供方的交货日期;在运输、仓储、保管、承揽、建设工程合同中,履行期限是指从开始提供劳务或进行工作到最后交付的起止日期。

履行地点,是指当事人依照合同规定完成自己的合同义务所处的场所。如建筑工程合同的履行地点就是建筑工程所在地。买卖合同的履行地点决定于约定的产品交货方式,可能是需方提货的地点,也可能是供方代办托运的地点。

履行的方式,是指当事人完成合同义务的方法或手段(工具)。如在买卖合同中,供方的产品是一次支付,还是分批支付;需方的价款是一次付清,还是分期付款。又如在运输合同中,货物是采用哪一种交通工具来运输等等。

违约责任。违约责任是指当事人一方不履行合同义务或履行义务不符合约定的,应当接受继续履行、采取补救措施、赔偿损失等制裁措施。这是保证履约率、维护当事人合法权益的重要手段。

违约责任条款一般包括两部分:一部分是在合同履行中可能出现的违约情况,另一部分是对发生了这种违约情况,责任方应承担什么责任。违约责任必须双方一致。

承担违约责任的方式主要有两种。一是支付违约金,一方违约,无论给对方造成的损失大小,都必须向对方支付违约金。二是支付赔偿金,如果违约一方给对方造成的损失超过违约金的,应向对方进行赔偿,以补偿违约金不足的部分。支付违约金或赔偿金后,对方要求继续履行合同的,应继续履行。

解决争议的方法。指合同当事人约定的解决争议的方法,包括协商、调解、仲裁、诉讼。

根据法律规定或按合同性质必须具备的条款,以及当事人要求规定的条款,凡法律明确规定该类合同必须具备的条款,在签订合同时必须明确订立。如借款合同,有关法规要求在合同中必须明确规定贷款用途,以便于按计划使用贷款,把有限的资金用到急需的地方去。

附则。标明合同的正、副本的份数和保存情况,以及合同有效期限等。如有附件(表格、图纸、样品等),要写明附件的名称、份数、页数,并把附件附在合同后面。

4. 尾部

合同的尾部一般包括落款、日期以及附项三个部分。

落款。落款在正文的下方,双方当事人在此签名或者盖章。如果当事人为组织,则要写明双方单位全称和法人代表姓名,并加盖公章或合同专用章,由双方法定代表人签名或盖章。签名盖章是合同订立完成并开始生效的重要标志。

附项。包括双方当事人的电话、传真、开户银行、账号、邮政编码等。如果双方有公证或鉴证约定,还要填入公证或鉴证意见、日期、经办人签名等。

日期。以签订合同的日期为准。

六、合同写作的注意事项

1. 遵循法规,符合原则

订立经济合同首先要遵循国家的各项有关法律和法规,符合国家政策和计划的要求;如果合同条款违反国家法律、行政法规、政策和计划,则属于无效的合同。在合同订立过程中,要符合《合同法》规定的平等、自愿、公平、诚实信用的原则,使合同合理有效,受到法律的保护。

2. 条款完整,结构合理

合同必备的各个组成部分不能缺少,主要条款不能遗漏。有些合同在结尾必须写明附件名称、件数,以保持合同的完整性。合同的结构安排要遵循一定的逻辑关系,合理、规范,切忌上下脱节、前后重复或自相矛盾,影响合同的合法性。

3. 用词准确,表述具体

合同是凭证文书,用词准确是保障合同思维严谨、内容周密的手段之一。执笔者要字斟句酌,做到概念明确、表意准确。不使用概念模糊的语言如"最近"、"下个季度"、"可能"、"大概"、"基本上"等。切忌措辞不当、词不达意。例如,有的合同中"终止"与"中止"两词混用,将"中止合同"写成"终止合同",结果遇到所约定的情况发生时,合同自动终止,无法恢复履行合同。

合同的周密严谨还要求每一项条款都要明确、具体地表达当事人的意愿,含糊其辞或过于笼统的表述会造成理解上的分歧,在履行中引起纠纷。例如,一则定货合同的交货日期一栏写明"×月×日交货",它没有明确表达交货的意义是发货还是货到对方,结果引起了合同的纠纷,可见表述太过于笼统了。

4. 书写清晰,文面整洁

合同文面的整洁、美观是合同正规化的重要辅助手段。合同一般要用打印机打印,如用手写,须用钢笔或黑色签字笔,字迹要端正、清楚。成文的合同不得随意涂改,如需要修改、补充的,经双方协商同意后,在更改处加盖双方当事人的印章。

七、合同与协议书的异同

因为合同是经当事人的平等协商而签订的,所以合同有时又称协议书。但合同与协议书具有明显区别,体现在以下几个方面:

1. 内容

合同的内容一般应全面具体,条款详细而周密;协议书的内容可以是具体的,也可以较为原则而概括,条款不必十分周全。

2.应用领域

合同多用于流通领域,协议书广泛用于政治、科技等各领域。

3.条款与格式

合同的签订必须严格按照《合同法》的规定,各项条款齐全,且有惯用、统一的格式;协议书的条款有一定的灵活性,只要双方约定即可,而且没有固定的格式。

合同和协议的使用是相对的。有时,先订一个原则性的协议,条件成熟时再签订具体的合同。有时可以相互替代使用,多数时候不能替代。如2010年6月29日海峡两岸关系协会会长陈云林与台湾海峡交流基金会董事长江丙坤在重庆签署了《海峡两岸经济合作框架协议》;又如百度公司为制定搜索引擎视频源收录的标准而订立的《互联网视频开放协议》等,这里的协议都不能以合同代替。

【范文 5.2.1】

厦门市房地产买卖合同

合同编号:XWFZS—2010—0912

合同双方当事人:

出卖人(甲方)　苏某

买受人(乙方)　陈某

根据《中华人民共和国合同法》、《中华人民共和国城市房地产管理法》及其他有关法律、法规的规定,甲、乙双方遵循平等、自愿、协商一致的原则,经充分协商一致,现就房地产买卖事宜共同签订本合同,以资共同遵守。

第一条　买卖房地产基本情况

甲方出售的房地产坐落于厦门市思明区××路××号××室,房屋用途是住宅,建筑面积98.76平方米,土地使用权取得方式是出让,土地使用年限至2072年12月31日(详见房地产所有权证×××号)。

乙方已充分了解该房地产,愿意购买。

第二条　计价方式和价款

双方约定上述房地产按建筑面积计价,本合同币种均为人民币,折算为每平方米建筑面积成交价为12260元,总价款为1210797元(大写:壹佰贰拾壹万零柒佰玖拾柒元整)。

第三条　税费负担方式

甲乙双方应按规定缴纳办理买卖过户的有关税费。经双方协商一致,相关税费由购买方承担。

第四条　付款方式和期限

在本合同签订之日,乙方向甲方支付叁万元作为定金,定金在最后一次付款时冲抵总价款。乙方同意按以下方式付款:

按揭付款方式:乙方于2010年5月15日前再次支付叁拾陆万元,余款采取银行按揭方式支付;若银行未能批准贷款或者批贷不足,乙方应在接到银行通知之日起叁日内将余款付清。

第五条　交接

甲方在收到全款当日将房地产交付给乙方使用。房地产转让时,房屋所有权和该房屋占用范围内的土地使用权同时转让,原土地使用权出让合同载明的权利义务、房地产共用部位维修基金(本息)、相关设施及水、电、煤气、有线电视随之转移。

甲方负责结清房地产交付前的相关费用(包括水、电、物业管理、卫生费、煤气、有线电视等各项费用);否则,乙方有权拒绝接收,视为甲方违约。

乙方在使用期间有权与其他权利人共同享有本房地产关联的公共部位和设施,并承担相应义务。

第六条　关于租赁的承诺

若本房地产原已出租的,甲方保证已将该出租情况真实全面地告知乙方及承租人,承租人已放弃优先购买权。乙方保证继续履行甲方的原租赁合同,直至租期结束。

第七条　甲方对房地产权属清楚的承诺

甲方保证房地产权属清楚,无债权债务纠纷;如存在其他共有人,则共有人均已同意出售;如为已购公有住房、经济适用房,则同住成年人已同意出售。自本合同生效之日起,若发生与甲方有关的房地产权属或债权债务纠纷,概由甲方负责处理,并承担相应的民事责任,由此给乙方造成的经济损失,由甲方负责赔偿。

第八条　关于户口迁移的约定

甲方承诺收到全款叁个月内,将落户在本房屋的原有户口全部迁出。如甲方未及时迁出户口,每逾期一日按房款总额的万分之五赔偿。

第九条　违约责任

(一)合同签订后,若乙方中途悔约,应书面通知甲方,甲方应在3日内将扣除定金的乙方付款(不计利息)返还给乙方,定金归甲方所有;若甲方中途悔约,应书面通知乙方,自悔约之日起3日内应将收款返还给乙方,并双倍返还定金。

(二)因乙方原因不能及时付清房款的,或者因甲方原因不能及时交付房地产的,视为违约,自违约之日起违约一方按日向对方支付总价款的万分之五的违约金;任何一方违约逾3日以上仍未履约的,视为悔约,另一方有权解除合同,在解除合同时,违约方还应按第九条第(一)款规定承担相应责任。

第十条　争议解决方式

甲、乙双方在本合同履行过程中发生争议的,应协商解决。协商不成的,约定按下列第1种方式处理:

1.提交厦门仲裁委员会仲裁。

2.依法向房地产所在地人民法院起诉。

第十一条　办理买卖登记手续

本合同经双方签章后生效,自生效之日起90日内向厦门市房地产交易权籍登记中心依法申请办理房地产登记手续。

第十二条　附件及补充协议

附件:

1.房地产所有权证(复印件)

2.土地使用证(复印件)

3.户型图(复印件)

补充协议:

无补充协议。

本合同未尽事宜,甲、乙双方可另行签订补充协议。附件及补充协议为本合同不可分割部分,与本合同具有同等法律效力。

第十三条　附则

本合同一式四份,甲方执一份,乙方执一份,厦门市房地产交易权籍中心执一份,银行按揭执一份,具有同等法律效力。

出卖人(签章)　苏某　　　　　　　　买受人(签章)　陈某

身份证号码:　　　　　　　　　　　　身份证号码:

联系电话:　　　　　　　　　　　　　联系电话:

　　　　　　　　　　　　　　　　　　签约时间:2010 年 5 月 5 日

　　　　　　　　　　　　　　　　　　签约地点:厦门

范文简析:

这是一份房地产买卖合同。正文部分采用条款式的写作体式,从对标的物的方位、面积、用途等性质的界定,到计价方式和价款、付款方式和期限,再到关于租赁、权属和户口的各项承诺,以及违约责任和解决争议方式的约定,逐条说明,内容具体,上下条款之间逻辑性强、有条不紊,语言表述精简而清楚。结尾处标明附件及附则,显示了合同的完整性及正规性。

【范文5.2.2】

交通银行借款合同

合同编号:JT59786354

贷款人:交通银行××分行×××支行

借款人:环球木业有限公司

保证人:三联担保公司

借款人为进行生产(或经营活动),向贷款人申请借款,并由三联担保公司作为保证人,贷款人业已审查批准,经三方协商,特订立本合同,以便共同遵守。

第一条　贷款种类:担保贷款

第二条　借款用途:用于补充借款人日常流动资金

第三条　借款金额人民币叁拾万元整。

第四条　年借款利率为 5.31%(按提款时央行挂牌的同期基准利率执行,如遇国家调整利率,按新规定计算)

第五条　借款和还款期限:2010 年 1 月 10 日至 2011 年 1 月 10 日

第六条　还款资金来源及还款方式

1.还款资金来源：借款人经营收入

2.还款方式：按月付息，利随本清

第七条　保证条款

1.借款人必须按照借款合同规定的用途使用借款，不得挪作他用，不得用借款进行违法活动。

2.借款人必须按照合同规定的期限还本付息。

3.借款人有义务接受贷款人的检查，监督贷款的使用情况，了解借款人的计划执行、经营管理、财务活动、物资库存等情况。借款人应提供有关的计划、统计、财务会计报表及资料。

4.借款人到期不履行还本付息义务，贷款人有权要求保证人代为履行。保证人履行连带责任后，有向借贷方追偿的权利，借贷方有义务对保证人进行偿还。

第八条　违约责任

（一）借款人的违约责任

1.借款人不按合同规定的用途使用借款，贷款人有权收回部分或全部贷款，对违约使用的部分，按银行规定的利率加收罚息。情节严重的，在一定时期内，银行可以停止发放新贷款。

2.借款人如逾期不还借款，贷款人有权追回借款，并按原利率上浮50%加收罚息。借款人提前还款的，应按规定减收利息。

3.借款人使用借款造成损失、浪费或利用借款合同进行违法活动的，贷款人应追回贷款本息，有关单位对直接责任人应追究行政和经济责任。情节严重的，由司法机关追究刑事责任。

（二）贷款人的违约责任

1.贷款人未按期提供贷款，应按违约数额和延期天数，付给借款人违约金。违约金数额的计算应与加收借款人的罚息计算相同。

2.银行、信用合作社的工作人员，因失职行为造成贷款损失、浪费或利用借款合同进行违法活动的，应追究行政和经济责任。情节严重的，应由司法机关追究刑事责任。

第九条　解决合同纠纷的方式

执行本合同发生争议，由当事人双方协商解决。协商不成，双方同意由仲裁委员会仲裁或向人民法院起诉。

第十条　其他

本合同非因《借款合同条例》规定允许变更或解除合同的情况发生，任何一方当事人不得擅自变更或解除合同。当事人一方依照《借款合同条例》要求变更或解除本借款合同时，应及时采用书面形式通知其他当事人，并达成书面协议。本合同变更或解除之后，借款人已占用的借款和应付的利息，仍应按本合同的规定偿付。

本合同如有未尽事宜，须经合同双方当事人共同协商，作出补充规定，补充规定与本合同具有同等效力。

本合同正本一式三份，贷款人、借款人、保证人各执一份。

贷款人:交通银行××分行××支行(章)

地址:

电话号码:

借款人:环球木业有限公司(章)

地址:

电话号码:

保证人:三联担保公司(章)

地址:

电话号码:

签订时间:2009 年 12 月 15 日

范文简析:

这是一份银行借贷合同。引言部分简明扼要地说明了订立合同的原因和依据。正文部分以条款式行文,首先确定了贷款的种类、用途、具体金额,然后规定了借款利率、借款和还款期限以及还款资金来源及还款方式,并且详细说明了保证条款,明确了双方的违约责任。结尾处还申明了合同的变更与解除的条件及手续,充分显示了银行合同条款的严密与细致。

此借款合同简明、具体、完备、规范,对合同的履行产生有效的制约作用。

 课后练习

一、填空题

1.合同中双方当事人的权利和义务共同指向的对象,即双方当事人要求实现的目的,称为_____。

2.合同是_____的自然人、法人、其他组织之间设立、变更、终止民事权利义务关系的协议。

3.合同的特点有_____、_____、_____和_____。

4.合同中的_____是对标的物外观形态和内在素质优劣程度的综合限定。

二、简答题

1.什么是合同? 合同与协议有什么区别?

2.合同的立约条款中,哪几个方面内容要特别注意,一定要写清楚?

3.合同中的"双方当事人"一般要怎么写?

三、写作训练题

1.根据下列材料拟写一份订货合同,要求符合合同写作的规范格式

奔腾汽车有限公司(以下简称乙方)在 2010 年内拟从兴宇钢铁公司(以下简称甲方)购买甲方生产的型号为 Z301－B 的国产钢材 120 吨,每吨人民币 4380 元;型号为 J210－

H、厚度为 3mm 冷轧薄板 30 吨；型号为 S620－U、厚度为 4 mm 的热轧薄板 36 吨,冷、热轧薄板的价格均按交货日期的实时价格来计算。甲方要保证产品的质量并可在工业市场行销,按下列特定期限,各分两批交货:5月1日以前,各交二分之一,至9月1日前,全数全部交清。甲方要按时将货运到乙方指定的钢材仓库(江门市新城路100号),运输费由甲方承担。合同签订后,乙方预付总价款的30%;第一批产品交货并通过乙方验收后,乙方再支付甲方总价款的30%;第二批产品交货并通过乙方验收后,乙方支付剩余40%的货款。支付方式为现金支付。如当事人任何一方未按以上约定履行协议的,违约一方应向对方赔款总价款的5%,作为议定之损失补偿。甲、乙双方在本合同履行过程中发生争议的,提交江门仲裁委员会仲裁。本合同一式两份,双方各执一份。

2.根据下面材料写一份购销合同,要求符合合同书的写作规范要求

大洋机电有限公司于2010年6月向永胜柴油机厂购买一批规格为256F的"大力"牌柴油机,质量要求按部颁标准,共300台,每台价格9500元,装运地点是广西玉林市,目的地是广州市。要求永胜柴油机厂要在2010年7月、8月、9月每月下旬,分三批(每批100台)将货送到大洋机电有限公司,运费由需方负担,经需方验收后凭收货单结算。货款分批给付,签订合同后需方先预付货款总额的10%,其余货款在交货后15天内汇到供方银行账户。

第三节　招标书

一、招标和投标概述

1.招标与投标的含义

招标是指招标单位公布招标范围、内容和具体要求,向社会征召合作者承购或者承包的行为。

投标是指响应招标、参加投标竞争的法人或其他组织按照招标方提出的条件和要求,撰写并递交投标书的行为。

2.招标、投标的相关法律

我国1999年8月30日第九届人民代表大会第十一次会议通过了《中华人民共和国招标投标法》(2000年1月1日起施行),使得招投标工作开始有法可依。

3.招投标的程序

(1)招标单位成立招标、评标组织,编制招标文件;

(2)招标方发布招标公告(或招标启事);

(3)标方填写报名登记表,递交投标申请书;

(4)招标方对投标者进行资格审查;

(5)招标方向通过资格审查的投标者提供招标说明书,并接待咨询的投标者;

(6)投标方撰写投标书并密封递交给招标方;

(7)招标方组织揭标会议,当众开标;

(8)招标方组织审标、议标、评标、定标;

(9)招标方向中标方发中标通知;

(10)招标方与中标方签订经济合同。

4. 招标和投标的作用

招标、投标是一种引入竞争机制的现代经营管理模式,已遍及我国国民经济建设的各个领域。在市场经济条件下,它们对搞活经济、促进竞争、推动各项事业的发展起着十分重要的作用。

(1)有利于开展公平竞争。通过招标、投标的方法,搭建一个公开、公正、公平的平台,愿意承包者在项目面前人人平等,凭能力、凭水平、凭质量、凭效率取胜,做到能者上庸者下。这样就能打破垄断,为建设项目、科研项目或商品交易找到一个最佳的合作对象。

(2)有利于加强横向联系。招标和投标可促进企业之间、行业之间、地区之间以至国际之间的经济和交流。有利于管理者打开眼界,学习各种先进技术和管理方法,改进生产工艺,加强科学管理。

(3)有利于实现最佳效益。对于招标者来说,根据自己提出的要求,通过对投标书之间的比较进行择优录用,选出信誉高、能力强的投标者。这样,既节约了成本,尽可能获得最优于招标者的价格,又能提高工程或商品项目的质量,缩短工期或交货期,以较小的支出实现最佳效益。

(4)有利于提升企业素质。对于投标单位来说,在递交了投标书后,同时也承诺了自己能够达到的最高水平,因此在接到中标书时就是接到了压力和动力,他们势必要深挖自己的潜力,努力实现投标书中所提供的条件,进行技术改造创新,自然而然地提升了企业的整体素质。所以,招、投标使企业获得更多的市场机会,并在竞争中求生存、谋发展。

(5)有利于抑制不正之风。规范的招标和投标行为可增加采购和工程建设的透明度,能有效地避免过去暗箱操作的弊端。有能力的单位靠真才实学、科学技术、品牌诚信进行竞争,这就抑制了过去那种为了拿项目而请客送礼、向主管领导行贿的不正之风。

二、招标书的概念

广义的招标书是指在招标过程中形成的一系列文书,包括招标公告、招标申请书、投标须知、中标通知书等。狭义的招标书则指招标公告、招标启事等。本章节所介绍的招标书,是指狭义的招标书,是招标单位在承包建设项目、购买大宗商品或合作经营某项业务之前,将有关项目内容、标准与条件公布于众,从而利用投标者之间的竞争达到优选买主或承包者目的的一种周知性文件。

《中华人民共和国招标投标法》第三条规定,在中华人民共和国境内进行下列工程建设项目包括项目的勘察、设计、施工、监理以及与工程建设有关的重要设备、材料等的采购,必须进行招标:"大型基础设施、公用事业等关系社会公共利益、公众安全的项目","全部或者部分使用国有资金投资或者国家融资的项目","使用国际组织或者外国政府贷款、援助资金的项目"。

招标按其范围可分为公开招标和邀请招标两类。公开招标,是指招标单位向社会公开征召不特定的法人或者其他组织参加投标竞争。邀请招标,是指招标单位向预先选择的数量有限的法人或者其他组织发出邀请,使其参加某个项目的投标竞争。

三、招标书的作用

1.招标书可以及时向社会或公众发出招标信息,启动招标活动的进程。

2.招标书可以让投标人了解招标项目的基本情况,招标的条件、要求以及招投标的程序安排等事宜。所以,招标书是投标人撰写投标书、进行投标准备的重要依据。

四、招标书的种类

1.按招标的内容和目的分,可以分为工程建设招标书、企业承包招标书、企业租赁招标书、大宗商品交易招标书、科技招标书及劳务招标书等。

2.按招标的范围分,可以分为国际招标书和国内招标书。

3.按招标的时间分,可以分为长期招标书和短期招标书。

五、招标书的特点

1.合法性

招标书的制作过程和基本内容要符合《中华人民共和国招标投标法》的有关规定,防止出现诸如行业垄断、地区封锁、虚假招标等违法行为,导致招标书无效。

2.公开、公平、公正性

招标活动是本着"公开、公平、公正"的原则进行的。公开,即招标单位招标的项目内容、招标意图、资金来源、质量要求、工期要求、招标步骤等公开发表。有些招标虽然是通过邀请的方式,但招标的内容和条件在被邀请者的范围内也是公开的。公开和透明性是实现公平和公正性的前提。公平、公正,是指招标书不含地方性、行业性或歧视性的条款,对各个投标单位一视同仁。

3.具体性

招标书是吸引社会上有意者参与投标竞争和撰写投标书的依据,为了帮助投标者详细、具体地了解投标项目的内容,招标书就要把招标的项目、要求、条件、步骤以及完成时间等写得明确、具体,以使投标者充分了解、全面准备。

4.时间性

对于招标方来说,项目或任务的完成都有一定的期限,若有拖延,势必会影响工作任务的进程。因此,招标书里都写有明确的招标时间和招标项目的完成时间,招标书的时间限制是比较严格的。

六、招标书的格式与写作要点

招标书的格式一般由标题、标号、正文、落款四个部分组成。

1.标题

招标书的标题可以有两种形式:

(1)公文式标题,这里又可以分为完整式和省略式。完整式是指标题由"招标单位名称+项目+文种"组成,例如《西南交通大学设备采购招标书》。省略式或者省略了招标单位,由"招标项目+文种"组成,如《拆迁招标书》;或者省略了招标项目,由"招标单位+文种"组成,如《北京市教育局招标书》;或者把招标单位和招标项目都省略了,只写文种,如《招标书》、《招标启事》。

(2)广告式标题,以生动的语言吸引人们的眼球,如《一年一度的垄断"盛宴"——CCTV 广告招标》。

2. 标号

由招标公司制作的招标公告,须在标题下一行的右侧标明招标书的标号,以便归档备查。

3. 正文

招标书的正文包括引言、主体和附件三部分。

(1)引言

简要写明招标单位的名称,招标的目的、依据、范围,招标项目以及招标单位的基本情况。

(2)主体

主体是招标书的核心部分,包括招标项目和招标事宜这两部分。

首先是招标项目的介绍。要写清楚以下事项:

招标项目的技术要求。如果国家对招标项目的技术、标准有规定,招标人应当按规定在招标文件中提出相应的要求;如果国家没有相应的技术、标准规定,则可以按照行业标准或者在不违背法律规则的前提下提出相应的要求。

对投标人的资格审查标准。应写清对投标人的具体要求,包括投标人的资信等级、技术设备、施工质量、社会信誉等。

投标报价要求。是对投标人的报价规则的具体限定,投标人必须遵守这一规定。如果招标人设置了标底,必须严加保密,不准泄露。

评价标准。这是评标委员会结合招标项目的技术要求来对投标书进行综合评定,从技术上、报价上以及其他交易条件上进行比较和分析,从而确定中标人的标准。

其次是招标事宜的说明。包括招标的方式、范围、程序、起止时间,开标的时间、地点,投标文件的编制要求,以及合同格式和主要条款等事项。

(3)附件

为了使正文整洁,把繁杂的专门内容作为附件列于文后,如项目的具体内容、工程一览表、设计勘察资料等。

4. 落款

落款部分主要写明招标单位名称、地址、邮编、电话、传真、联系人及电话等,招标单位加盖公章。最后,另起一行,署上制发日期。

七、招标书写作的注意事项

1. 合法合理,切实可行

拟订招标书时,一方面要认真依照国家的有关法律和政策规定,以使招标书具有合法性和权威性。另一方面,制定条件要从实际出发,切实反映招标单位的全面要求,科学合理地定制投标的条件,保证招标书内容的全面翔实,不可任开条件刁难投标单位,如盲目提高质量标准、拔高设备精度和房屋装修标准等。

2. 内容完整,重点突出

招标书一旦向社会公布,就具有了法律效力,是不能随意补充和更改的。因此,招标书的各个项目内容都要书写周全,不能出现遗漏。此外,还要注意突出重点,尤其是涉及招标项目的介绍和招标事宜的说明,应该写得全面、具体、详尽,而与招标无关的字句应予删去,才能让有意投标者一目了然。

3. 标准明确,语言准确

招标书中各种技术规格应采用国际或国内公认的法定标准。语言表述要准确到位,无论是技术规格、质量标准还是数据描述都要精确无误,避免含糊不清,以致产生歧义。

【范文5.3.1】

福建福清核电厂1、2号机组烟囱流量计设备招标公告

招标编号:×××

福建福清核电厂1、2号机组是由中国核工业集团公司出资营建的商业性核电站,总投资额约260亿元人民币。福建福清核电有限公司作为项目公司负责福建福清核电厂1、2号机组建设和运营。中国核电工程有限公司将承担协议中确定的福建福清核电厂1、2号机组建设的安全、质量、进度、投资、技术与环境控制的项目管理责任,完成从前期文件编制和服务、工程设计、采购、建安、调试等工程总承包工作。

本项目资金来源已落实,本着"公开、公平、公正"的原则,选择质量好、满足供货期、报价合理、性价比高的设备供应商。根据工程建设的需要,对福建福清核电厂1、2号机组DVN烟囱流量计设备进行国内公开招标,现对该设备进行招标公告。

招标人:中国核电工程有限公司

一、招标设备概况

1. 设备名称:DVN烟囱流量计

设备数量:1套,包括:Annubar流量计1台

变送器、变送器安装所需配件及保温箱:共2套

安装附件、维护辅助装置和工具。

(主要技术信息和要求包含在招标文件第四部分《招标技术文件及应标要求》中)

2. 关于设备的技术规格要求:

(1)一般条件

①设备分级:Annubar:3,变送器:1E;

②抗震要求:1I

③质保等级:Q1;

④质量鉴定:RCC—M等级(Annubar):3,质量鉴定等级(变送器):K3;

(2)基本要求

①测量范围:$0\sim17$m/s($0\sim427000$ m³/h)

②精度:Annubar:$\pm1\%$;变送器:$\pm0.25\%$

③可重复性：Annubar：±1%

④寿命：Annubar：40 年；变送器：≥10 年

（3）鉴定要求

①差压变送器应满足 RCC—E 中的相关规定。

②整套设备应耐受 SSE 地震负荷并保持其功能。地震响应谱以后给出。

③对于产品抗震性能的鉴定可采用两种方法：一是力学分析法，二是在地震试验台架上进行抗震试验。如采用第一种方法，供货商应提交详细的力学分析报告。如上试验台架，供货商应提供权威机构出具的抗震试验鉴定报告。

3.交货时间：2011 年 12 月 30 日运抵现场

交货地点：福建福清核电厂 1、2 号机组项目现场

二、招标文件出售

1.招标文件售价：每套招标文件售价人民币 500 元，招标文件售出不退。购买招标文件时，需持授权委托书原件、授权委托人的身份证原件和加盖公章的营业执照副本。

2.发售时间：2010 年 7 月 7 日—13 日，每天 9：30—11：00，14：00—17：00（不包含法定公休日和节假日）。

三、投标文件的提交

1.提交投标文件地点：另行通知。

2.提交投标文件截止期：2010 年 7 月 28 日上午 9：30。

四、投标人资格要求

1.在中华人民共和国境内拥有合法经营权利，具有独立的法人资格，符合国家有关规定，有资格和能力完成本招标货物供货及相关服务。

2.投标人应遵守中华人民共和国法律、法规以及核电行业的相关规定。

3.投标人必须具有履行合同所必要的财务、技术、设计和制造/采购能力，并满足下列要求：

（1）依据中华人民共和国法律注册成立的合法法人实体并在财务上独立、合法运作。

（2）具备百万千瓦级压水堆核电站所投标设备的设计、技术转让、制造/采购和工程实施、质量保证、组织和管理方面的能力。

（3）具备相应（满足国家相关要求的设计、制造、采购、服务等）的合格资质。

（4）投标人能够满足招标人的质量保证体系要求，能够根据其所承担的工程任务和责任制定和实施质量保证大纲，并对质量保证大纲的有效性、所提供的项目质量和服务负责。

（5）投标人须有良好的银行信用和商业信誉，不得处于破产、停业、财产被接收或冻结等任何不利于合同目的的实现的情形。

（6）投标人投标的产品中如有进口的产品和服务，必须获得出口许可证书和/或输出国政府主管当局颁发或批准的出口许可文件，或者不需出口许可和/或出口文件的声明。如果在投标时未能取得出口许可，投标人应提交其能够从有关政府当局取得许可文件的承诺。

（7）投标人注册资本金不应低于 300 万元人民币，近两年的年销售额不应低于 3000

万元人民币。

（8）若投标人为贸易公司或代理公司，投标人必须取得所代理厂家为本招标项目的销售授权证明。

五、投标文件应按招标文件规定时间、地点提交。逾期送达的投标文件将被拒绝。

六、两个以上法人或者其他组织可以组成一个联合体，以一个投标人的身份共同投标。联合体各方均应当具备承担招标项目的相应能力，并签订共同投标协议。

七、报名方式：报名前与下述联系人联系，获取报名备案表格，填写报名表格后加盖投标人公章，传真至010—×××××××。

中国核电工程有限公司（章）
联系人：陆×× 　　电话：（略）
　　　　王×× 　　电话：（略）
邮　箱：（略）
地　址：（略）

范文简析：

这是一份购买设备的招标书，其最大特点是格式规范、中心突出。标题是"招标项目＋文种"式，标题下面有标号，便于存档备查。引言部分用概括的语言介绍了招标单位的名称和基本情况，招标的原则和目的。主体部分详细写明招标设备的各项技术规格和质量标准，以及投标文件出售、投标人资格要求、投标文件提交的地点、截止时间、报名方式等招标事宜。全文层次清晰、语言简明、标准明确，较好地体现了招标书的写作要求。

【范文 5.3.2】

日照市中医医院 2009 年第一次医用耗材采购招标文件

（WSHC—2009—01）

招标邀请通知书

日照市中医医院招标采购管理委员会拟对所使用的部分医用耗材进行公开招标采购。

一、采购品种

常用卫生耗材、低值易耗品、维修材料、部分其他卫生材料。

二、采购周期

2009 年。

三、采购文件获取办法

时间：2009 年 3 月 15 日—3 月 21 日

地点：日照市中医医院×楼×房间

四、经办机构

日照市中医医院招标采购管理办公室

电话：（0633）8290×××

传真:(0633)8290×××

邮编:276800

网址:http://××××××.com

联系人:陈×× 牟××

欢迎符合条件的医用耗材生产、经营企业参加。

日照市中医医院招标采购委员会(章)

二〇〇九年三月

第一部分　投 标 须 知

项号	内 容 规 定
1	综合说明 招标名称:日照市中医医院医疗器械和卫生材料招标 使用地点:日照市中医医院 质量标准:国家质量体系注册标准及进口产品注册标准 交货时间:需方要求 交货地点:日照市中医医院 资金来源:日照市中医医院自筹费用 付款方式:中标单位在合同签订、验收合格后,按实际用量结算
2	投标人资质等级:具有生产或销售资质的专业生产厂家或销售商
3	领取招标文件时交纳:招标文件费用××元/份 递交投标文件时交纳:投标保证金:20000元 收款单位:日照市中医医院 发标时间:2009年3月15日 发标地点:日照市中医医院招标办
4	投标文件正本1本,副本6本
5	投标文件由投标人递交至开标地点。 投标书递交时间:2009年3月16日 投标截止时间:2009年3月21日
6	开标时间:电话通知 开标地点:日照市中医医院
7	评标办法:综合评估法、分段法

第二部分　招 标 书

一、总则

1.合格的投标人

1.1　投标人应为具有生产或销售资质的专业生产厂家或销售商。

1.2　供货商选择原则:信誉良好、实力雄厚、服务到位、质优价廉、证件齐全,尽量选择山东区域或在山东省设有办事机构者,有商品代理权的供货商优先。

1.3　投标人应具备以下资质:(投标时资质文件单独封存一份以备开标时审查,资质

文件原则上提供原件,确实不能提供原件的,必须在复印件上加盖单位公章)

(1)企业营业执照(证件复印件并加盖公司红章)

(2)经营许可证(证件复印件并加盖公司红章)

(3)企业组织机构代码证(证件复印件并加盖公司红章)

(4)企业法人资格证书(证件复印件并加盖公司红章)

(5)企业税务登记证书(证件复印件并加盖公司红章)

(6)法人授权委托书(原件加盖企业公章,并由法人代表签字)

投标费用:投标人应承担其参加本招标活动自身所发生的费用。

二、招标文件

2.投标报价

2.1　报价为一次报价,所有优惠条件随报价一次提交。

2.2　按投标报价表的要求分别报单价、合价、总价;每一部分项只允许有一个报价,任何有选择的报价将不被接受。报价表不允许做任何形式上的改动,任何附加内容均不接受。

3　投标保证金

3.1　投标人应在提交投标文件的同时提交20000元的投标保证金,并作为其投标文件的一部分。投标保证金采用下列形式:电汇、支票,投标人在提交投标文件的同时,提交汇款凭证复印件。

3.2　对于未能按要求提交投标保证金的投标,招标人将视为不响应招标文件而予以拒绝。

4.投标文件的份数和签署

4.1　投标文件正本1本,副本6本。

4.2　产品报价附带电子版表格。

4.3　投标文件的正本和副本均需打印或使用不褪色的蓝、黑墨水笔书写,字迹应清晰易于辨认,并应在投标文件封面的右上角清楚地注明"正本"或"副本",正本和副本如有不一致之处,以正本为准。

三、投标文件的提交

5.投标文件的装订、密封和标记

5.1　投标文件的装订要求:自主装订。

5.2　投标人应将所有投标文件的正本和所有副本分别密封,并在密封袋上清楚地标明"正本"或"副本";资质文件单独密封,开标前审查。

5.3　在内层和外层投标文件密封袋上,均应写明招标人名称和地址,注明下列标志:

(1)招标编号:

(2)招标名称:

(3)开标前不得开封。

四、开标、评标

6.开标

6.1　开标由招标人主持;医院纪委负责开标过程的监督;当投标人少于3家时,由评标委员会根据实际情况确定采取竞争性谈判等方式进行开标。

6.2　开标按下列程序进行：

6.2.1　招标人在规定的时间和地点举行开标会议；

6.2.2　开标会议将检查投标人资质和投标文件，宣布审查投标人资质文件的结果，并宣读有效投标人名单；

6.2.3　由监督办人员和投标人代表共同检查投标文件的密封情况，经确定无误后由工作人员当众拆封。

7.评标

7.1　评标由招标人依法组建的评标委员会负责，开标结束后开始评标，根据厂家的资质、信誉、业绩、报价、售后服务承诺、标书等情况进行综合评议，采取有记名方式进行投票。

五、合同的授予

8.合同授予标准

合同将授予合格中标人。

9.合同的签订

9.1　招标人与中标人将按中标通知书规定的时间、招标文件和中标人的投标文件订立书面合同，招标人和中标人不得再行订立背离合同实质性内容的其他协议；

9.2　中标人与招标人签订合同，中标通知书为合同的组成部分；

10.履约保证金

10.1　合同签署后 3 天内，将中标人缴纳的 20000 元投标保证金转为履约保证金；

10.2　若中标人不能按上一条款的规定执行，招标人将视投标人自动放弃中标，并没收其投标保证金。

附件：技术规格及数量单位

范文简析：

这是一组医用耗材的采购招标文件，其最大特点是规格明确、内容详尽、层次分明。先是由一则《招标邀请通知书》把本次招标的几个基本要素简明扼要地通告给有意投标者。接着，在《投标须知》里用表格的形式对招标项目和投标事宜做了个综合说明。然后，在主体部分（第二章）才对投标的各项事宜进行详细、具体的重点阐述，包括投标人的资质、投标报价、投标文件的编制和提交要求、开标与评标的程序以及合同的授予与签订等。至于招标项目的技术规格和数量单位这一专门而复杂的内容，则以附件形式列于文后。

课后练习

一、填空题

1.招标活动是本着"_____、_____、_____"的原则进行的。

2.招标书在结构上包括_____、_____、_____及_____四部分。

3.主体是招标书的核心部分，包括_____和_____两部分。

二、简答题

1. 什么是招标书? 招标书有哪些种类?

2. 招标书的主体部分必须具备哪几方面的内容?

三、写作训练题

根据下列材料,拟写一份招标书。要求符合招标书的写作要求,格式规范、层次清晰、内容完整。

××职业技术学院拟向社会招标一家超市经营管理公司。该校现有在校师生近8000人,有两处学生服务部:一处位于学生食堂,面积约 300 平方米;一处位于学生宿舍 1号楼,面积约 265 平方米。超市主要供应师生日常用品和副食品,经营时间初定为 2009年 2 月 25 日至 2011 年 7 月 15 日。学院负责提供现有房屋和水电设施,装饰费用由经营方自理。超市所用的水电,由学校按表读数按月向经营管理超市的公司收取所用水电费等相关费用。超市所供应的物价不得高于市场价。进货需建立电子台账、档案卡,不得经营"三无"(无商标、无生产日期、无厂家)食品,遵守国家食品卫生法要求。投标人必须是2007 年以前工商登记在册的,有较强的经济实力(注册资金不少于叁拾万元)、经营能力、良好信誉及服务能力的超市服务企业。本招标项目按照"公开、公平、公正"和诚实信用的原则、民主评议原则和择优中标的原则进行招标。本项目的招标工作请监察部门参加,接受监督。

时间安排如下:

2009 年 1 月 5 日前报名,1 月 15 日下午 15:00 评标,评标结果当场公布。

2009 年 1 月 19 日与中标公司签订合同。

开标地点:××职业技术学院综合楼一楼会议室

报名地点:××职业技术学院总务处办公室 102 室

第四节 投标书

一、投标书的概念

投标书是专门针对招标书的应答,是指投标者根据招标单位提出的招标条件,对自身的投标条件进行自我审核后,向招标单位提出自己投标意向的书面材料。

二、投标书的作用

(1)投标书可以让招标单位了解投标人的投标条件,如投标单位的组织机构、经济实力、设计思路、技术力量、报价等,为中标提供条件。

(2)投标书是招标人确定其中标与否的重要依据,为招标单位选择最佳的合作者提供了依据,也是中标以后双方合作的基础。

(3)投标书是投标者战胜竞争对手的有力武器。招标、投标活动的目的决定了投标书之间的公平较量。投标书作为各投标者实力的载体,投标者之间的比较就是投标书之间的比较,只有拟好一份优秀的投标书才有可能在众多投标者中脱颖而出。

三、投标书的特点

1.真实性

投标书内容的真实可靠是其有效性的前提和保证。虽然投标单位之间存在激烈的竞争,但投标人切不可为最后的中标而不择手段。对本单位基本情况的介绍要实事求是,不夸张、不虚报,对招标方给出的应答和承诺应在自己的实力可以兑现的范围内,切实保证投标方案的具体可行。

2.竞争性

招标就是为了在投标书之间进行比较和择优,投标书的目的就是要中标,因此投标方案、报价等投标条件的提出要充分体现自己的优势,并结合一定的竞争策略,使招标书具有较大的竞争力。

3.针对性

投标书要按照招标文件的要求进行编制,并针对招标单位所提出的招标条件来应答,尤其要抓住招标单位最感兴趣的如报价、工期、质量等来回答问题,针对性很强。

4.保密性

出于公平竞争的考虑,投标书在开标之前要有一定的保密性,即投标书要密封后才送到招标单位,未密封的投标书视为无效。

四、投标书的格式与写作要点

投标书一般由标题、抬头、正文、落款四部分组成。

1.标题

投标书的标题一般由投标单位名称、应标项目和文种组成,如《××污水处理厂土建工程监理投标书》,这是完全式标题。也可以用省略式标题,由投标单位名称和文种组成,如《上海第三建筑工程公司投标书》;或者由应标项目和文种组成,如《客车租赁投标书》;或者直接用文种做标题,如《投标书》、《投标答辩书》。

2.抬头

即主送单位,应顶格写明招标单位的全称。

3.正文

正文可分为引言、主体和附件三部分。

(1)引言。引言首先要说明投标单位的名称,投标的依据、目的,对所投项目的态度,还可以简要介绍本单位的基本情况,如企业的规模、性质、资质等级等。

(2)主体。主体是投标书的核心,是直接关系到中标与否的关键。这部分要依照招标书的要求,认真细致地写好以下几方面内容:

投标单位的现状分析。包括企业规模(固定资产、设备状况)、级别、应标能力(专业人才、技术力量、服务质量、以往业绩)等。

投标项目的具体指标。包括报价(总承包价及价格的组成分析)、主要材料指标、保证达到的工程质量标准、完成时间,以及其他承诺和事项说明。

实现指标、完成任务的措施。包括经营方针、经营目标、施工组织、管理方法和进度安排等。

由于投标项目不同,具体交代的事项会有所不同,写作时应具体问题具体分析,不要一概而论。

(3)附件。可以把一些图纸、表格以附件的形式附在文后,如工程量清单、标价明细表、工程的主要材料表、设备明细表、担保单位的担保书等。

4. 落款

写明投标单位的全称及其负责人、联系人,单位的地址、电话、传真、邮编等,并加盖投标单位的公章,最后写上制作日期。

五、投标书写作的注意事项

1. 遵守法规,合法有效

撰写投标书时,应认真依照国家颁布的有关投标的具体办法和技术规范,使投标书的内容合法有效。投标书的内容一经确认,任意更改会导致违约并承担相应的责任。因此必须按自身的实际能力慎重地确定目标、做出承诺。

2. 了解情况,知己知彼

"知己知彼,百战不殆。"动笔之前,投标人至少要先深入了解三个方面的情况:首先,是招标公告中对招标项目的各项指标要求,如报价要求、技术指标、资格等级、评标标准等。其次,是招标活动事宜,如招标范围、方式、程序、起止时间、投标文件编制要求等。最后,是招标项目的市场情况,如市场价格、成本价格、供需情况等,力求在调查研究和准确分析的基础上,对市场信息有一个准确的把握,然后,才进行该项目的成本核算,给出一个合理的报价。这样既能展示自身的竞争力,又能在中标后获得一定的经济效益。

3. 内容真实,实事求是

投标者对自身条件和能力的介绍要实事求是,决不能为了中标而造假。因为一旦中标,必须履行投标书里的全部承诺。若不实事求是,必然为今后合同的履行埋下隐患,将使双方遭受经济损失。

4. 突出重点,凸显优势

投标书的内容要针对招标单位所提出的招标条件来应答,对于招标单位最感兴趣的某些条目,如报价、技术、设备、质量、工期等,应做重点、详细的说明。在此基础上,要有针对性地突出自己的优势和强项,如质量方面,如果自己具备特别优越的条件或曾经出过很优秀的成果,应当重点介绍和宣传。这样,可以增强投标人的竞争力,加大中标的机会。

5. 抓紧撰写,注意时效

每份招标书对投标时间都有明确的限制,所以投标人从报名参加投标开始,就要抓紧时间全面了解招标情况和市场信息,尽快搜集各方面的资料,尽早编制好投标文件,以免贻误时机。

【范文 5.4.1】

园林绿化工程投标书

××市水文局办公室:

在认真研究了贵办水文花园园林绿化工程招标文件及工程的图纸和其他相关资料,并勘查了工程现场后,我公司(咸宁长青绿化种苗有限公司)现正式提出,愿意以人民币×

××万元的总承包价承包水文花园园林绿化工程的施工任务,并同意按照该工程的图纸、合同条款、施工细则和工程量清单以及招标文件中其他有关条款进行施工。

本投标书由下列文件组成:

一、投标报价书(具体内容略)

二、授权委托书(具体内容略)

三、质量承诺书(具体内容略)

四、工程量报价单(具体内容略)

五、施工组织设计表(具体内容略)

我公司宣布并同意下列各点:

1.一旦我方中标,我方将保证按投标书着手承建准备,并保证在 2012 年 6 月 10 日以前完成并移交整个工程,同时,我方将按规定交纳履约保证金(合同金额的 5%)共计×××元,工程风险抵押金(合同金额的 10%)共计×××元。

2.我方的投标书从开标日期 2011 年 10 月 10 日起 3 天内有效,在此期间该投标书始终对我们保持约束,我方保证不改变投票总金额,并随时接受中标。

3.投标保证金在投标有效期内,如果我方撤回投标书或不参加开标仪式,或开标后修改投标总金额,或在接到中标通知书后 2 天内拒签合同,则贵办有权没收这笔投标保证金。

4.我方理解你们不保证报价最低的投标单位中标。我方同意负担直至合同协议签署时,为此次投标所发生的一切费用。

5.附件:投标人资质证书(复印件)

6.有关本投标书的所有正式通信应至:

地址:××市××路××号

邮政编码:

电话:

传真:

代表:×××、×××、×××

投标单位:××市长青绿化种苗有限公司(章)

法人代表:×××(章)

投标日期:2010 年 10 月 10 日

范文简析:

这是一份绿化工程投标书。标明由应标项目加文种组成,称呼具体明确。导语部分简洁明了地介绍了投标单位的名称、投标的依据、总承包价以及对所投项目的态度。主体部分包括投标报价,工程开、竣工日期,交纳的保证金,投标的约束力,对招标人提出的责任、义务表示理解等内容。全文层次清楚、结构完整、表述得体,能够使招标单位对投标方的基本情况和投标意愿都有明确了解。

 课后练习

一、填空题

1.投标文书的特点是_____、_____、_____和_____。

2.投标书的标题一般由_____、_____、_____组成。

二、简答题

1.什么是投标书？投标书具有什么特点？

2.投标书的结构包括哪几个部分？写作投标书需注意哪些问题？

三、写作训练题

下面是一份《工程施工投标书》，请阅读并回答：

1.这则投标书开头缺少了导语，请根据导语的写作方法为之拟一段导语。

2.本文的主体部分包含哪些内容？还有哪些条款是必须补充的？

培训楼工程施工投标书

安徽××职业技术学校：

一、综合说明

工程简况：培训楼一幢，建筑面积 10700 m²，主体 6 层，局部 2 层。楼全长 80 m，宽 40 m，主楼高 28 m，二层部分高 9 m。基础系打桩水泥浇注，现浇梁柱板。外粉全部，玻璃马赛克贴面，内粉混合砂浆彩面涂料，个别房间贴壁纸。全部水磨地面，教室呈阶梯形，个别房间设空调。

二、分项标价（略）

三、主要材料耗用指标（略）

四、工程总报价

总标价 3408395.20 元，每平方米造价 370.23 元。

五、质量保证

全面加强质量管理，严格操作规程；加强各分项工程的检查验收，上道工序不验收，下道工序决不上马；加强现场领导，认真保管各种设计、施工、试验资料，确保工程质量达到全优。

六、主要施工方法和安全措施

安装塔吊一台、机吊一台，解决垂直和水平运输；采取平面流水和立体交叉施工；关键工序采取连班作业，坚持文明施工，保障施工安全。

七、对招标单位的要求

招标单位提供临时设施占地及临时设施 40 间，我们将合理使用。

八、坚持勤俭节约原则，尽可能杜绝浪费现象

九、附件

本公司基本情况介绍（略）

投标单位：××建筑工程总公司（公章）

负责人：李××（盖章）

电话：×××××××

传真：×××××××

第五章

财经广告文书写作

教学目标

了解广告类文书的特点及作用。

熟悉广告文案写作的基本原理。

掌握财经广告类文书的写作技巧。

教学重点

掌握产品广告、产品说明书、产品启事、海报的正确写法。

教学难点

财经广告文书的写作技巧。

【导入新课】

无论中外,广告都可以说是历史悠久、渊源深广。从最早的物物交换开始,广告就与人们的日常生活结下了不解之缘。"广告"一词,源于拉丁文 Advertere,意为"唤起大众对某种事物的注意,并诱于一定的方向所使用的一种手段",可简单译为"注意""诱导"等。到中古时代(约公元 1300—1475 年),演变为 Advertise,它的含义是"使某人注意到某件事",或"通知别人某件事,以引起他人的注意"。《现代汉语词典》(2005)中,"广告"的意思是"向公众介绍商品、服务内容或文娱体育节目的一种宣传方式,一般通过报刊、广播、招贴等形式进行"。这个定义即便在当时(2005)也有点过时,因为,无论是电视广告,还是网络广告都已经很普遍了。

人们通常将广告的定义分为广义和狭义两种。广义的广告是指一切向公众传播信息并引起人们注意的手段,如通知、声明、启事、布告等。1994 年 10 月第八届全国人大常委会第十次会议通过了《中华人民共和国广告法》(以下简称《广告法》),明确指出:"本法所称广告,是指商品经营者或者服务提供者承担费用,通过一定媒介和形式直接或间接地介绍自己所推销的商品或所提供的服务。"可见,《广告法》所述的广告就是指狭义的广告,人们通常称之为"商品广告"或者"经济广告"。

实际上,自古以来,广告的形式就很多。比如直接展示或叫卖商品就是广告的方式,这种方式现在也还能常常见到。无论是《诗经》中"氓之蚩蚩,抱布贸丝",还是今天在大街小巷中常常听到的叫卖声,都是广告,有的叫卖声还很有节奏,声调悠扬。

各种招牌、幌子、海报也是广告的形式。大家最熟悉的杜牧的诗句"千里莺啼绿映红,水村山郭酒旗风"中的"酒旗"即幌子,也就是广告了。

印刷术发明后,广告的发展就开始走向大众了。《成功的广告人》一书中说到国内现存最早的工商业印刷广告实物之一,是上海博物馆所藏的北宋时期济南刘家针铺的广告铜板。它的面积四寸见方,中心位置有商标白兔捣药图。广告的标题是商店的名称——刘家针铺。商标的左右有两行较大的字"认清门前白兔为记"。广告的下部的文字说的是商店的经营项目等:"收买上等钢条,造功夫细针,不误宅院使用;客转为贩,别有加饶。请记白。"

在西方,1473年,英国第一个印刷家威廉·凯克斯顿印刷了许多宣传宗教书籍的广告,这些广告张贴在伦敦的街头,开创了西方印刷广告的先例。1650年,第一则广告出现在英国一家报纸上,内容是英国历史学家亨利·桑普斯悬赏寻找12匹被盗的马。从此,广告就与大众传播工具结下不解之缘。

在我国,新中国成立后,广告长期不见诸媒体,主要是因为在计划经济时代,根本用不着广告。但自从1979年3月15日上海电视台出现第一条商品广告后,广告在中国的发展可以说是日新月异。2012年,仅央视广告预售额就达到142.5757亿,比2011年的126亿增长了12.54%。其中,茅台以4亿的价格获得了央视《新闻联播》上年和9—10月的《新闻联播》前报时广告,而中行以7600万元获得2012年1—2月《新闻联播》后第一个10秒的广告。

网站广告的收入也是非常可观的,如2012年Facebook的广告收入可望达到53亿美元,而2011年Facebook的广告收入只有38亿美元。而谷歌的显示广告收入在2012年将达到25亿美元……

广告如此重要,广告业如此发达,同学们在今后的工作中也会经常接触到广告,也可能要撰写广告文书,因此,了解和熟悉广告文书的基本知识,学习撰写广告文书是非常有必要的。

本章涉及的主要是在财经领域使用的广告,所以主要对产品广告、产品说明书、产品启事、消息、海报等广告文书做具体阐述。

第一节　产品广告文书

一、产品广告

产品广告是指通过一定的媒介和形式直接或间接地介绍自己所推销的商品或所提供的服务,以便广泛宣传、促进销售的一种专门经济文书。在当今国内外广告中数量最多、形式最广,它既可以通过广播、电视播放,也可以登报,或者是张贴在橱窗、街头、商店门口等。

二、产品广告的特点

1. 真实性

真实性是产品广告最基本的特点。因为真实是广告的生命,广告的真实性对于树立企业诚信形象、维护企业良好信誉、赢得广大消费者信赖至关重要。《广告法》第三条规定:"广告应该真实、合法,符合社会主义精神文明建设的要求,广告不得含有虚假内容,不得欺骗或误导消费者。"所以,真实性是产品广告必须遵循的第一个原则。

2. 传播性

产品广告仅靠真实性是远远不够的,它必须以传播为手段,才能实现广告的存在价值。传播性是产品广告最重要的功能。产品广告就是要借助一定的媒介和形式向受众介绍商品信息,达到传播、宣传的目的。目前传播产品广告的媒介主要有广播、电视、报刊、互联网,此外还有交通工具、霓虹灯、路牌、手机短信、现场咨询等。广告的目标定位和媒介选择直接关系到广告传播的效果,正确的定位和选择有助于激发受众者消费欲望,促使购买行为的实现,同时实现经济效益和社会效益双赢。

3. 时效性

随着商品经济的不断发展,市场愈加活跃,产品广告已成为推销产品、宣传劳务的最有效方法,因此时效性显得尤为重要。商品广告的设计制作、发布时间、发布区域、媒介选择等运作合理,有助于全面提高广告效果。科学的时效选择是达成广告时效的必要保证。

4. 艺术性

商品广告是一门综合艺术,它充分利用绘画、摄影、语言、音乐、表演等艺术手段,塑造富有创意的艺术形象,让广告内容深入人心,受众在不知不觉中获得审美愉悦。

三、产品广告的作用

随着现代社会的高速发展,产品广告的形式愈加丰富,作用愈加明显。具体表现在以下几个方面:

1. 传播信息,指导消费

"商品经营者或者服务提供者承担费用,通过一定媒介和形式直接或间接地介绍自己所推销的商品或所提供的服务。"这一含义的界定,表明广告的目的就是传播产品信息,指导受众消费。广告主可以通过各种媒介让受众了解产品的品牌、性能、功用、服务等信息,激发消费欲望,刺激消费心理,促进购买行为。发挥广告的宣传作用,有利于加快商品流通,繁荣市场,有利于企业提高产品质量,发展经济。

2. 加速竞争,树立形象

在现代社会中,商品广告是一种宣传和竞争的手段,从某种意义上看更是一种投资行为。因此,好的产品广告对塑造企业形象、打造企业品牌、促进市场竞争、促进企业发展有着举足轻重的作用。

3.引领时尚,美化生活

产品广告是融语言艺术、造型艺术、表演艺术、绘画艺术于一体的一门综合艺术。艺术性强的广告将迅速为消费者所接受并广为传播,引领生活时尚,尤其是家电产品、时装、影视等。产品广告的内容通过艺术的表现手法体现出来,受众在接受广告信息的同时,增长知识,陶冶情操。

除此以外,好的产品广告还有着潜移默化的宣传教育作用等。

四、产品广告的格式与写作要点

广告文的格式和写法因广告媒介选择、目标定位、对象、功能等不同,因而没有固定格式,本节仅就产品广告中的文字表达部分(即广告文案)的写作做些介绍。

产品广告一般由标题、正文、广告语、随文四个部分组成,有时也可以省略广告语和随文。

1.标题

标题即广告的题目,它着重表现广告的主旨,是广告文案中最重要的部分,处于广告最醒目的位置。标题的作用是吸引受众,激发其消费欲望。因此,标题写作要高度概括主旨,突出诉求重点,创意新颖独特,语言简洁明了,诱导受众阅读正文。

产品广告千姿百态,标题方式形式多样,常用的有以下几种:直接标题、间接标题和复合标题。

直接标题。直接标题是指用简洁明了的语言表现广告的主要内容,即开门见山式。这类标题常以商标、商品名称或企业名称为标题,快速传达产品信息,吸引受众注意。例如:

想要皮肤好,早晚用大宝

金利来——男人的世界

梦巴黎——你喜爱的法国香水

海鸥表——中国计时之宝和白云山环丙沙星握手,与病原菌、抗药菌拜拜。

间接标题。间接标题是用含蓄委婉的语言透露商品信息,不直接点明主旨,诱发兴趣,引人入胜,读来生动活泼,比直接标题更具哲理性和感染力。例如:

只要青春不要痘——台湾豆丽化妆公司祛斑露广告

十个妈妈八个爱——孩儿面大王

谁能惩治腐败——新飞冰箱

把太阳摘下来——"蓝色沸点"系列眼镜

把根留住——房地产广告

复合标题。符合标题由引题、正题、副题三部分组成,或由正题和副题组成,或由引题和正题组成。引题主要是烘托气氛、吸引注意力,引出正题;正题的作用是突出主旨;副题则补充说明正题,以趋达到完美效果。例如:

引题:四川特产,口味一流

正题:天府花生

副题:越剥越开心

2. 正文

正文是产品广告的主体，是广告标题的具体化，是广告主旨的集中体现。如果说广告标题是为了吸引受众，激发其消费欲望，正文则是为了说服受众，促使购买行为。

正文写作一般由引言、主体、结尾三部分构成。

引言。用于引起下文，它位于正文的开头，主要是点明商品的主要特征。要求语言精练简洁，突出个性。引言有时可以省略。

主体。主体是正文的核心，它要用充分翔实的事实材料和客观理由来宣传商品，增加受众的认知度和信任感，甚至做出购买行为。主体一般包括商品名称、规格、性能、款式、功效、价格以及制作工艺、保养方式等。

结尾。多用简洁的语言激发消费欲望，采取消费行动。

3. 广告语

广告语又称广告口号，一经确定，通常在很长一段时间内反复使用，写作上要言简意赅、朗朗上口、生动形象、彰显个性，在广告中既有灵活性又有稳定性。因而，广告语往往是消费者印象最深的地方。例如：

喝了娃哈哈，吃饭就是香——"娃哈哈"营养液

穿李宁鞋，踏成功路——李宁牌运动鞋

不让我喝百事可乐？想都不要想！——百事可乐公司广告

乘上三峰，一路顺风——三丰汽车广告

4. 随文

随文又叫附文，是对广告正文的有益补充，是指那些在正文之后用来介绍企业名称、地址、电话等信息的文字，其内容大致包括厂名、厂址、经销商地址、电话、传真、联系人、网址等。随文写作要保证信息的完整性和准确性，语言要简洁明了，以免喧宾夺主。

五、产品广告写作的注意事项

1. 内容充实，讲求诚信

产品广告作为一种竞争促销手段，要想获得广大消费者的认可和信赖，必须以真实为基础，以诚信为准则。离开了真实性，商品广告就成为了无源之水、无本之木。因此，广告力求真实，广告主讲求诚信，这不仅是《广告法》的要求，更是保护消费者合法权益、促进广告业健康发展的需要，否则，将适得其反。

2. 创意独特，讲求实效

优秀的广告文案完全是创意的结果，新颖独特的创意广告最易吸引受众眼球，激发受众欲望，增强受众记忆，指导受众行为，商品广告的目标及企业实际效益也因广告主题、结构及语言文字的独特创意得以实现。

3. 目标明确，讲求重点

广告的目标是向受众传播商品信息，刺激消费心理，诱导受众接受或购买商品，因而在写作中要突出诉求重点。广告因传播媒介、发布时间、发布区域的不同，诉求重点也呈现出特殊性和阶段性，如某商品的入市、成长、饱和等阶段不同，广告文案写作的诉求重点也不同，因而明确目标是关键。

4.语言精练,讲求艺术

广告文无论用何种体裁,语言文字都要准确精练、简明生动。只有极富感染力的语言才能诱导受众,激发兴趣,提高认知,赢得信赖。因此,语言的艺术性是产品广告的制胜之宝。

综上所述,产品广告的标题、正文、广告语、随文在广告文案中各自有着独特的作用,各要素写作的质量高低将直接影响到整个广告文案的成败。因此,遵循写作规范,注重写作技巧相当重要。在实际生活中,广告文案的写作若能与画面、音响等因素结合起来,广告效果更好。

【范文6.1.1】

我的朋友乔·霍姆斯,他现在是一匹马了

乔治·葛里宾

乔常常说,他死后愿意变成一匹马。

有一天,乔果然死了。

5月初我看到一匹拉牛奶车的马,看起来挺像乔。

我悄悄地凑上去对他耳语:

"你是乔吗?"

他说:"是的,但现在我很快乐!"

我说:"为什么呢?"

他说:"我现在穿着一件舒服的衣领,这是我有生以来的第一次。过去我衬衫的领子经常收缩,简直是在谋杀我。事实上有一件终于把我窒息死了,那就是我致死的原因!"

"天呀,乔!"我惊讶失声。

"你为什么不把衬衫的事早点告诉我?那我就会告诉你关于箭牌衬衫的事情。它们永远合身而不收缩,甚至织得最紧的深灰色棉布做的衬衫也不收缩。"

乔有气无力地说:"唉,深灰色棉布是最会收缩的了!"

我回答说:"也许是吧。但是我知道'戈登标'的箭牌衬衫是不收缩的,我正穿着一件。它经过机械防缩处理,收缩率连1%都不到!此外,还有箭牌所有的特适领!"

"戈登标每件只卖两美元!"我的介绍达到了高潮。

乔说:"真棒,我的老板正需要一件那种样子的衬衫。我来告诉他戈登标的事。也许他会多给我一夸脱燕麦。天哪,我真爱吃燕麦!"

口号:箭牌——机械防缩处理。

如果没有箭牌的标签

那它就不是箭牌衬衫。

机械防缩处理——如有收缩不合,免费赠送一件作赔。

范文简析:

乔治·葛里宾1929年毕业于威斯康星大学新闻系,当时的美国正遭遇有史以来最为严重的经济危机,葛里宾回到故乡底特律,万般无奈之下,到一家叫哈德森的百货公司卖

刷子。1935 年到扬—罗比凯公司,从广告撰写员开始,到 1958 年时成为这家公司的总经理。在漫长的广告生涯中,葛里宾创作了大量风格独具的广告作品,因此成为五个最早被纽约文案俱乐部评为"杰出撰文家"的人之一。

本文是葛里宾为箭牌衬衫撰写的产品广告文案,这是一个极富创意的产品广告文案。在这个文案中,葛里宾用"我的朋友乔·霍姆斯,他现在是一匹马了"作为标题,显得极富悬念,然后以"有一天,乔果然死了"照应这个悬念,乔为什么会死呢?为什么又变成一匹拉牛奶车的马呢?原来乔是因为衬衫领子太紧窒息而死。然后,再由"我"在惊讶失声中介绍了箭牌衬衫,并且抓住了箭牌衬衫的领子以及箭牌衬衫不收缩的特点来介绍。这则广告文案始终弥漫着一种新颖、独特的创意,包括它童话般的故事结构,所有这一切都使它具有强大的吸引力。这也难怪它会成为世界广告史上最为经典的产品广告之一。

【范文 6.1.2】

商务通——科技让你更轻松

你还在使用破烂不堪的电话号码本吗?您还在为经常忘记约好的事情而尴尬吗?您还拎着沉甸甸的公文包四处奔波吗?信息时代,现代人当然应该配备商务通。商务通全中文掌上手写电脑,体积小,重量轻;操作简单,只需点一下;屏幕超大显示,视感良好;全中文手写输入方式,只要会写汉字就能操作,方便快捷;内置强大处理器,查询速度轻快如飞;独家提供备份卡,确保资料永不丢失。

拥有商务通,让您在轻松的商务生活气氛中,体验事半功倍的快乐感受。

芯片:68EZ328 中央处理器。

系统:MBA98 操作系统(可升级,内置在线帮助)。

显示:10cm 超大屏幕,10 行×10 列汉字。

字体:16×16 点阵国标字型,GB2312 国标字库。

记忆库:50 万字。

外设:50 万汉字备份器(可选配),PC 连接器(可选配)。

外形尺寸:112×75×14(mm),仅比身份证略大。

重量:仅重 105 克。

电池:2 节 7 号碱性电池,每天用 30 分钟可使用 2 个月。

通信端口:串行通信端口 RS232。

全国统一零售价:￥2100

北京恒基伟业电子产品有限公司

北京市车道沟 1 号青东物业大厦西九层

电话:(010)×××××××

传真:(010)×××××××

E-mail:ShangWutong@China.com

范文简析:

这篇广告以"商务通——科技让你更轻松"作为标题,言简意赅,瞬间吸引读者兴趣,诱读下文。正文又以设问的方式制造悬念,引起受众的注意和思考,接着介绍商务通产品的性能、质量、功用、使用方法等,使受众一目了然。特别是对商务通各项技术指标的详细说明,让受众买得放心、用得愉悦。

 课后练习

一、简答分析题

1. 什么叫产品广告? 它具有哪些特点?

2. 从生活中选取几则你最感兴趣的广告,分析广告的作用。

3. 评析下列广告语:

隔壁千家醉,开坛十里香(安徽口子酒广告语)

车到山前必有路,有路必有丰田车(日本丰田轿车广告语)

实不相瞒,天仙的名气是吹出来的(天仙牌电风扇广告语)

雪碧,晶晶亮,透心凉(雪碧饮料广告语)

二、写作训练题

结合产品广告的有关知识,为你最爱的某种产品拟写一则广告,要求标题、正文、广告语、随文各部分内容齐全,突出创意性。

第二节 产品说明书

一、产品说明书

产品说明书,又叫商品说明书,是用文字或图形的方式,对产品的特点、性能、构造、用途、规格、保养、维修、使用方法、注意事项等如实介绍的一种应用文体。它一般以说明为主要表达方式,也是目前常用的经济文书之一。

二、产品说明书的特点

1. 科学性

产品说明书的目的是要向消费者如实地介绍商品的特点、性能、结构、用途等知识,使消费者正确地认识商品,因此,以科学的态度、实事求是的精神向受众传达准确的产品知识尤为重要。同时科学性中也体现它的知识性原则,具体表现为内容的正确性、说明的准确性、数据的精确性等。

2. 实用性

产品说明书是一种实用性很强的文体,它要向消费者介绍相关产品的使用方法和维修保养等知识,指导消费者购买产品,实现商品使用价值的最大化。

3. 条理性

根据一定的逻辑顺序,条分缕析地介绍产品,是产品说明书条理性的体现。条理性的目的是为了让消费者更清楚地了解产品,特别是结构复杂的产品,更要条款清晰、层次分明,如药物说明书一般按药品名称、作用类别、成分、性状、功能主治、规格、用法用量、不良反应、禁忌、注意事项等加以说明。

4. 多样性

多样性是指产品说明书的内容可以或繁或简,或多或少;形式可以灵活多样,既可以纯文字说明,也可以图文并茂,既可以纯中文说明,也可以中英文兼用;单页式、折叠式、书本式……设计独特,制作精美的产品说明书,深受消费者喜爱。

三、产品说明书的作用

1. 如实说明,指导消费

对产品进行如实的解释说明,这是产品说明书的主要作用。任何一款新产品的问世都将吸引受众的眼球,而向受众如实介绍产品的性能、功用、使用方法等知识则是产品说明书的基本职能。在说明书的指导下,广大消费者才能进一步认知产品、购买产品、使用产品,促使商家利益最大化。

2. 宣传产品,传播知识

随着市场竞争的日益剧烈,产品说明书在具备说明功能的同时,更加注重广告的宣传功能。它和产品广告一样,都具有传播产品信息、促进销售的作用,但对产品做出翔实的、全方位的介绍,特别是传播科学知识与操作技能,则更易为消费者所喜爱,况且任何一种新产品的面世均可带给受众新的知识和新的享受。

四、产品说明书的格式及写作要点

产品说明书一般由标题、正文、结尾三部分组成。

1. 标题

产品说明书标题写法多样,一般因文而异。通常由商品名称加上文种名称组成,如"苏泊尔电压力锅使用说明书"、"999感冒清热颗粒说明书"等。有时标题只写"商品说明书"、"产品说明书"或"说明书"等字样。

2. 正文

正文是产品说明书的核心和主体,正文写作质量的优劣直接影响到产品的销售量,因为受众对产品的认知和信赖很大程度上来源于产品说明书的好坏。

正文一般是在开头对标题进行简介说明,给人总的印象。接着具体介绍商品的性能、特点、结构、用途、使用方法、保养与维修、注意事项等方面的知识,不求面面俱到,但必须根据产品的特点突出侧重点,如家电类说明书侧重说明电路原理、产品结构、使用方法及注意事项等,药物类说明书侧重说明药物成分、性状、适应症、规格、用法用量、不良反应等。最后用精练简明的语言,促使消费者认同,从而激发购买欲望。

在形式上,产品说明书多采用条款式,一目了然,便于阅读和借鉴使用,篇幅较短的说明书也可采用短文式说明,概述简明,内容相对完整。

3. 结尾

结尾也叫落款,主要是写明厂家名称、地址、邮编、电话、电传、开户银行、网址等信息。

落款要准确、具体,便于消费者和商家联系。

最后值得关注的是书本式产品说明书,目前占有较大的市场,它一般由封面、目录、前言、正文、封底五个部分构成,制作精致,内容翔实,颇受欢迎。

五、产品说明书写作的注意事项

1. 熟悉产品,实事求是

科学性和知识性是产品说明书的显著特点,真实是产品说明书的基本功能。因此,写作者首先应掌握更多有关本产品及同类竞争产品的有关信息,在充分提炼筛选的基础上,以实事求是为原则,本着对消费者负责的精神,如实地介绍产品的性能、特点、功能、使用方法等知识,不虚夸,不误导,即使商品有缺陷或不良反应,也应在说明书中提及,便于消费者全面地认知并购买产品。

2. 抓住特色,突出重点

产品说明书的写作重点要抓住产品的特性和功用,即其他同类产品没有的优点加以强调,这样才能在市场竞争中脱颖而出。不同类型的产品,写作侧重点也有差异(正文写作部分已有阐述)。说明书突出重点,既是实用性的要求,也是"以人为本"的体现,有利于消费者节省时间,促进购买力。

3. 格式规范,语言简洁

所谓规范,是就说明书的格式而言。《消费者权益保护法》第八条规定,"消费者有权了解商品的产地、生产者、用途、性能、规格、等级、主要成分、生产日期、有效期限、使用方法、售后服务"等情况。一份规范的产品说明书必须根据产品特点,对必备的说明项目作如实说明,否则,就会误导消费者,如药物说明书、食品说明书等最为明显。

所谓简洁,是指说明书的语言要求。精练概括,简明通俗,使消费者一目了然。当然,若能做到图文并茂,说明书效果会更佳。

【范文 6.2.1】

金嗓子喉片说明书

请仔细阅读说明书并按说明使用或在药师指导下购买和使用

【药品名称】

通用名:金嗓子喉片

汉语拼音:Jinsangzi Houpian

【成分】薄荷脑、金银花、西青果、桉油、石斛、罗汉果、橘红、八角茴香油。辅料为:蔗糖、液体葡萄糖。

【性状】本品为黄棕色至棕褐色的半透明扁圆片;气特异,味甜、有凉喉感。

【功能主治】疏风清热,解毒利咽,芳香辟秽。适用于改善急性咽炎所致的咽喉肿痛、干燥灼热、声音嘶哑。

【规格】每片重2克

【用法用量】含服,一次1片,一日6次。

【不良反应】尚不明确

【禁忌】尚不明确

【注意事项】

1.忌烟酒、辛辣、鱼腥食物。

2.不宜在服药期间同时服用温补性中药。

3.孕妇慎用。糖尿病患者、儿童应在医师指导下服用。

4.脾虚、大便溏者慎用。

5.属风寒感冒咽痛者,症见恶寒发热、无汗、鼻流清涕者慎用。

6.服药3天症状无缓解,应去医院就诊。

7.对本品过敏者禁用,过敏体质者慎用。

8.本品性状发生改变时禁止使用。

9.儿童必须在成人监护下使用。

10.请将本品放在儿童不能接触的地方。

11.如正在使用其他药品,使用本品前请咨询医师或药师。

【药物相互作用】如与其他药物同时使用可能会发生药物相互作用,详情请咨询医师或药师。

【贮藏】密封,置阴凉干燥处(不超过20 ℃)。

【包装】铝塑复合膜袋装,每袋装5片,每小盒装4袋。

【有效期】24个月

【执行标准】国家食品药品监督管理局药品标准,WS-5973(B-0973)-2002

【批准文号】国药准字 B20020993

【说明书修订日期】2007 年 8 月 22 日

【生产企业】

委托企业:广西金嗓子有限责任公司

注册地址:广西柳州市跃进路 28 号

受托企业:广西金嗓子药业股份有限公司

生产地址:广西忻城县鞍山路 71 号

邮政编码:545001

电话号码:(0772)2825718

传真号码:(0772)2821456

网址:www.goldenthroat.com

如有问题可与生产企业联系。

范文简析:

这是一篇关于"金嗓子喉片"的药品说明书。用条款式的方法对产品的名称、成分、性状、功能主治、规格、用法用量、不良反应、禁忌、注意事项、药物相互作用、贮藏、包装、有效期等各个方面进行如实的说明,内容翔实具体,语言通俗简明,消费者一看就懂。"请仔细阅读说明书并按说明使用或在药师指导下购买和使用""如有问题可与生产企业联系"等语句充分体现了厂家的人文关怀。落款具体明确,方便和商家联系。

【范文6.2.2】

电炖锅系列产品使用说明书

使用产品前,请仔细阅读说明书,用后妥善保管,以便查阅。

一、产品结构(略)

二、电气原理(略)

三、产品介绍

"方圆"电炖锅系列产品是把中华传统食文化与现代科技结合的成功产物,是环保型厨房家电产品。

紫砂为中国所独有,藏于山腹地层中,是不含任何有害物质的纯天然矿产资源,含有多种人体所需要的微量元素和矿物质,可以平衡食物中的pH值。独特的远红外功能,在加热过程中深层透热,确保食物的营养成分和原汁原味。特殊的分子结构,可以较长时间保持食物不变质。长期使用紫砂锅炖、煮食物,特别有益身体健康。

四、产品特点

1.高品质纯天然黑紫砂内胆,确保食物原汁原味,避免摄入对人体有害的金属离子和化学元素。

2.精选优质原料独家打造的黑紫砂炖盅,炖汤香味四溢、营养丰富。

3.含有多种人体所需的微量元素和矿物质。

4.能活化脂化酶,减少食物中的油腻,降低胆固醇。

5.特殊的微孔透气而不渗水,能保持食物干燥、不返潮,食物能保鲜持久。

6.能通过矿化作用平衡食物pH值,有利于人体碱性健康体质的形成。

五、使用方法

便用前请将功率调节开关拨至(OFF)关挡。

请将炖煮物品放入陶瓷胆内加入适量开水(或将物品先煮开),并将陶瓷内胆放入炖锅铝胆内面,接通电源,指示灯亮,表示炖锅已进入工作。

使用时,按食物炖煮要求,如需快熟,可将开关拨至(HIGH)高挡;如需慢火或延长时间,请将开关拨至(LOW)低挡工作;如需较长时间炖煮,可选用(AUTO)自动挡,该挡位功能使食物在炖煮达到高温时,自动变换低功率工作。各挡位在正常工作,工作指示灯亮(部分用户不了解慢炖原理,误认汤水不快速沸腾为故障现象,水温保持在 95~98 ℃,这正是慢炖原理)。

使用完毕,请将开关拨到(OFF)关挡;拔下电源插头。

六、清洗方法

每次使用后请务必拔出插头并待内胆完全冷却后再开始清洗。

黑紫砂内胆和玻璃盖只需用软布浸中性洗涤剂轻擦即可。

锅内发热盘可用拧干的湿布擦附着的杂物。

切勿将整个锅体放入水中清洗,请勿用水清洗发热盘等,勿将水等液体弄进锅内,以免发生触电危险和功能故障。

长期不使用时请将瓦锅清洗干净,待其干净后收藏。

七、注意事项

使用时,电源电压须符合本说明书规定要求,并使用带有接地的三脚插座。使用过程中,应避免儿童碰触锅体,以防烫伤。

内胆刚使用完,勿即刻放入冷水或较冷食物,且勿用明火烧煮,以防瓷体爆裂。

注意勿将锅体放入水中浸洗,可用软布抹擦锅体内外,陶瓷炖盅可取出放入水中清洗(内胆空着或未放入内胆时,切勿通电干烧)。

在清洗时,严禁用水清洗内胆,否则,将损坏电器元件及发生漏电事故。使用完毕,请注意将开关拨至于(OFF)关挡,并拔下电源插头。如果电源软线损坏,必须用专用软线或从其制造厂及维修部买到的专用配件来更换。

本产品出厂经检验合格,如有质量问题或在使用时出现故障,请勿自行分拆锅体,可参照保修卡有关事项进行维修或保修。

为达到理想炖煮效果,且节约能源,请使用开水炖煮。

八、规格及参数(略)

潮安县方圆五金制品有限公司

地址:潮安县彩塘彩金路 3 号

网址:http://www.gdfangyuan.com

范文简析:

这是一篇关于家用电器的使用说明书,和上一篇药品说明书有显著差别。内容侧重于产品结构、电气原理、产品特点、使用方法、清洗方法、注意事项等知识的介绍,特别是使用和清洗方法的介绍清楚、准确、详尽,可操作性强。语言通俗易懂,消费者一目了然。

 课后练习

一、简答分析题

1.什么是产品说明书?有何特点?

2.联系生活实例,说说产品说明书和产品广告有何异同。

3.请选择一份你熟悉的产品说明书加以评析,并体会产品说明书的重要性。

二、写作训练题

将下面这则产品广告改写成产品说明书。

空气等离子切割机

我厂生产的系列切割机是具有国外同类产品水平的先进热切割设备,只要具备电源就可轻易地切割不锈钢、铸铁、碳钢等一切金属材料。切割厚度从 0.1mm 到 100 mm,比氧切割每年可节省费用 3 万~10 万元,比国内同类产品节能 40% 以上。具有速度快、质量好、控制电路无可动触点、自动化程度高等特点。欢迎春城各工矿企业选用。

××××焊接设备厂

地址:长春市××区××条××号

电话:××××××

联系人:×××

第三节 产品启事 消息 海报

启事、消息、海报同属于告启类文书,即指机关团体、企事业单位,就某具体事项向群众公开陈述、报道、解说,以使周知的一种简短应用文。它们均可张贴、登报、广播、在电视上放映等。本节主要就产品启事、消息、海报做一些阐述。

一、产品启事

(一)定义

产品启事是企业向公众公开说明产品的开发、供销、推广等信息的一种应用文体,它不像公告类公文具有较强的约束力和强制性,多具周知性、商洽性和祈求性。

(二)结构

产品启事一般由标题、正文、落款三部分构成。

1. 标题

标题位于第一行正中,要用大字醒目地写出。标题常用"事由+文种"为题,如"供货会启事";有时直接以"事由"或"文种"为题;有时也以"启事单位名称+事由+文种"为题,如"××工程技术开发公司新科技产品推广启事"等。

2. 正文

标题下一行空两格开始写正文。正文是产品启事的主体,它直接影响启事的效果。一般包括启事的目的、意义、原因、要求等事项,要说得清楚明白、具体可行、简明扼要。正文末尾可用"特此启事""此启"作结,也可不写。

3. 落款

在正文右下方写上启事单位名称和时间,并加盖公章,附上联系地址、电话、邮编、开户行、账号、联系人等。

(三)语言特点

产品启事的语言要明晰、准确、得体,不能含糊其辞、模棱两可,否则达不到启事的效果。

【范文 6.3.1】

订货会启事

10 kg 干洗机每年可洗衣 3 万套,是个人致富、企事业单位办第三产业理想的选择,望君莫失良机。

××集团××干洗机厂,定于 1999 年 1 月 10 日～30 日在××市××饭店召开××干洗机订货会。会议期间由我厂做干洗机操作表演和经验介绍。会中订货,需交定金 1000 元,可享受会中优惠价格和优先提货,敬请各单位和个人届时光临。

××市××干洗机制造厂是我国生产干洗机的专业厂。1990 年晋升为国家二级企业,A 级产品,1989 年获××省优部优产品。1990 年全国首届轻工博览会荣获银奖。

1993 年 9 月又荣获中国保护消费者权益基金会颁发的"全国消费者信得过产品"荣誉证书。1993 年中华国产精品推展会评定××干洗机系列产品为国产精品,1993 年获省轻工精品金奖。产品畅销全国各地。

使用××牌干洗机不需要任何配套设备。不锈钢结构经久耐用,免费调试,免费培训操作人员,长期为用户维修服务,常年提供洗涤剂。本厂同时还生产各种规格的水洗机、脱水机、烘干机及各种档次的熨烫设备。

干洗设备主要产品价格(××有现货供应)

M35E 全自动干洗机 210000 元

DGX—16 kg 电热式干洗机 62300 元

DGX—14 kg 电热式干洗机 58300 元

DGX—12 kg 电热式干洗机 55300 元

DGX —10 kg 电热式干洗机 39300 元

DGX—6 kg 蒸汽加热型干洗机 2980 元

高档熨烫设备 39000 元/套,常用熨烫设备 8060 元/套,羊毛衫放大模具 300 元/套

常驻××订货会地点:××市××路××饭店

订货会时间:×年×月×—×日

联系人:×××

会议电话:

乘车路线:火车站坐××路公汽到××站下车,过桥 50 米即到。

××集团××市××干洗机制造厂

厂址:××省××路××号

厂长:×××

销售科电话:

范文简析:

本文是某干洗机厂为促销产品而组织订货会的启事。主体部分先交代了启事的目的、原因及要求,然后详细介绍了制造厂家、产品特色、产品类型、产品价格、定金等内容,

结尾对订货会地点、时间、电话、联系人、厂址等说得清楚明白,具体可行。"望君莫失良机""敬请各单位和个人届时光临"等语句充分体现举办者的热情和诚恳,既简明又得体。

【范文 6.3.2】

<h1 style="text-align:center">新科技产品推广启事</h1>

——"成化"牌复印机臭氧净化器

国际首创发明,高新技术结晶,国家专利产品。

1992 年中国新产品新技术博览会金奖。

1990 年全国防治城市污染新技术新产品优秀项目奖。

1993 年首届中国科学技术博览会金奖。

1993(深圳)国际高科技新产品交流展览会金奖。

连续五届获中国专利新技术新产品博览会金奖及中国专利特别金奖。

复印机操作者的福音——"成化"牌复印机臭氧净化器(实用新型专利号:87205109.9)。

您想消除复印机、誊影机、传真机等产生的废气给您带来的口干、胸闷、恶心、头痛、视力减退甚至可能导致癌变等症状的"复印机综合征"吗?"成化"牌复印机臭氧净化器,将为您解除上述的烦恼与痛苦,带来福音。

用新原理和新技术,跟踪分析,研制成功本高科技专利净化器系列产品。它是集催化分解臭氧为氧气,吸附有机废气和过滤粉尘为一体,独特的净化新技术。其构思新颖,设计美观、合理,经全国数万家用户使用证明,能高效将复印机和誊影机等释放的臭氧浓度降到 0.1 毫米/米^3 以下,有机废气降至 1ppm 以下,低于国际排放标准;并消除粉尘,无二次污染,使室内空气清新,保护身体健康,解决了国际上现代办公的环保难题。该机属国际首创发明,居世界领先水平,净化效果好,性能稳定,寿命长(六年左右才更换净化剂),适应性强,使用安全简便,实行三包,长期维修,免费上门服务,深受中外用户欢迎和赞誉。国家科委、中国环保局等单位均发文,向全国推广使用。

本产品已获国家专利(专利号×××××××)并先后多次荣获国家奖励,系国家重点新产品。由中国科学院成都科成环境工程技术开发公司独家生产,其他一切单位无权生产。目前市场上已发现有本专利产品的仿制假冒品,请广大用户不要上当受骗,认准本专利产品的唯一生产单位"中国科学院成都科成环境工程技术开发公司",并认准专利产品明显的专利号和商标。我们严正警告仿制假冒品的生产单位,必须立即停止侵权行为,否则必追究法律责任。

中国科学院××科成环境工程技术开发公司

公司经理兼法人代表:张××

电话:×××××××

电挂:×××××

传真:×××××××

邮编:×××××

账号：××××××

公司地址：××一环路南二段×号中国科学院××有机化学研究所内

开户行：工行××分理处

范文简析：

这是一个新科技产品"成化"牌复印机臭氧净化器的推广启事。该启事介绍了产品的科技成就，并以生动的语言介绍了它的功能，如"您想消除复印机、誊影机、传真机等产生的废气给您带来的口干、胸闷、恶心、头痛、视力减退甚至可能导致癌变等症状的'复印机综合征'吗？'成化'牌复印机臭氧净化器，将为您解除上述的烦恼与痛苦，带来福音"，完全是站在消费者的角度来推广产品的，这就显示出它的人文关怀。结尾部分对厂家的说明也详细具体，完全符合产品启事的写法。

二、产品消息

当今是高科技、信息化的时代，市场竞争渐趋剧烈，各种产品千姿百态，产品消息更是层出不穷。

（一）定义

产品消息是指报纸、杂志、电视台、广播等媒介为企业传播产品的开发、供销、推广等情况时所使用的一种简短应用文。有时企业自己也可以通过一定的途径传递信息，如路牌、橱窗等，便于消费者和经销商及时获得产品消息，促进购买计划。

（二）写作注意事项

产品消息没有固定的写作格式，但是，在实际工作中，写作产品消息可注意以下几点：

1. 深入了解产品情况，确保真实性

如产品名称、产品特点、产品价格、产品产地、经销单位名称、地址电话等，确保各项信息准确无误。

2. 消息写作结构规范，突显层次性

产品消息一般由标题、主体、结尾三部分构成。标题写法灵活，无固定格式，如"好消息""××大减价"等；主体介绍消息的具体内容，如××公司新到商品××，其特点、价格、用途是什么，最后再写一句热烈欢迎××选购之类的话；结尾在正文右下方写明发消息单位的地址、电话、联系人等情况。

3. 消息篇幅短小精悍，体现实用性

产品消息篇幅短小，准确、简洁、通俗的语言既能使所有公众一目了然，又有利于消息的传播和蔓延，这也正是消息实用性的表现。当前，产品消息使用范围极其广泛。

【范文 6.3.3】

产品消息

"长虹""康佳"买回家

5年包修钱不花

"长虹""康佳"郑重承诺:5 年全免费包修

敬告广大用户:

凡购买长虹、康佳彩电者,请向指定经销商索取 5 年保修卡,无卡者将不予包修。

持此广告购买彩电者,可获精美礼品一份。

××总经销

地址:××县贸易大厦一楼

××县商业大厦电器城

联系电话:×××××××　×××××××

经理:×××

范文简析:

这是一则产品促销消息。篇幅短小,文字精练。它主要是向消费者传达长虹、康佳彩电的产品优势,特别是"5 年全免费包修"的说明更能刺激消费心理,"可获精美礼品一份"直接促使消费者付出购买行为,又便于传播。

【范文 6.3.4】

好消息

岁末清仓,亏本大甩卖

春节即将来临,本超市所陈列商品一律亏本甩卖,最低 2 折,最高 5 折,物美价廉,恭请广大顾客进店挑选。促销商品付款后概不退货,特此声明。承蒙惠顾,热烈欢迎。

××超市

×年×月×日

范文简析:

这是日常生活中常见的一则商品消息。主要向顾客传达商品促销信息,一是低折扣,迅速吸引顾客眼球,刺激消费欲望;二是售出概不退货,既提醒顾客精心挑选,又维护商家自身利益。结尾表明自身的诚恳态度。

【范文 6.3.5】

桂林××大酒店开业特惠消息

时间:即日起至×年 4 月 30 日推出开业特惠房价

费用:单人每晚人民币 688 元,双人每晚 788 元即可入住豪华客房,并享用免费早餐。

全新开业的桂林××大酒店更首推"漓江至尊逍遥游"奢华套餐,套餐包括入住桂林××大酒店行政套房两晚、享用每日丰盛免费早餐及豪华阁行政楼层专属特惠、搭乘专属游艇游览漓江美景 90 分钟,并在游艇上享用行政总厨为客人现场烹饪的顶级美食。

该套餐即日起至×年 10 月 31 日有效。

范文简析：

这是酒店的特惠消息,属于与旅游消费有关的产品消息。该消息从时间、费用,以及奢华套餐等服务项目进行了介绍。最后,告知特惠消息的截止日期。

三、产品海报

(一)定义

产品海报是向公众报道或介绍有关产品的消息时所使用的一种招贴性的应用文体。它用大纸张、大字体醒目地写出内容,一般张贴在人群密集或较为醒目的地方,有的刊登在报纸上或在电台、电视台播放。产品海报具有宣传性、艺术性、灵活性等特点。

实际上,海报的形式是很多的,如今,人们只要走在大街小巷,都会看到不少海报,如果你去超市,更是可以看到不同的海报。有的超市甚至定期或不定期地印刷出设计精美的海报发放或邮寄给顾客。限于本书的体例,主要讲文字海报,至于与它们相搭配的文字本身的设计和相关图案设计等,则略去不提。在这个商业文化越来越发达的时代,海报与人们的生活可以说是越来越密切了。

(二)产品海报的格式及写作要点

产品海报的写法自由灵活,无固定之规,但一般包括标题、正文、结尾三部分。

1. 标题

标题是产品海报的主题,是内容的聚焦点。醒目、新颖的海报标题能瞬间激发公众的热情,产生"一见钟情"的效果。标题写在第一行正中间,用大而醒目的字体标明,如"海报""促销"等,字体灵活多变。

2. 正文

正文是产品海报的主体,是内容的具体化,尽管海报内容千差万别,但正文写法大致包括三个方面:

活动性质:如"新产品上市""产品销售"等,让人一目了然。

情况介绍:如产品销售的货物名称、质量、价格、数量、活动方式、注意事项等要简明介绍,迅速吸引公众。

时间、地点:举行活动的时间要明确、具体,如"本月 15 日(星期日)上午 9 点 30 分""本市××区××路××号××商厦×楼"等,必要时也要写明乘车路线。

3. 结尾

在正文之后,一般另起一行用稍大的字体书写"莫失良机""欢迎参加"等语句作结。另起一行,稍后写落款,包括主办单位名称、书写海报的时间等。

(三)产品海报写作的注意事项

1. 内容真实可信。真实是广告的生命,也是海报的生命。货真价实,方能获得公众的认可和信赖,任何吹嘘、欺骗公众的行为都会适得其反,甚至毁坏商家的信誉。因此,产品海报必须以真实为基础。

2. 语言简练生动。点睛式的标题,精练的文字,生动的语言,短小的篇幅,是产品海报的显著特色,若再增加一点鼓动性,唤起顾客的购买意识,则效果更佳。

3.设计新颖独特。产品海报写法灵活,形式多样,变换色彩,添加图案,设计巧妙,新颖独特。创造销售气氛,提高销售量,提升企业品牌形象,用强烈的艺术效果吸引公众,是海报的制胜法宝。

【范文 6.3.6】

一元钱存款

用手掬一捧水,水会从手指间流走。很想存一些钱,但是在目前这种糊口都难的日子里,是做梦也不敢想的。先生们、女士们,如果你们有这种想法的话,那么请您持一本存款簿吧。它就像是一个水桶,有了它,从手指间流走的零钱就会一滴一滴、一点一点地存起来,您就会在不知不觉中有一笔可观的大钱了。我们千代田银行是一块钱也可以存的。有了一本千代田存款簿,您的胸膛就会因充满希望而满足,您的心就能在天空中飘然翱翔。

范文简析:

第二次世界大战后,日本的财阀、财团被要求解体或改名,历史悠久和有着良好信誉的三菱银行被改名为千代田银行。千代田银行当然没有三菱银行的名气那么大,因此,生意萧条是必然的。当时在业务部的岛田晋在冥思苦想后,想到了"一元钱存款"的营销策略,于是千代田银行就贴出了这份经典的海报。这份海报具有很强的宣传鼓动性,同时,它的态度是很诚恳的,也是完全为顾客着想的。其中的核心内容是宣传一种积少成多的储蓄理念,这个理念即使在今天也远未过时,所以银行"请大家持一本存款簿","它就像是一个水桶,有了它,从手指间流走的零钱就会一滴一滴、一点一点地存起来,您就会在不知不觉中有一笔可观的大钱了"。而且告诉顾客们"我们千代田银行是一块钱也可以存的",当时银行基本上是不存一块钱这么少的钱的。这显然对战后日本许许多多普通百姓有很强大的吸引力。而它的结尾更是充满了美好的想象——这个想象也是为顾客着想的——"有了一本千代田存款簿,您的胸膛就会因充满希望而满足,您的心就能在天空中飘然翱翔。"

这个海报在当时产生了很大的影响,原来那些认为自己钱少而没有想过要存款的人都来千代田银行存款了。千代田银行因此渡过了艰难的时期,同时也为大家树立了新的储蓄理念。从此,"一块钱存款"风行全世界。

📚 课后练习

1.什么是产品启事、产品消息和产品海报?它们在写法上有何异同?

2.某知名化妆品公司即将举行周年庆系列活动,请你代公司拟写一则海报。

3.为你最喜欢的手机品牌写一则促销消息。

4.请你为某房地产楼盘的营销设计一个海报。

第六章

财经法律文书写作

教学目标

了解法律文书的概念、特点、作用、写作要求等基础知识。

熟悉经济起诉状、答辩状、上诉状、申诉状的基本知识。

掌握经济起诉状、答辩状、上诉状、申诉状的写作方法。

教学重点

经济起诉状、答辩状、上诉状、申诉状的概念、作用、特点、写法等基本知识。

教学难点

经济起诉状、答辩状、上诉状、申诉状的写作实践。

【导入新课】

从中央电视台的《今日说法》《中国法制报道》，一直到山东卫视的《说事拉理》、北京电视台的《法治进行时》、重庆卫视的《拍案说法》、辽宁卫视的《王刚讲故事》等等，都是今天大家比较熟悉的法制节目，尤其是《今日说法》更是家喻户晓，里面播放的千奇百怪的法制故事成为观众们了解当代法律法规的一个窗口。此外，《法制日报》《法制文萃报》《法制与新闻》以及各大报刊相关法制的栏目都是大家了解法律法规和法制建设的窗口。

至于当今著名的经济案例，像前中国足协副主席南勇案，原浙江本色控股集团有限公司法人代表吴英案，以及备受关注的三氯氰胺、黄曲霉素、毒胶囊事件，都吸引了众人的关注。在这些案件中，就涉及法律文书的问题，所以，了解和学习法律文书的写作知识是必要的。如果你恰好又从事这方面的工作，就更需要了解和学习；即便你不直接从事法律工作，只不过是在经济领域工作，还是需要了解和学习法律文书的基本知识，说不定哪一天就用上了。

法律文书，是公民、法人、国家机关及其他组织在处理各种法律事务时依法制作的一切具有法律效力和法律意义的文书的总称。

法律文书内容繁杂,体系庞大,从不同的角度可作不同的分类。按文书用途划分,可分为侦查预审文书、行政裁判文书、狱政文书、公证文书、仲裁文书、律师业务文书、诉状文书等。其中,诉状文书是指案件当事人(公民、法人或其代理人)为维护和实现自身的合法权益,依照法定程序进行诉讼活动时所制作的文书。根据案件的性质不同,它可分为刑事诉状文书、民事诉状文书和行政诉状文书三大类。

由于经济利益的冲突,生活中往往会出现各种经济纠纷,如土地纠纷、专利纠纷、产权纠纷、商标纠纷、经济合同纠纷等。在这些纠纷中,若当事人之间协商调解无效,都可以诉诸法律,请求司法机关予以裁决。仲裁和诉讼都是具有法律效力的解决经济纠纷的方式,涉及的文书有仲裁申请书、仲裁答辩书、起诉状、答辩状等。

本章将要介绍的,正是使民事诉讼程序得以正常进行的四种常见文书——起诉状、答辩状、上诉状和申诉状。

我们希望大家通过学习法律文书,在今后的工作和生活中处处彰显法律的效用,彰显法律的精神,让法律的精神进入我们的心灵……

第一节　经济起诉状

一、经济起诉状

经济起诉状,是指经济纠纷案件的原告或其法定代理人,在自身的经济权益受到侵害或与他人发生争执时,为维护自己的合法权益,依照事实和法律,根据法定程序,向人民法院提起诉讼,请求依法裁决的一种诉状。

根据《民事诉讼法》第 109 条规定,起诉应当向人民法院递交起诉状,并按照被告人数提出副本。对于书写起诉状确有困难的公民,可以口头起诉,由人民法院记入笔录,并告知对方当事人。

人民法院收到起诉状或者口头起诉后,经审查,认为符合起诉条件的,应当在 7 日内立案,并通知当事人;认为不符合起诉条件的,应当在 7 日内通知原告不予受理,并说明原因。诉状内容中如有事实陈述不清、原告未签名盖章、所交物证件数不符等错误,应责令原告在限期之内予以补正,但不能因此而拒绝受理。

二、经济起诉的条件

《民事诉讼法》第 108 条规定,起诉必须符合下列条件:

1.原告是与本案有直接利害关系的公民、法人和其他组织;

2.有明确的被告;

3.有具体的诉讼请求和事实、理由;

4.属于人民法院受理民事诉讼的范围和受诉人民法院管辖。

三、经济起诉状的作用

1. 受理立案的凭据

我国的民事诉讼程序奉行"不告不理"原则。民事诉讼程序的发生,人民法院依法行使审判权,是从民事纠纷当事人的起诉、人民法院对案件的受理开始的。当事人起诉,是启动民事诉讼程序的重要前提。同时,如前所述,原告的起诉还必须符合法定的条件,人民法院才会进行受理、立案,起诉状无疑是衡量起诉是否符合条件的最好凭据。

2. 审理或调解的基础

原告只有在起诉状里把被告的侵权行为或与被告发生争执的具体情况讲清楚,把起诉的理由和法律依据说明白,并向人民法院提出明确具体的诉讼请求,才能使人民法院清楚了解原告的意见、想法和要求,从而为人民法院对案件进行调查了解和依法处理打下基础。

3. 答辩的依据

起诉状不仅能给法院的立案审理带来方便,也为被告的答辩提供了辩驳的范围和据理力争权益的机会。一般来说,被告的答辩状只需针对原告提出的起诉理由、根据和请求事项有的放矢地进行辩驳,不必涉及其他问题。

四、经济起诉状的格式与写作要点

经济起诉状的格式包括首部、正文、尾部、附项。

1. 首部

标题。标题单列一行,居中,写明案件性质和文书种类名称。可写"经济纠纷起诉状"或"经济起诉状"。

当事人及其代理人身份情况。先写原告的基本情况,内容包括姓名、性别、年龄、民族、籍贯、职业、工作单位、住址、电话号码等。如原告是企事业单位或机关、团体,则依次写明单位全称、所在地址,法定代表人姓名、职务和电话号码,企业性质、工商登记核准号、经营范围和方式,开户银行、账号。原告有诉讼代理人的,则在原告的下方另起一行说明诉讼代理人的姓名、性别等个人基本情况,并注明与原告的关系;由律师担任代理人的,则只写律师的姓名、所在律师事务所名称和职务。原告不止一人的,按其请求维护权益之大小由大到小列写,各原告的代理人要分别写在各原告的后面。

被告栏的事项及写法与原告栏基本相同。被告不止一人的,按其应承担责任之大小由大到小列写。由于案件具体情况不同,原告并不一定都能清楚地知悉被告的情况,因而允许原告知道多少写多少。

如果有第三人参与诉讼,要在被告的下面另起一行写明第三人的姓名(或单位名称)等基本情况。如果是涉外案件,还要说明有关当事人的国籍。

2. 正文

这是起诉状的主体,由诉讼请求、事实和理由、证据和证据来源等内容组成。

诉讼请求。即当事人要求法院依法解决的有关经济权益争议的具体问题,这也是起诉的目的所在,如请求法院判令对方履行合同、给付货款、赔偿经济损失、清偿债务等。如果涉及钱款,应写明其具体数额。

提诉讼请求。一要明确具体,不能含糊笼统、模棱两可;二要实事求是、合理合法,不要提于法无据、不近情理的要求;三要言简意赅、干净利落,切忌文字啰唆、拖泥带水。如有多项请求,应分条书写。

事实和理由。即诉讼的根据,是起诉状的核心部分。这一部分是起诉状的关键部分,事实要写清楚,理由要表述充分,叙述要有条理,层次要清楚。

事实:主要写明当事人双方发生经济权益纠纷的具体内容以及被告应当承担的责任,包括纠纷的缘由、时间、地点、经过、涉及人物、双方争执的焦点等等。叙述事实要抓住重点,分清主次,着重写清楚双方当事人争执的焦点、被告侵权行为所造成的后果和应承担的责任。如果自己在纠纷中有过错,也要实事求是地承认,以便法院更全面地了解案情,依法做出裁决。事实部分一般只叙述不议论,即只摆事实,为下文的说理铺垫基础。

理由:亦即诉讼请求的根据。这个部分要通过对纠纷事实的分析评论,说明是非曲直,明确被告所实施行为或双方所发生争执的性质、已造成的后果和应承担的责任,并且准确援引有关法律、政策,以论证其诉讼请求事项的合法性。说理要言简意赅、一针见血,每一句话都应该是结论性的意见,观点鲜明、语意肯定,给人以深刻的印象。

写完事实和理由,行文上通常会写上一句"因此,特向人民法院提起诉讼,请求法院依法审理"作为过渡。

证据和证据来源。《民事诉讼法》第 64 条规定:"当事人对自己提出的主张,有责任提供证据。"所以,在记叙事实、阐明理由之后,原告必须为自己提出的事实和请求提供充分的证据。根据《民事诉讼法》第 63 条,证据的种类包括物证、书证、视听资料、证人证言、当事人的陈述、鉴定结论、勘验笔录等七种,列举时,证据的名称应当规范,必须符合法律规定。

列举物证,要写明物品名称特征、存放的地点;列举书证,一般都应当提交原件或复印件,如用抄件,应注明"经查对,抄件与原件无异,正本在法庭时递交"等字样;列举证人,要写明证人的姓名、住址以及该证人能证明哪件事实等。

证据直接关系到诉讼请求的成立与否与诉讼的进程,是诉讼成败的关键,一定要真实、具体、充分。

3.尾部

致送机关。应另起一行空两格写"此致",然后在下一行顶格写"××人民法院",要写明所提交法院的全称。

落款。在右下方写起诉人姓名或盖章(如系单位,应写全称并盖公章)、起诉状制作具体日期。如系律师代书,应注明"××律师事务所××律师代书"。

4.附项

说明随起诉状向人民法院递交的副本的份数,副本应按被告(含第三人)的人数提交。起诉时若提交了证据,须依次注明证据的名称、种类、数量等。

附项应写在文末左下角,每项独占一行,并在前面标明序号。

五、写作注意事项

(1)被告的姓名或名称要写得准确、完整。在司法实践中,经常会出现原告将被告单位名称简写或者将个人姓名用同音字代替,导致产生不利于原告的结果。名称或姓名是法人或公民在法律上的人格符号,如果书写不准确,会使被诉主体的应诉资格发生有效性问题,严重的甚至会影响诉讼的有效受理。

(2)陈述事实要真实可靠、重点突出。诉状所叙述的事实是法院审判的重要依据,不能任意夸大于己有利的情节,缩小或回避于己不利的内容,应按照事情的本来面貌加以叙述;不能含糊其辞、歪曲伪造,不允许有任何的推测。选择、组织事实材料要紧紧围绕请求事项,要有针对性,突出争议焦点,与双方争议无关的情节不必写入。

(3)援引法律要具体明确。在诉讼理由部分,引用相关法律条文时,要能认定被告的行为违反了具体哪部法律的哪一条哪一款,必须与事实相符,准确、完整,绝不能断章取义。

(4)诉讼证据要确凿无误。无论是物证、书证还是其他证明材料,都要在认真查对后使用;有意提供伪证将会受到法律处罚。

(5)叙述人称要前后一致。起诉状的人称有第一人称和第三人称两种写法:当事人提起诉讼,往往采用第一人称;起诉状由律师代笔,则一般会采用第三人称陈述,这样显得比较客观。两种人称均可采用,但要注意在同一起诉状中不能混用。

六、经济起诉状格式范本

经济起诉状

(公民提起诉讼适用)

原　告:姓名、性别、年龄(出生年月日)、民族、籍贯、职业或工作单位和职务、住址、电话。

法定代理人:姓名、性别、年龄(出生年月日)、民族、籍贯、职业或工作单位和职务、住址、电话、与原告的关系。

委托代理人:姓名、性别、年龄、民族、职业或工作单位和职务、住址等(如为律师,只写姓名、工作单位和职务)。

被　告:姓名、性别、年龄(出生年月日)、民族、籍贯、职业或工作单位和职务、住址等。

第三人:姓名、性别、年龄(出生年月日)、民族、籍贯、职业或工作单位和职务、住址等。

诉讼请求

1.

2.

事实和理由

……

证据和证据来源,证人姓名和住址

1.

2.

　　此致
××人民法院

起诉人：×××

×年×月×日

　　附：1.本状副本×份

　　　　2.物证×份

　　　　3.书证×份

经济起诉状

（法人或其他组织提起诉讼适用）

　　原　　告：

　　所在地址：

　　法定代表人（或代表人、主要负责人、业主）：姓名、职务、电话。

　　企业性质：　　　　　　工商登记核准号：

　　经营范围和方式：

　　开户银行：　　　　　　账号：

　　委托代理人：姓名、性别、年龄、民族、职业或工作单位和职务、住址等（如为律师，只写姓名、工作单位和职务）。

　　被　　告：

　　所在地址：

　　法定代表人（或代表人、主要负责人、业主）：姓名、职务、电话（被告是公民的，应写明其姓名、性别、年龄、民族、籍贯、职业或工作单位和职务、住址等）。

　　第三人：名称、地址、法定代表人姓名、职务等事项（是公民的，应写明其姓名、性别、年龄、民族、籍贯、职业或工作单位和职务、住址等）。

　　诉讼请求

　　1.

　　2.

　　事实和理由

　　……

　　证据和证据来源，证人姓名和住址

　　1.

　　2.

　　此致
××人民法院

起诉人：×××

×年×月×日

（加盖单位公章）

附:1.本状副本×份

　2.物证×份

　3.书证×份

【范文7.1.1】

经济起诉状

原告:孙××,女,35岁,汉族,××省××县××乡××村农民。

被告:孙××,男,38岁,汉族,××省××县××乡××村农民。

诉讼请求

要求与被告共同等额继承父母遗产四间新瓦房,各得两间。

事实与理由

被告孙××与原告孙××系兄妹关系。原、被告自幼由父亲孙××与母亲李××抚养成人。兄妹二人先后于1986年和1984年成家,结婚后,被告住在妻子家中,原告住在丈夫家中,均与父母分开生活。父母靠工资维持生活,退休后靠退休金养老,从不要子女在经济上资助。原、被告家原住四间旧式瓦房。1990年,原、被告父母用多年积蓄,将四间旧式瓦房翻建成四间新瓦房,屋内装修也比较讲究,花去4万余元,新瓦房由父母居住。

1995年2月,原、被告的母亲病故,为母亲办理后事所花款项全部由父亲支付,原、被告均未花钱。1996年8月,原、被告父亲突发心脏病住院治疗,原、被告轮流到县医院护理,尽了子女孝敬父母的义务。父亲去世后,原、被告共同负责办理丧事,平均负担丧葬费用。父亲去世不久,被告一家突然搬回家居住,独占了父母遗留下来的四间新瓦房。原告知道后,对被告的行为提出了批评,并要求与被告共同等额继承父亲遗产四间新瓦房,各得两间。父母家中的衣物归被告,原告自愿放弃继承权利。原告提出的要求,遭到了被告的断然拒绝,因此引起纠纷。

原告认为,被告独占父母遗产的做法是错误的,理由是荒唐可笑的。《中华人民共和国继承法》第9条规定:"继承权男女平等。"根据《继承法》第10条规定,原、被告都是第一顺序继承人,都有权继承父母遗产。父亲生病住院期间,原、被告都尽了照顾老人的义务,而且平均分担了丧葬费,二人所尽的义务大体上相当,根据权利和义务一致原则,继承的权利应当是平等的。被告说:"我们乡下向来是儿子继承父母遗产,哪有女儿继承父母遗产之理!……这是几千年的规矩,不能改变。"这种说法荒唐可笑,不值一驳,是封建思想的表现,违反我国法律规定,不能成立。

证据和证据来源,证人姓名和住址

证据材料有三份:

1.××乡××村村长王××的证明材料一份;

2.××乡××村××组组长孙××的证明材料一份;

3.姑母孙××(住××乡××村)的证明材料一份。

以上三份材料均能证明原告所叙案情属实。

根据上述的事实、理由、证据和法律根据,请依法判决,以实现原告的诉讼请求。

此致

××县人民法院

附:本起诉状副本1份

起诉人:孙××

1996年×月×日

范文简析:

这是一份公民民事纠纷起诉状,涉及财产继承问题,尤其是涉及女儿继承父母财产的问题。这种诉讼案件在我国具有一定的现实意义,因为根据传统,所谓"嫁出去的女儿泼出去的水",女性出嫁后是很少能够从父母家获得财产继承的。这种情况现在仍然非常普遍。所以,这个范文所体现出来的法律意义还是很深远的。

从写作上来看,本起诉状诉讼请求具体明确,交代事实清晰明了,陈述理由合情合理更合法,且引用法规明确具体,证据列举具体充分,格式标准,结构完整。

【范文7.1.2】

经济起诉状

原告:××市××灯饰有限公司

所在地址:××市××区××街××号

法定代表人:刘××,董事长,电话:×××××××

企业性质:私营企业   工商登记核准号:×××××××

经营范围和方式:销售灯具、照明器材、装饰材料

开户银行:中国工商银行××分行西门支行   账号:×××××××

被告:××市××工程建筑公司

所在地址:××市××区××路××号

法定代表人:王××,总经理,电话:×××××××

诉讼请求

1.给付货款32328元。

2.支付违约金17073.62元。

3.由被告承担本案全部诉讼费用。

事实及理由

2005年6月26日,我公司与被告××市××工程建筑公司签订了一份产品购销合同。合同规定,被告向我公司订购型号为OPYL16-2/36和OPG3-G125-B的灯具各588个,合计金额为62328元,并由供方送货到需方指定的地点,货到付款。合同签订后,原告依约于2005年11月23日将被告所订灯具全部交付给被告,但被告未付款。经催要,被告于2006年1月25日将一张××市××公司的30000元转账支票交给我公司,尚欠的32328元,被告以灯具是××市××公司委托代购、××市××公司尚未付款为由拒不偿还。被告作为购货方,在我方按时提供灯具后应履行合同规定的付款义务,其拒绝付款的行为是违约行为。《中华人民共和国民法通则》第84条规定:"债权人有权要求债务

人按照合同的约定或者依照法律的规定履行义务。"《中华人民共和国合同法》第109条规定："当事人一方未支付价款或者报酬的,对方可以要求其支付价款或者报酬。"据此,被告应支付尚欠的货款32328元。因此,特向人民法院提起诉讼,请求法院依法作出判决。

证据和证据来源,证人姓名和住址

1.××市××灯饰有限公司产品购销合同1份,现双方各存1份,合同原件的复印件附后。

2.××市××灯饰有限公司产品发货清单1份,复印件附后。

此致

××市××区人民法院

起诉人:××市××灯饰有限公司(盖章)
二〇〇六年四月二十日

附:1.本诉状副本1份

　　2.产品购销合同复印件1份

　　3.产品发货清单复印件1份

范文简析:

这是一份合同纠纷起诉状,诉讼请求具体明确,交代事实简洁明了,陈述理由合情合理,引用法规明确具体,证据列举具体充分,结构完整,格式标准。

 课后练习

一、简答分析题

1.什么是经济起诉状?提起民事诉讼需满足哪些条件?

2.仔细阅读下文,根据经济起诉状的格式,指出其缺项并用"×××××"符号或具体文字补全。

经济起诉状

原　告:××服装厂

所在地址:××省××市××区××路××号

法定代表人:冯××,厂长,电话:×××××××

工商登记核准号:×××××××××

开户银行:中国农业银行××支行　　账号:××××××××××

被　告:××商场

所在地址:××省××市××区××路××号

法定代表人:谢××,经理,电话:×××××××

诉讼请求

1.判令被告偿付货款××××××元及利息××××元(利息按照银行同期贷款利率计算,每月为×××元)。

2.判令被告赔偿原告经济损失×××××元。

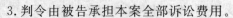

3.判令由被告承担本案全部诉讼费用。

事实和理由

××××年×月×日,被告与原告签订了一份服装买卖合同。合同规定:被告向原告购买货号为×××的羽绒服××××件,总货款为××××××元,交货时间为合同签订后2个月以内,货到付款。如任何一方迟延,则每延迟一天按货款的×‰支付违约金。××××年×月×日,原告在合同规定的期限内一次性交货,但被告在收货后,以"资金暂时性周转不灵"为由,未按合同规定支付货款。原告因为生产急需资金,故几次派人索要,但被告均以同样理由回应,一再拖欠。为了维持正常生产,原告不得不到银行贷款。××××年×月×日,被告以"效益不好、连年亏损"为由,写下了一纸欠据,企图长期赖账。

被告恶意拖欠货款的行为,造成原告的大量生产资金被占用,使原告的生产陷入被动和危机,并使原告蒙受了严重的经济损失。为此,特向人民法院提起诉讼,请求法院依法审理。

证据和证据来源,证人姓名和住址

1.被告与原告于××××年×月×日签订的服装买卖合同1份,现双方各存1份,合同原件的复印件附后。

2.被告收到货后签收的收条1份,收条复印件附后。

3.被告欠货款××××××元,有被告出具的欠据为证,欠据复印件附后。

4.被告以"资金暂时性周转不灵"为借口长期拖欠货款,有被告当时的销售部经理何××可以证实。何××现住××市××区××街×号。

此致

××人民法院

起诉人:××服装厂

法定代表人:冯××

××××年×月×日

二、写作训练题

请根据下列材料,替原告制作一份经济起诉状。

2008年10月25日,广东省深圳市××公司经理王××与浙江省杭州市××制衣厂厂长李××在深圳口头成交一笔布匹生意。双方约定,××公司卖给××制衣厂布匹3万米,××制衣厂在收到布匹时支付给××公司人民币9万元,由××公司办理托运手续,交给李××指定的承运人。2008年11月6日,××制衣厂收到布匹,但未向××公司付款。××公司打电话催问,××制衣厂称,由于路上遇雨,全部布匹已受潮并开始发霉,故制衣厂拒绝付款,并要求××公司派人处理这些布匹。××公司经理王××于11月15日到达杭州查看布匹,确认是因路上遇雨受潮而发霉。但王××认为,货物既已发出,××公司即不再承担责任,故××制衣厂仍应依约付款。××制衣厂则拒绝付款,且认为口头合同是无效合同,自始无效,故风险由××公司承担。双方协商不成,××公司遂拟向杭州市××区法院提出起诉,要求××制衣厂支付货款,并承担诉讼费用。

法律依据提示:

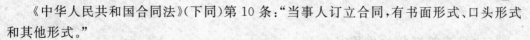

《中华人民共和国合同法》(下同)第 10 条:"当事人订立合同,有书面形式、口头形式和其他形式。"

第 36 条:"法律、行政法规规定或者当事人约定采用书面形式订立合同,当事人未采用书面形式但一方已经履行主要义务,对方接受的,该合同成立。"

第 133 条:"标的物的所有权自标的物交付时起转移,但法律另有规定或者当事人另有约定的除外。"

第 144 条:"出卖人出卖交由承运人运输的在途标的物,除当事人另有约定的以外,毁损、灭失的风险自合同成立时起由买受人承担。"

第 145 条:"当事人没有约定交付地点或者约定不明确,依照本法第一百四十一条第二款第一项的规定标的物需要运输的,出卖人将标的物交付给第一承运人后,标的物毁损、灭失的风险由买受人承担。"

第二节 经济答辩状

一、经济答辩状

经济答辩状,是指在经济纠纷诉讼活动中,被告人或被上诉人针对原告或上诉人的起诉状或上诉状中的内容进行答复或辩驳的书状。

答辩状一般在两种情况下提出:一是在一审程序中,原告向法院起诉后,被告就起诉状提出答辩状;二是案件经过一审人民法院判决、裁定后,一方当事人不服而提起上诉,被上诉人就上诉状提出答辩状。

《中华人民共和国民事诉讼法》第 113 条规定:"人民法院应当在立案之日起 5 日内将起诉状副本发送被告,被告在收到之日起 15 日内提出答辩状。被告提出答辩状的,人民法院应当在收到之日起 5 日内将答辩状副本发送原告。被告不提出答辩状的,不影响人民法院审理。"

《中华人民共和国民事诉讼法》第 150 条规定:"原审人民法院收到上诉状,应当在 5 日内将上诉状副本送达对方当事人,对方当事人在收到之日起 15 日内提出答辩状。人民法院应当在收到答辩状之日起 5 日内将副本送达上诉人。对方当事人不提出答辩状的,不影响人民法院审理。"

二、经济答辩状的特点

1. 针对性

答辩状没有独立的诉讼请求,其主要任务是针对起诉状或上诉状进行反驳、否定,因此其书写方法应是有针对性地进行回答和辩驳。它的内容是基于起诉状或上诉状中的事实和理由之上的;它的目的很明确,是为了使起诉状和上诉状减轻甚至是失去作用。

2. 论辩性

为了达到最好的答辩效果,答辩状在写作中必须运用确凿的事实、充分的论据和相关的法律条文,通过有力的论证和针锋相对的反驳,尽力驳倒对方的观点和论据,证明自己观点的正确。

三、经济答辩状的作用

1.有利于人民法院全面公正地审理案件。通过被告或被上诉人的答辩,法院可以更全面地了解纠纷的情况和诉讼双方的意见,做到"兼听则明",这对于法院查清事实、分清是非、正确断案有着重要作用。

2.有利于维护被告或被上诉人的合法权益。通过答辩状,被告或被上诉人既可以驳斥原告或上诉人的谬误,又可以阐明自己的正确观点和诉讼主张,以维护自己的正当合法权益。

四、经济答辩状的格式与写作要点

经济答辩状的格式包括首部、正文、尾部、附项四个部分。

1.首部

标题。居中写明"经济答辩状"即可。

答辩人基本情况。答辩状只需写明答辩方基本情况即可,具体填写的项目和要求与起诉状的原告栏目相同。对方当事人的基本情况,人民法院已从起诉状或上诉状中知道了,只需在案由部分指出其姓名或名称即可。

答辩案由。这是承上启下的一段文字,应当写明原告或上诉人的姓名及其起诉的案由,文字较程式化,一般写为"答辩人因原告×××(姓名或名称)提起×××××(案由)一案,现提出答辩如下",或"答辩人因×××××(案由)一案,对上诉人×××(姓名或名称)不服××人民法院(××××)×字第×号判决,提出答辩如下"。

2.正文

答辩理由。答辩理由是答辩状的核心部分。在原告或上诉人的诉讼请求不合理时,答辩人应当予以驳斥和争辩。辩驳时一般只涉及原告或上诉人提出的诉讼材料,极具针对性地抓住要害,准确地引用法律条文和具有法律效力的书证、人证、物证,部分或完全否定原告或上诉人提出的诉讼请求和提供的事实及证据。

答辩理由可以依照以下两个层次展开:

首先,针对被控事实或上诉理由明确表态。对被控事实符合实际的要予以承认,也可以回避不谈。

其次,针对不符合实际的事实、证据等分别予以辩驳。这是正文的重中之重,运用的是驳论的方法,可以从以下三个方面进行答辩:

一是针对对方所控事实不符或证据不足进行反驳。如果所诉事实全部不能成立就全部予以否定,部分不能成立就部分予以否定,务求实事求是。同时,还要提出与原告或上诉人在诉讼中所陈述的不相同的、新的事实来加以证实,并列举充分证据,逐一澄清,从而否定其诉讼请求。

二是针对适用法律不当进行反驳。指出对方引用法律失当,并列举相应的正确的法律条款加以证明,以揭示其诉讼理由与诉讼请求的不合法之处。

三是针对对方违反法定程序进行反驳。以诉讼程序立法的规定为依据,论证原告或上诉人没有具备或已经失去引起诉讼发生和进行的条件(如已超过诉讼时效或不具备起诉条件等),从而使其诉讼请求不能成立。

在阐述答辩理由时,应逐项进行辩驳。辩驳时可先扼要地摘引对方原话,即抓住起诉状或上诉状中的错误之处作为反驳的论点;然后进一步列举充分证据与法律依据,作为反驳对方诉讼请求的论据;最后用逻辑推理论证自己的答辩理由成立。整个驳论过程力求逻辑严密、合理合法。

答辩意见。在充分阐明答辩理由的基础上,通过综合归纳,客观而明确地对本案的处理提出自己的意见,请求人民法院审理时予以考虑。这部分内容运用的是立论的方法,可以分为四个步骤:

一是依据有关法律,说明答辩理由的正确性;

二是根据客观的事实,说明自己的部分或全部法律行为的合理、合法性;

三是概括地归纳解释对方当事人指控的失实程度及其诉讼请求的不合理之处;

四是提出自己对本案的处理意见,请求人民法院依法公正裁判。

3. 尾部

这部分写明的项目内容应与起诉状相同,即致送人民法院名称、署名、盖章、时间等,其格式要求也完全相同,唯署名应作"答辩人:×××"。

4. 附项

注明副本份数(与对方当事人人数相等)、有关的人证、物证、书证等。格式要求与起诉状相同。

五、写作注意事项

1. 一审答辩状与二审答辩状写作上的侧重点不同:前者主要针对起诉状的内容进行辩驳,而后者虽也针对上诉状的内容,但答辩时,答辩人作为一审的胜诉方,要侧重于维护支持一审的裁判结果,尽可能地提出充分的证据和理由,证明原审裁判在认定事实和适用法律上都是正确的,以此反驳上诉人上诉的无理要求,并请求第二审人民法院维持原判。

2. 答辩应当据理力争、针锋相对。答辩状是对起诉状、上诉状的反驳,因此,在制作时,一定要认真研究起诉状或上诉状副本,吃透内容,把握实质,准确找出足以使对方败诉的破绽,集中"火力"进行反击,绝不可不分主次、避重就轻。论证过程中一定要做到摆事实、讲道理,切忌泛泛而谈。

3. 答辩要遵循实事求是的原则。在民事诉讼中,双方当事人往往不存在绝对的此对彼错或彼对此错的情况,很有可能在一案中双方对错相互交叉,因此,书写经济答辩状时,应当按照纠纷事实的本来面貌,客观罗列自己所持有的反驳理由和各种证据,如实、客观、全面地答复起诉状或上诉状中所提出的诉讼请求。对方要求不合理,要用坚决的语气予以拒绝、驳斥;而对于对方提出的属实的合理的请求,就应予接受认可,而不能强词夺理、百般狡辩。

4. 语言要尖锐犀利,富有说服力和战斗性。为了获得最佳的答辩效果,除了要有理有据、实事求是,还要求语言应当表意明确、词锋犀利。当然,犀利不等于挖苦讽刺,而是深刻准确地揭露对方的错误及漏洞,理直气壮地陈述己见。

六、经济答辩状格式范本

经济答辩状

（公民提出答辩状适用）

答辩人：姓名、性别、年龄、民族、籍贯、工作单位、职业或职务、住所（或常住地）、电话。

法定代理人：姓名、性别、年龄、民族、籍贯、工作单位、职业或职务、住所（或常住地）、电话，与答辩人的关系。

委托代理人：姓名、性别、年龄、民族、工作单位、职业或职务、住所（或常住地）、电话。（律师只写姓名、工作单位和职务）

答辩人因原告×××（姓名或名称）提起×××××（案由）一案，提出答辩如下：

［或者写：答辩人因×××××（案由）一案，对上诉人×××（姓名或名称）不服××人民法院（××××）××字第××号判决，提出答辩如下：］

......

此致
××人民法院

答辩人：×××

×年×月×日

附：1. 本状副本×份

2. 物证×份

3. 书证×份

经济答辩状

（法人或其他组织提出答辩状适用）

答辩人名称：

所在地址：

法定代表人（或代表人、主要负责人、业主）：姓名、职务、电话。

企业性质：　　　　工商登记核准号：

经营范围和方式：

开户银行：　　　　账号：

答辩人因原告×××（姓名或名称）提起×××××（案由）一案，提出答辩如下：

［或者写：答辩人因×××××（案由）一案，对上诉人×××（姓名或名称）不服××人民法院（××××）××字第××号判决，提出答辩如下：］

......

此致
××人民法院

答辩人：×××

×年×月×日

（加盖单位公章）

附：1. 本状副本×份

    2. 物证×份

    3. 书证×份

【范文7.2.1】

经济答辩状

答辩人：××机砖厂

所在地址：××市××区××街××号

法定代表人：陆××，厂长   电话：×××××××

企业性质：私营企业   工商登记核准号：×××××××

经营范围和方式：砖瓦、石材及其他建筑材料制造

开户银行：中国农业银行××分行××支行   账号：×××××××

答辩人因原告××市××建设工程公司提起经济合同纠纷一案，提出答辩如下：

一、2010年5月6日，我厂厂长陆××与××建设工程公司供销科长李××签订购销合同，双方在合同中约定：××机砖厂向××建设工程公司出售自产普通型红砖60万块，红砖质量采用国家建设部颁发的质量标准，每块红砖为人民币0.21元，共计价款12.6万元。合同规定：在签订合同后一周内，由××建设工程公司将全部货款汇至我厂；我厂在收到货款后三日内将货物运出；如逾期货款未到，将不保证发货日期；此期间如市场价格上调，其价格将另行商定。但××建设工程公司并未按规定将货款及时汇出，直至2010年6月5日，即逾期22天后始将货款汇到。在此期间，普通型红砖价格业已上调至每块0.25元，因此，我厂无法按原价发货。××建设工程公司在起诉状中称自己"严格按合同规定办事，合同签订后一个星期内，将全部货款汇到××机砖厂账户，共计人民币12.6万元，分文不差"，不是事实。××建设工程公司未按规定日期汇出货款，违约在先，由此造成的货物未按原计划日期发出，我厂概不负责。

二、××建设工程公司确曾几次发来函电催促我厂发货，我厂并无起诉状中所称的"不予理会"，而是每次都及时积极地回复函电，且明确指出其违约在先一事，要求他们派人前来面商。对方却一直回避货款未按合同规定及时汇出的问题，对违约及货价上调问题不作正面回答，只是再三要求我们将货物发出。为对方利益考虑，我厂于6月15日发出普通型红砖50万块，同时，再次请对方派人来我厂面商。××建设工程公司于6月18日派供销科长李××来我厂商谈，承认货款汇出时间逾期，但不同意调整价格。经数度洽谈，李××表示调整价格一事待回去研究后再行决定，并未如起诉状中所言"明确提出退款"。而直至今日，我厂还未接到该公司的任何回音。

上述事实，有双方所签合同、银行到款通知、双方往来函电、我厂厂长陆××与对方供销科长李××商谈时所作笔记为证。我厂认为，真正违反合同的是××建设工程公司，由此而产生的一切后果均应由该公司承担，我厂不承担任何责任。综上所述，请人民法院依

187

法驳回原告的诉讼请求。

此致

××市××区人民法院

答辩人：××市××机砖厂（盖章）

二〇一〇年九月五日

附件：1.本状副本1份

2.产品购销合同复印件1份

3.往来函电复印件1份

4.银行到款通知复印件1份

5.谈话笔记复印件1份

范文简析：

这是一份针对起诉状提出的经济答辩状。在这份答辩状中，答辩人列举了充分的证据，驳斥了原告提出的不实事实，最后提出"我厂不负任何责任"的答辩主张，顺理成章。

【范文7.2.2】

经济答辩状

答辩人：吴××，男，1970年9月25日出生，汉族，住××市××区××巷××号。

答辩人因中国××银行××市××支行提起储蓄存款合同纠纷上诉一案，现答辩如下：

一、原判认定事实清楚

上诉人与答辩人自2005年12月3日始建立有储蓄存款合同关系，关于这一点，双方没有任何争议；2008年11月5日，答辩人到上诉人处办理业务核对存款时，发现短缺155300元，上诉人确认答辩人的存款已被取走155300元，这也是事实，双方也没有争议。既然双方对储蓄存款合同关系存在、款被取走155300元的事实没有争议，那么，一审法院判决认定的事实是清楚的。

二、原判认定事实的证据充分

答辩人与上诉人建立的储蓄存款合同关系有存折证明，答辩人存款短缺155300元也有存折证明，上诉人对答辩人提出的证据也予以确认，因此，答辩人已履行了举证责任。

上诉人拒绝赔偿答辩人的丢失存款，就必须提供答辩人丢失的存款是答辩人自己支取的证据，而上诉人没有证据证明答辩人短缺的155300元是答辩人自己支取的，因此，上诉人应承担举证不能的责任。

至于上诉人提出的密码泄露问题，答辩人认为：其一，被告没有证据证明答辩人泄露了密码；其二，假设储户泄露了密码，也不应当必然导致存款被盗的结果。

三、本案中存款被盗的原因

答辩人认为，本案中存款被盗的原因主要有三：其一，上诉人提供的存折或者银行卡不能有效防伪，银行有义务采取技术措施来辨别存折与银行卡的真伪，以防冒领；其二，上诉人提供给储户办理业务的场所安全性不够,不能有效防范办理业务人员的资料被他人或设备窥视;其三,不排除有上诉方内部工作人员与外部人员串通作案的可能。

在本案中,如果上诉人能够辨别存折和银行卡的真伪,能够提供给客户不可能被窥视的安全办理业务场所,并保证不会出现内部与外部串通的情况,可以想见,储户的存款是不会丢失的。因此,上诉人对答辩人存款的丢失负有不可推卸的责任。

综上所述,答辩人根据事实和法律认为,原判认定事实清楚、证据确实充分,判决公正;上诉人所提主张缺乏证据,其上诉不能成立。因此,请求二审法院依法公正裁判,驳回上诉人的上诉请求,维持原判。

此致

××市××区人民法院

答辩人:吴××

二〇〇九年四月十六日

范文简析:

这是一份针对上诉状提出的答辩状,它的针对性相当强,在阐明答辩理由的过程中,能够逐一抓住上诉状中的漏洞,针对其证据不足的主要问题,有的放矢地进行了驳斥;全文逻辑推理严密、条理清晰,有力地论证了一审判决的正确无误。

 课后练习

一、简答分析题

1.经济答辩状的答辩意见一般包括哪些内容?

2.经济答辩状的写作有哪些注意事项?

3.下文是针对本章"经济起诉状"一节中的起诉状范文提出的答辩状,根据经济答辩状的写作要求,请分析其存在的问题。

经济答辩状

答辩人:××市××工程建筑公司

所在地址:××市××区××路××号

法定代表人:王××,总经理   电话:×××××××

答辩人因原告××市××灯饰有限公司提起灯具购销合同纠纷一案,现提出答辩如下:

一、我公司不是原告所提灯具购销合同的一方,而是该合同一方××市××公司的委托代理人。我公司与原告于2005年6月26日签订的联合协议明确规定:"我公司负责向用户推荐××灯饰有限公司产品或受用户委托订购××灯饰有限公司产品。"我公司就是根据这条协议代××市××公司与原告签订了这份灯具购销合同的。我公司总经理王××之所以在该合同上签字盖章,是为了表明我公司愿帮助原告推销产品,而不是作为合同的另一方签字盖章。

二、我公司与原告素无经济往来,原告所述"原告依约于2005年11月23日将被告所订灯具全部交付给被告"、"被告于 2006 年 1 月 25 日将一张××市××公司的 30000 元转账支票交给我公司"与事实不符。事实是:2005 年 11 月 23 日,原告将合同所订灯具全部交给了××市××公司,转账支票也是原告到××市××公司后,由该公司总经理黄××亲手交给原告的。这些事实同时也表明,签订合同的是原告与××市××公司,与我公司无关。

既然我公司不是合同的签订方,原告便不应把我公司作为被告,更谈不上让我公司承担违约责任。请人民法院依法驳回原告的诉讼请求。

答辩人:××市××工程建筑公司(盖章)

二〇〇六年四月二十四日

附:本状副本 1 份

二、写作训练题

请根据以下材料,替被告制作一份经济答辩状。

经济起诉状

原　　告:上海××房地产咨询有限公司

所在地址:上海市××区××路××号

法定代表人:王××,总经理　　电话:×××××××××

企业性质:私营企业　　工商登记核准号:×××××××××××

经营范围和方式:房地产经纪、房地产营销、信息咨询、咨询顾问、房屋租赁

开户银行:中国建设银行××支行　　账号:×××××××××××××××

被告:刘××,男,1965 年 11 月 6 日出生,汉族,上海市××公司职工,住上海市××区××路×号×幢×室

诉讼请求

1.判令被告支付居间报酬人民币 13500 元。

2.判令被告偿付违约金人民币 13500 元。

3.判令由被告承担本案全部诉讼费用。

事实和理由

2005 年 6 月 12 日,被告到原告处委托原告居间代理承购房屋。2005 年 6 月 16 日,原告陪同被告看了位于本市×××路 115 弄 12 号 302 室的房屋,之后,被告在看房确认书上签字。该确认书约定被告委托原告居间代理承购房屋事宜,并约定被告不得利用原告提供的中介服务信息避开原告另行与原告介绍的出售方进行本委托事项的交易。若违反,被告应支付违约和约定的服务报酬,违约金和服务报酬为买卖合同所确定的房屋成交总价的 1%。

不料一周后,被告利用原告提供的中介信息避开原告,另行与原告介绍的出售方签订房屋买卖合同,违反双方的协议,给我公司带来了经济损失。

根据《中华人民共和国合同法》第 426 条规定:"居间人促成合同成立的,委托人应当按照约定支付报酬。"为此,特向贵院起诉,请求保护我公司合法权益。

证据和证据来源，证人姓名和住址

1. 被告于 2005 年 6 月 16 日签订的看房确认书一份，复印件附后。

2. 记录有上海市×××路 115 弄 12 号 302 室的房地产登记册资料一份，复印件附后。

3. 被告曾利用原告提供的中介信息看房，有当时带被告看房的本公司工作人员黄××可以证实。黄××现住上海市××区××街×号。

此致

××人民法院

起诉人：上海××房地产咨询有限公司（公章）

法定代表人：王××

二〇〇五年七月十六日

附：1. 本状副本 1 份

　　2. 看房确认书复印件 1 份

　　3. 房地产登记册资料复印件 1 份

被告认为：

被告并未与原告签订居间合同，被告确实在原告提供的"买受方看房确认书"上签名，但上面房屋地址一栏原先是空白的，其只知是××公寓，所以去看了房。但原告并非是独家代理销售该房屋，原告所带看的房屋上海市×××路 115 弄 12 号 302 室已由××房产中介公司在 2005 年 5 月 30 日介绍看房在先，且在××房产中介公司的介绍下，促成了其与该房屋原权利人的房屋买卖，被告不存在违约。原告仅陪同被告看房，未促成买卖合同成立，按法律规定不得要求支付报酬。不同意原告的诉讼请求。

被告可提供的证据有：

签订于 2005 年 5 月 27 日的被告委托××房产中介公司房地产求购居间协议、××房产中介公司的看房确认书、房地产买卖居间合同、支付××房产中介公司中介报酬的发票、××房产中介公司盖章的工作人员说明等证据。

法律依据提示：

《中华人民共和国合同法》第 424 条：居间合同是居间人向委托人报告订立合同的机会或者提供订立合同的媒介服务，委托人支付报酬的合同。

《中华人民共和国合同法》第 426 条：居间人促成合同成立的，委托人应当按照约定支付报酬。

第三节　经济上诉状　经济申诉状

经济上诉状与经济申诉状的格式、项目、内容、写法基本相同，故一并介绍。

一、经济上诉状

经济上诉状，是指经济案件的当事人或其法定代理人，对地方人民法院第一审的判决或裁定不服，在法定的上诉期限内，向上一级人民法院提出上诉，请求撤销或变更原审判决、裁定或重新审理的文书。

《中华人民共和国民事诉讼法》第 147 条规定："当事人不服地方人民法院第一审判决的,有权在判决书送达之日起十五日内向上一级人民法院提起上诉。当事人不服地方人民法院第一审裁定的,有权在裁定书送达之日起十日内向上一级人民法院提起上诉。"

我国实行的是两级终审制,第二审的判决是终审判决,事关重大。因此,正确书写上诉状,对依法维护当事人的合法权益,至关重要。

二、经济上诉状的特点

(1)具有很强的针对性和辩驳性。上诉状的写作目的是撤销或变更原审判决、裁定或使案件被重新审理,要做到这一点,就必须针对原判认定的事实和结论的不当之处,进行足够有说服力的辩驳。

(2)诉讼参与人具有特定性。经济诉讼中有权提起上诉的人,只能是一审程序中的原告或被告及其法定代理人;被上诉人也只能是一审程序的当事人或有独立请求权的第三人。

(3)上诉的时间有严格限制。上诉必须在一审判决次日起 10 日内,一审裁定次日起 15 日内提出;逾期不提起上诉的,人民法院的一审判决或裁定即发生法律效力。

三、经济上诉状的作用

(1)是第二审人民法院受理案件、进行审理的依据。通过上诉状,第二审法院可以了解上诉人不服第一审法院裁判的理由和第二审诉讼请求,有助于第二审人民法院对案件进行全面审查、审理,及时纠正确有错误的判决或裁定,以保证国家审判权的正确使用,提高办案质量,维护法律的公正与威严。

(2)是当事人维护自己合法权益的有力工具。上诉是当事人的一项重要诉讼权利,当事人一旦认为一审裁决不符合事实和法律,便可具状上诉。通过二审裁决可以正确、合法、及时地解决当事人之间的经济纠纷,维护当事人的合法权益。

四、经济申诉状

经济申诉状,是指经济案件的当事人及其法定代理人,认为已经发生法律效力的判决、裁定、调解协议确有错误,从而向人民法院提交的请求对该案重新审理的文书。

现行《中华人民共和国民事诉讼法》中并没有当事人在人民法院所作判决、裁定生效以后提出申诉的规定,而根据其第 178 条"当事人对已经发生法律效力的判决、裁定,认为有错误的,可以向上一级人民法院申请再审,但不停止判决、裁定的执行",申请再审时所提交的是民事再审申请书,而非民事申诉状。

但是,根据《中华人民共和国宪法》第 41 条规定:"中华人民共和国公民对于任何国家机关和国家工作人员的违法失职行为,有向有关国家机关提出申诉的权利。对于公民的申诉,有关国家机关必须查清事实,负责处理。"

根据宪法赋予公民的申诉权,公民对人民法院所作出的生效判决、裁定不服,有权向人民法院提出申诉。这种诉讼领域内的申诉权是基于国家根本大法的规定,其性质属于公民的民主权利。而民事申诉状是民事诉讼当事人及其法定代理人依据宪法行使申诉权的表现。

《中华人民共和国民事诉讼法》第 184 条规定:"当事人申请再审,应当在判决、裁定发生法律效力后二年内提出。"据此,再审申请书必须在有关判决、裁定发生法律效力之后 2 年内提出;而申诉状一般应当在申请再审期限过后,即判决、裁定生效二年之后提出。因此,当事人及其法定代理人对生效判决、裁定不服,而在其生效后二年之内提出的再审申请都应以民事再审申请书形式提交,而在申请再审期限过后,要求对该案重新审理的,都应以申诉状形式提出。

民事申诉状与民事再审申请书的制作和功能基本一致,因此,本节有关"经济申诉状"的内容亦可作为上述两者通用的写作参考。

《中华人民共和国民事诉讼法》(下同)第 180 条规定:"当事人申请再审的,应当提交再审申请书等材料。人民法院应当自收到再审申请书之日起五日内将再审申请书副本发送对方当事人。对方当事人应当自收到再审申请书副本之日起十五日内提交书面意见;不提交书面意见的,不影响人民法院审查。"

第 182 条规定:"当事人对已经发生法律效力的调解书,提出证据证明调解违反自愿原则或者调解协议的内容违反法律的,可以申请再审。经人民法院审查属实的,应当再审。"

第 181 条规定:"人民法院应当自收到再审申请书之日起三个月内审查。"

五、提起申诉的条件

根据《中华人民共和国民事诉讼法》第 179 条规定,当事人的申请符合下列情形之一的,人民法院应当再审:

(1)有新的证据,足以推翻原判决、裁定的;

(2)原判决、裁定认定的基本事实缺乏证据证明的;

(3)原判决、裁定认定事实的主要证据是伪造的;

(4)原判决、裁定认定事实的主要证据未经质证的;

(5)对审理案件需要的证据,当事人因客观原因不能自行收集,书面申请人民法院调查收集,人民法院未调查收集的;

(6)原判决、裁定适用法律确有错误的;

(7)违反法律规定,管辖错误的;

(8)审判组织的组成不合法或者依法应当回避的审判人员没有回避的;

(9)无诉讼行为能力人未经法定代理人代为诉讼或者应当参加诉讼的当事人,因不能归责于本人或者其诉讼代理人的事由,未参加诉讼的;

(10)违反法律规定,剥夺当事人辩论权利的;

(11)未经传票传唤,缺席判决的;

(12)原判决、裁定遗漏或者超出诉讼请求的;

(13)据以作出原判决、裁定的法律文书被撤销或者变更的。

对违反法定程序可能影响案件正确判决、裁定的情形,或者审判人员在审理该案件时有贪污受贿、徇私舞弊、枉法裁判行为的,人民法院应当再审。

六、经济申诉状的作用

(1)是人民法院发现办案缺陷、引起审判监督程序的重要途径。

人民法院的判决和裁定一经生效,必须严格执行。但是,如果诉讼当事人发现已产生法律效力的判决或裁定确有错误时,就可以用申诉状向人民法院提出复查纠正的要求。法院通过审查,认定申诉有理,即可引起再审程序,原审裁判中的错误就可得到及时纠正,法律的尊严和司法的公正也得以维护。因此,申诉状是人民法院发现冤案、错案的重要途径,是人民法院重新审理案件的线索来源之一。

(2)是申诉人维护合法经济权益的一种补救性文件。申诉权是国家法律赋予公民的一项重要的民主权利,也是诉讼当事人的一项基本诉讼权利。对当事人来说,依法提出再审申请,是其在判决、裁定或者调解书业已生效而自己认为确有错误的情形下,寻求司法救济以保护自身合法经济权益的有效手段。一旦申诉理由成立,错误或者不当的裁判就将依法得到纠正。

七、经济申诉状与经济上诉状的异同

相同点:

都是经济诉讼当事人认为原审法院的判决或裁定有错误,要求依法予以纠正的诉状文书。

不同点:

1. 对象不同

申诉是针对已经发生法律效力的判决或裁定,包括二审终结的甚至已经执行完毕的判决、裁定;而上诉只限于尚未发生法律效力的第一审判决或裁定。

2. 期限不同

如前所述,民事再审申请书应当在判决、裁定生效后 2 年内提出,而经济申诉状则应在判决、裁定生效 2 年后提出;而经济上诉状应在一审判决次日起 10 日内,一审裁定次日起 15 日内提出。

3. 接受文书的机关不同

申诉状可向原审法院或原审法院的上级人民法院呈送;而上诉状只能向作出第一审判决或裁定的上一级人民法院呈送(可通过原审法院转送)。

4. 受理条件不同

申诉状是否引起审判监督程序的发生,要视其申请是否能符合提起再审的条件而定;而上诉状则不然,不论其理由正确充足与否,必然会引起上诉审判程序。

5. 审理程序不同

申诉案件如原为第一审案件,则依据第一审程序进行再审,所作的判决、裁定,当事人可以上诉;如原为第二审案件,则按照第二审程序进行再审,所作的判决、裁定是终审裁判,不得上诉。而上诉案件的判决、裁定都是终审裁判。

八、经济上诉状、经济申诉状的格式与写作要点

经济上诉状与经济申诉状的格式包括首部、正文、尾部、附项四部分。

1.首部

(1)标题。居中写明"经济上诉状"或"经济申诉状"。

(2)当事人基本情况。内容与经济起诉状类似,需要写明当事人的姓名,法人的名称及其法定代表人的姓名,或者其他组织的名称及其主要负责人的姓名。

经济上诉状按照上诉人、被上诉人、第三人的顺序列写。特别注意应把当事人在一审中的诉讼地位加以备注,例如上诉人(一审被告)、被上诉人(一审原告)。

经济申诉状则按照申诉人、被申诉人的顺序列写,也需备注其在原审中的诉讼地位。

(3)案由。这是一段承上启下的固定格式文字,内容包括案由、原审人民法院名称、判决或裁定的时间、文书名称、编号以及上诉表述等。具体行文是:"上诉人(申诉人)因×××(案由)一案,不服××人民法院(××××)×字第×号判决(裁定),现提出上诉(申诉)。"

2.正文

(1)上诉请求(申诉状作"请求事项")

简要写明上诉人或申诉人向法院提出的要求。针对原审法院的判决或裁定不当之处,请求法院撤销原判、发回重审或者予以改判(全部改判或部分改判)。

请求部分要写得合法、简明、具体,不能含糊其辞、模棱两可,只说"请求上级法院适当变更原判"或"请求上级法院给我做主"之类的空话。可采取条项式写法,使请求部分的写作更有条理。

(2)上诉理由(申诉状作"事实与理由")

这一部分是经济上诉状和经济申诉状的核心部分。上诉或申诉能否成功,正是取决于有无理由和理由是否充分。在写作时,应针对原审裁判的不当之处,写明上诉或申诉的具体事实根据和法律依据。理由的写作通常可以从以下几个方面去考虑:

第一,原审判决或裁定对事实的认定有错误、有出入、有遗漏,或证据不足。案件的事实是定案的根据,当事人提出上诉或申诉,应着重提出原审裁判在认定事实方面有哪些错误,书状中所提出的与原认定的事实相对抗的客观事实真相,必须举出确实充分的证据来加以证实。人民法院处理案件,首先是"以事实为根据",只要能够把原审认定的事实全部或部分推翻,必然会导致其处理决定的全部或部分改变。

第二,原审判决或裁定运用法律条文不当。如果原审裁判引用的法律条文与案情事实不相适应,或是在引用时存在着片面性,或是曲解了法律条款等,以致造成处理不当,就要援引具体的法律依据或法律理论加以分析论证。

第三,原审判决或裁定定性不当。准确判定案件的性质,对确定案件的管辖权、管辖机关、所适用的法律、法规以及仲裁或诉讼的时效有至关重要的意义。如果原审的定性不准,则处理上必然不当,这就要求上诉人或申诉人具体指出其定性不当之处。

第四,原审过程违反诉讼程序。如果原审在审理案件中违反了程序法的规定,因此而造成案件处理不当,就要在上诉状或申诉状中明确指出其违反程序法的具体事实,并且引

用具体法律阐明应当如何正确执行诉讼程序。

第五,提供新发现的事实和证据。如果上诉人或申诉人发现了原审时没有掌握的新事实和证据,而这些事实和证据又能有效地否定原判决和裁定,那么,上诉人或申诉人就可以把新事实和证据列出来,以此为根据要求纠正原判决和裁定。这对于经济申诉状而言尤为重要,因为对于申诉案件,只有符合法律规定的再审条件才能提起再审。而实践证明,在拥有足以推翻原判决和裁定的新证据的情况下,提起再审的可能性最高。

此外,需要特别指出的是,经济申诉状的"事实与理由"部分,在陈述理由之前,应先对案情事实、原来的处理经过和最后的处理结果进行综合简述,以利法院对于案件的整体了解。

(3)结束语

陈述完理由之后,还需要写一段结束语。行文上一般写作:"综上所述,原审判决(或裁定)确有错误,特向你院提出上诉(申诉),请求撤销原审判决(或裁定),给予依法改判(或重新处理)。"

3. 尾部

其项目内容与格式要求与经济起诉状、经济答辩状基本相同,唯署名应作"上诉人:×××"或"申诉人:×××"。

4. 附项

需注明本状副本份数(与对方当事人人数相等)、有关的人证、物证、书证等。经济申诉状还需额外附上原审已生效判决书(裁定书、调解书)副本及注明份数。格式要求与经济起诉状等相同。

九、经济上诉状、经济申诉状的写作注意事项

1. 针对性要强

应针对原审的不当之处,有的放矢地进行反驳。摆事实、讲道理、援引法律依据时,都应紧密围绕上诉人或申诉人所不服的原裁判中的问题。

2. 要抓住要害

应当抓住原审判决、裁定中的关键性错误,有理有据地进行申辩,切不可在枝节问题上纠缠不休、大做文章。

3. 要实事求是

应当让证据说话,而且证据必须真实具体、经得起检验。

4. 措辞要有分寸

应当心平气和地摆事实、讲道理,不能感情用事,更不能强词夺理。

十、经济上诉状、经济申诉状的格式范本

经济上诉状

(公民提出上诉状适用)

上诉人(原审×告):姓名、性别、年龄、民族、籍贯、工作单位、职业或职务、住所(或常

住地)、电话。

　　法定代理人:姓名、性别、年龄、民族、籍贯、工作单位、职业或职务、住所(或常住地),与上诉人的关系、电话。

　　委托代理人:姓名、性别、年龄、民族、工作单位、职业或职务、住所(或常住地)、电话。(律师只写姓名、工作单位和职务)。

　　被上诉人(原审×告):姓名、性别、年龄、民族、籍贯、工作单位、职业或职务、住所(或常住地)、电话。

　　上诉人因×××(案由)一案,不服××人民法院(××××)×字第×号判决(裁定),现提出上诉。

　　上诉请求

　　……

　　上诉理由

　　……

　　此致
××人民法院

上诉人:×××
×年×月×日

　　附:1.本状副本×份
　　　　2.物证×份
　　　　3.书证×份

经济上诉状

(法人或其他组织提出上诉状适用)

上诉人(原审×告):

所在地址:

法定代表人(或代表人、主要负责人、业主):姓名、职务、电话。

企业性质:　　　　工商登记核准号:

经营范围和方式:

开户银行:　　　　账号:

被上诉人(原审×告):

所在地址:

法定代表人(或代表人、主要负责人、业主):姓名、职务、电话。

　　上诉人因×××(案由)一案,不服××人民法院(××××)×字第×号判决(裁定),现提出上诉。

　　上诉请求

　　……

　　上诉理由

　　……

此致

××人民法院

上诉人：×××

×年×月×日

（加盖单位公章）

附：1. 本状副本×份

2. 物证×份

3. 书证×份

经济申诉状

（公民提出申诉状适用）

申诉人（一审×告，二审×诉人）：姓名、性别、年龄、民族、籍贯、工作单位、职业或职务、住所（或常住地）、电话。

法定代理人：姓名、性别、年龄、民族、籍贯、工作单位、职业或职务、住所（或常住地）、电话、与申诉人的关系。

委托代理人：姓名、性别、年龄、民族、工作单位、职业或职务、住所（或常住地）、电话。（律师只写姓名、工作单位和职务）。

被申诉人（一审×告，二审×诉人）：姓名、性别、年龄、民族、籍贯、工作单位、职业或职务、住所（或常住地）、电话。

申诉人因×××（案由）一案，不服××人民法院（××××）×字第×号判决（裁定、调解），现提出申诉。

请求事项

……

事实与理由

……

此致

××人民法院

申诉人：×××

×年×月×日

附：1. 本状副本×份

2. 原审第×号民事判决书（裁定书、调解书）一份

3. 物证×份

4. 书证×份

经济申诉状

（法人或其他组织提出申诉状适用）

申诉人（一审×告，二审×诉人）：

所在地址：

法定代表人(或代表人、主要负责人、业主):姓名、职务、电话。

企业性质:　　　　工商登记核准号:

经营范围和方式:

开户银行:　　　　账号:

被申诉人(一审×告,二审×诉人):

所在地址:

法定代表人(或代表人、主要负责人、业主):姓名、职务、电话。

申诉人因×××(案由)一案,不服××人民法院(××××)×字第×号判决(裁定、调解),现提出申诉。

请求事项

……

事实与理由

……

此致

××人民法院

申诉人:×××

×年×月×日

(加盖单位公章)

附:1.本状副本×份

2.原审第×号民事判决书(裁定书、调解书)一份

3.物证×份

4.书证×份

【范文7.3.1】

经济上诉状

上诉人(原审原告):××市种业有限公司

所在地址:××市××区××街××号

法定代表人:王××,经理　　电话:×××××××××

企业性质:私营企业　　　　工商登记核准号:×××××××××

经营范围和方式:主要农作物常规大田用种、非主要农作物种子销售

开户银行:中国建设银行××分行××支行　　账号:×××××××××

被上诉人(原审被告):××农业科技有限责任公司

所在地址:××市××区××路××号

法定代表人:杨××,经理　　电话:×××××××××

上诉人因合同纠纷一案不服××市××区人民法院(2000)×经初字第156号判决,现提出上诉。

上诉请求

1．××农业科技有限责任公司立即给付我方货款及包装、运输费共 46685 元。

2．××农业科技有限责任公司按每日 3‰（自 2000 年 9 月 16 日起，至付款之日止）偿付延期付款的赔偿金。

3．××火车站的罚款由××农业科技有限责任公司承担。

4．一、二审诉讼费用以及由于诉讼而引起我方支出的费用，由××农业科技有限责任公司承担。

上诉理由

一、原判决认定事实部分失实

原判决称："2000 年 9 月 10 日，被告接到××火车站提货通知单后，即派李××到××车站提货，因货物未附植物检疫证书和种子合格证而未提货，并电告了原告。"这段话认定了两个事实：第一，被告未提货的原因是因为原告没有提供植物检疫证书和种子合格证；第二，被告当时就把未提货的上述原因告诉了原告。然而，事实并非如此。为了澄清事实，我方不得不赘述纠纷过程如下：

2000 年 7 月 6 日，被上诉人电报邀请我方签订 5000 市斤的大蒜种子购销合同，同年 8 月 1 日被上诉人派其业务员李××来与我方正式签订 5000 市斤大蒜种子购销合同。合同各项具体规定请见附件。2000 年 8 月 15 日，我方如约发运大蒜种子 5000 斤，于 9 月 5 日到达××火车站；次日，火车站向被上诉人发了领取货物的通知书。9 月 16 日我方通过中国农业银行××分行向被告托收货款及包装、运输费 46685 元。时过半月，农行××分行以被上诉人"要求退货，希望双方协商解决"为由，拒绝托收货款，退回了托收凭证。9 月 17 日，我方再次要求农行××分行托收，由于被上诉人仍然拒付，农行又退回了托收凭证。与此同时，李××于 9 月 3 日、8 日、10 日三次分别来电、来函，要求终止合同、退货。李××称"由于今年我订的承包任务重，购的货太多，领导要求我停止执行合同、停止进货，请贵部谅解为盼"。李××当时所有的函件中从未提到检疫和种子合格证问题。由于货物已发出，我方不同意退货，要求继续履行合同。在这种情况下，在我方发出托收凭证后的第 39 天，即 9 月 25 日，农行××分行才发出通知，告诉我方，被上诉人拒付的理由是："没有检疫证明和种子合格证。"但令人费解的是，农行发出拒收理由通知的次日，被上诉人才申报了拒绝付款申请书（农行××分行寄来的凭证可以证明）。

由此可见，原判认定的第一点事实是错误的。被上诉人并非因为"没有植物检疫证书和种子合格证书"而不提货，而是因为被上诉人的业务员李××盲目订合同，购货过剩，才不得不终止合同，退掉订货。在我方不接受其无理要求的情况下，时隔 39 天，李××才找出这样一条逃避法律、推却责任、转嫁经济损失的脱身之计。

原判决认定的第二点也是失实的。9 月 10 日，李××并未将"没有检疫证明和种子合格证"这一点电告我方，而是来电请求终止合同，并请求我方"谅解"他的过错。

二、双方签订的订购大蒜种子合同是合法有效合同

原判决称："根据《中华人民共和国合同法》第 52 条规定，原告与被告所订立的购销合同是无效合同。"对照《中华人民共和国合同法》第 52 条，我方认为我们并未违反其五项规定中的任何一项。唯一可能涉嫌的大约是"损害社会公共利益"一项，因为我方提供的大蒜种子没有进行检疫。然而，我方走访了种子检疫部门，查阅了有关文件。根据我国农牧

渔业部制定的《全国农业植物检疫对象名单》所列，大蒜种子并非必须检疫的对象，是可以免检的种子。所以以我方提供的种子没有检疫为由来否定原合同是不妥当的。原合同是合法有效合同，对合同双方均具有法律约束力。也正是因为大蒜种子可以免检，铁路方面承运了这批种子。有关这个问题的详细材料请见附件和原审中我方提供的代理词。

三、原判决对双方的裁决是不公正的

大蒜种子至今在××火车站库房存放了三个多月，已经造成了蒜种的变质。由于被上诉人长期不提货，××火车站库房根据有关规定，处以正常罚款三倍的重罚。这两项经济损失不言自明，是由于被上诉人的违约过错导致的。但是，原判决称"原告已发到××市的5000市斤大蒜种子由原告自行处理，并承担××火车站库房罚款总额的50%"，"其他损失各自负担"。上诉人认为，这样的判决是极不公正的。原判没有弄清事实真相，因而不能分清当事人双方的是非和责任，又错误地适用法律，把一份合法有效的合同判为无效合同，从而使被上诉人的违法行为得不到制裁，我方的合法利益得不到保护，反而要我方承担因被上诉人违法行为造成的经济损失。这种不公正的判决，我方不能接受。

综上所述，恳请××地区中级人民法院根据《中华人民共和国合同法》第107条、第109条、第112条，《植物检疫条例》第4条、第9条、第10条，农牧渔业部制定的《全国农业植物检疫对象名单》，及《中国人民银行结算办法》第2款第6条、第7条有关承付和延期付款的规定另行公正判决。

此致
××市中级人民法院

上诉人：××市种业有限公司（公章）
2000年12月22日

附：1. 本状副本一份
　　2. 购销合同复印件一份
　　3. 代理词复印件一份

范文简析：

这是一份关于合同纠纷的经济上诉状，上诉请求分条列明，概括而明确。上诉理由有针对性地指出了原审法院认定事实不清、运用法律条文不当的错误，抓住了问题的要害，明确阐发自己的观点，并且列举出了充分的证据和法律依据，相当有说服力。

【范文 7.3.2】

经济申诉状

申诉人（一审原告，二审上诉人）：刘××，男，××岁，汉族，××市人，××市××公司职员，住××市××区××花园××幢××号，电话：×××××××××

被申诉人（一审被告，二审被上诉人）：中国建设银行××市分行××支行

地址：××市××路××号

法定代表人：魏××，行长　　电话：×××××××××

申诉人因建行××分行××支行违章点款致损要求赔偿一案，对××市中级人民法

院作出的(2004)×民终字第××号判决不服,现提出申诉。

请求事项

1. 撤销(2004)×民终字第××号判决;

2. 责令被申诉人建行××分行××支行赔偿申诉人损失人民币1万元。

事实与理由

一、本案基本事实

2004年3月5日下午15时许,申诉人到被申诉人处办理个人存款业务。申诉人填写了存款金额为人民币95620元的存款凭证,连同100张(50元或100元票)一扎的万位整数现金和未扎把的5620元现金交给了临柜经办人。该经办人接过存款凭证和现金后,未清点扎数即将现金移至其工作台相连的另一张桌上,由另两位工作人员拆扎用点钞机清点张数。清点完毕汇总后,经办人告诉申诉人所交现金总额为85620元,申诉人当即要求查看监控录像。因不能从录像中看出问题,经办人要求申诉人另填一份金额为85620元的存款凭证,否则不予办理。为避免随身携带大量现金的不便,申诉人只好违心地填写了一份金额为85620元的存款凭证,办理了85620元的存款手续。

申诉人认为,在存款过程中,被申诉人的经办人存在违章操作现象,从而造成了申诉人1万元人民币的损失,遂于2004年3月16日向××市××区人民法院提起诉讼,请求判令由被申诉人赔偿损失。××市××区法院以申诉人无法证明被申诉人没有点清现金数目,申诉人没有对存款金额提出异议,且有监控录像全程监控可排除暗箱操作为由,于2004年4月2日作出(2004)×民初字第××号民事判决,驳回申诉人诉讼请求。申诉人不服,遂向××市中级人民法院提起上诉,××市中级人民法院于2004年5月15日作出终审判决,认为申诉人上诉请求依据不足。

二、申诉理由

1. 原审判决认定事实有误,证据不足

原审判决认定申诉人存款金额为85620元,且申诉人对点钞结果未提出异议,这与事实不符,被申诉人也提不出足够充分的证据。事实上,申诉人到被申诉人处存款时,就将一张填写金额为95620元的存款凭证及95620元人民币一并交给被申诉人经办人,而且在经办人清点完毕后告知申诉人金额不符时,申诉人立即提出异议,并要求看监控录像。

2. 原审判决举证责任分配不明

原审判决依据商业惯例中现金交接"当面点清"原则,实际上采取了让原、被告各自证明过程的方法,即让原告举证证明交款后被告未当面点清的事实,让被告举证证明收款后已当面点清的事实。

从本案情况来看,申诉人到被申诉人处存款,双方欲成立的是储蓄合同法律关系。在储蓄合同法律关系中,申诉人是接受储蓄服务的客户,被申诉人是提供储蓄服务的经营者,因此,这种关系具有消费法律关系的性质。按照《中华人民共和国消费者权益保护法》的要求,对经营者实行的是严格责任;严格责任所适用的归责原则应当为无过错责任原则。因而,申诉人只需证明受损害的事实,即以其所填存款凭证上的数额与被申诉人告知的数额不符的事实为证即可;而被申诉人应当通过证明自己正当操作来说明自己所说的数额正确。依此,申诉人无需证明被申诉人未"当面点清"的过程,被申诉人应当证明自己已"当面点清"的过程,而不是双方都来证明这个过程如何。原审判决举证分配不明,扩大了申诉人的举证范围,应予纠正。

3.被申诉人经办人的违章操作与造成申诉人1万元的损失有直接的因果关系

中国人民银行《全国银行出纳基本制度》第7条规定:"收入现金要当面点清。"《中国人民建设银行现金出纳柜员制管理办法》第11条第2款规定:"收款时,先以手工初点,先点大数后点小数……"第11条第3款规定:"将初点扎把后的现金,放入出纳复点机复点,复点无误后在腰条上加盖收款员名章,放入柜(箱)保管。"

从本案案情来看,被申诉人的经办人在接过申诉人交与的存款凭证和交存的现金时,未当面点清大数(扎把)和核对存款凭证所填的数额,即将现金移至与其工作台相连的另一张桌上拆开扎把清点张数。之后,在进行汇总时才告知上诉人所交存的现金的大数与存款凭证所填的数额不符。被申诉人经办人的行为违反了上述银行管理制度,已构成违章操作,因申诉人在交款时并无任何过错,可见被申诉人经办人的违章操作与申诉人损失1万元人民币有直接因果关系,被申诉人应当予以赔偿。

综上所述,被申诉人的违章行为已造成申诉人1万元的损失,原审判决错误,请求上级法院予以撤销并要求被申诉人赔偿损失1万元。

此致
××高级人民法院

申诉人:刘××
2006年5月10日

附:1.本状副本一份;
　　2.××市中级人民法院(2004)×民终字第××号判决书复印件一份;
　　3.申诉人填写的金额为95620元的存款凭证复印件一份。

范文简析:

本申诉状虽未能提出新的有力证据,但胜在能针对本案关键找到有力的法律依据,很好地证明了原审原告的操作违规,并由此得出结论:交存现金的大数与存款凭证所填交存金额不相符的风险理应由原审被告承担。同时,申诉人能够针对原审判决的理由一一进行辩驳,言简意赅,条理清晰,逻辑严密,相当值得借鉴。

 课后练习

一、简答分析题

1.经济上诉状与经济申诉状的相同点与不同点分别是什么?
2.写作经济上诉状与经济申诉状时有哪些注意事项?
3.请指出下面这份经济申诉状在内容和格式上的不当之处。

经济申诉状

申诉人:××贸易公司
所在地址:××市××路××号
法定代表人:孙×,经理　　电话:×××××××
被申诉人:××建筑工程公司

所在地址:××市××街××号

法定代表人:曹×,经理　　电话:×××××××

申诉人因合同纠纷一案不服××市中级人民法院第145号判决,现提出申诉:

请求事项

1.请求撤销××市中级人民法院第145号判决

2.请求退还50万元工程款

事实与理由

一、本案基本事实

申诉人与被申诉人签订了一个建设工程施工合同,申诉人为甲方,被申诉人为乙方。合同履行后,发现工程出现质量问题。申诉人在与被申诉人多次协商未果的情况下,只得另与××建筑公司重新签订施工协议。此后,申诉人与被申诉人达成《关于双方前期合作中存在问题的处理协议》,约定:"××贸易公司给付××建筑工程公司50万元工程款,作为包赔××贸易公司的损失。"

不久后,被申诉人向××区人民法院起诉,第一被告是申诉人,第二被告是被申诉人驻甲方施工代表,要求"给付工程款50万元"。一审法院听信被申诉人一面之词,错误地认定加盖在《关于双方前期合作中存在问题的处理协议》的乙方公章是××建筑工程公司工作人员骗来盖上的,于是以"××贸易公司与××建筑工程公司驻甲方施工代表恶意串通,协议无效"为理由,判决申诉人给付被申诉人工程款50万元。申诉人不服,上诉至××市中级人民法院。二审法院维持原判,并在执行中将该笔款项划走。

二、申诉理由

1.法院审理程序有错误。

法院认定恶意串通是双方行为,而第二被告在两次审理中从未参加庭审,所以,法院对恶意串通的认定是法院的单方主观臆断,没有证据支持。

2.法院判决认定事实错误。

原审法院判决认定,"根据《民事诉讼证据的若干规则》第2条规定,结合本案实际情况,可以认定××建筑工程公司工作人员隐瞒了事实真相,在未经授权的情况下实施了有损公司利益的行为",并以此认定双方恶意串通,签订了《关于双方前期合作中存在问题的处理协议》。法院的认定与事实不符,理由如下:

(1)原审法院所引用的《民事诉讼证据的若干规则》第2条规定:"谁主张,谁举证,如没有证据,主张方承担举证不能的不利后果。"而本案恰恰是乙方主张协议无效,乙方没有举出任何能够证明协议无效的证据,所以,乙方应该承担举证不能的不利后果,不能认定协议无效。

(2)原审法院所认定的"在未经授权的情况下实施了有损公司利益的行为",更是于法无据。申诉人与乙方之间的所有施工合同的签订及履行到最后的回款签收,都是由乙方驻甲方代表赵某代表乙方完成,而"处理协议"的签订只是申诉人与乙方施工合同履行过程中的一个环节。合同从签订到整个履行过程包括收款都没有要求必须特别授权,而签订"处理协议"只是合同履行过程中的一个环节而已,更无须特别授权。

(3)原审法院在叙述本案的认定理由时所表述的"结合本案实际情况"一语,最高人民

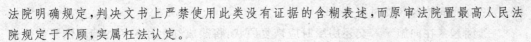

法院明确规定,判决文书上严禁使用此类没有证据的含糊表述,而原审法院置最高人民法院规定于不顾,实属枉法认定。

此致

敬礼

××贸易公司
×年×月×日

附:本状副本一份

二、写作训练题

请根据下列材料,替上诉人制作一份经济上诉状。

上诉人(原审被告):谢××,女,27岁,汉族,××市人,××公司职工,住××市××区××路××号,电话:××××××××。

被上诉人(原审原告):施××,男,45岁,汉族,××市人,××厂工人,住××市××区××街××号××幢××室,电话:××××××××。

2007年8月15日,谢××与施××签订房屋租赁协议一份,该协议约定:谢××租用施××的房屋,每月租金为2200元,租期从2007年9月1日至2008年8月31日止,交租方式为每月交租一次,在交租当月6号前以现金支付形式一次性支付;若谢××无故拖欠租金及水、电、管理费,每过一天加罚滞纳金5%,超过5天,施××有权无条件收回该房屋,押金4400元全部归甲方所有。

租赁合同签订后,谢××按约交纳了押金4400元给施××并搬入该房屋居住。后谢××以现金形式支付了2007年9月份的租金;之后,以银行转账的形式,于2007年10月10日支付租金2200元,于2007年11月13日支付租金1300元,于2007年12月27日支付租金2160元,于2008年1月19日支付租金2200元。

谢××在租住施××房屋期间,将房屋内饭厅和客厅的三面墙的颜色由白色改漆成红色,卧室漆成了粉红色。

2007年底,施××以谢××未按时足额交付租金为由,要求谢××搬离其房屋。谢××不同意搬出。

施××遂于2008年2月9日向法院提出起诉,称谢××未按约定的时间及金额足额交付租金,并擅自装修房屋,构成违约,要求解除合同,并要求谢××支付计至2008年2月的拖欠租金3140元,要求谢××赔偿装修损失8500元。

谢××辩称,延迟交租是经施××同意的,没有足额支付租金是因为对施××的房屋进行修缮而支付了相关的费用,因此,谢××没有违约,不同意解除合同以及支付拖欠租金的要求,同意将房屋恢复原状。

一审法院根据《中华人民共和国合同法》第93条第2款、第223条第2款、第227条的规定,判决如下:

一、解除谢××与施××于2007年8月15日签订的房屋租赁协议。

二、谢××应当在本判决发生法律效力3日内向施××支付拖欠的租金3140元(计至2008年2月28日),并从2008年3月1日起至实际交还房屋时止按合同约定的标准

205

每月 2200 元向施××支付租金。

三、谢××在向施××交还房屋时应恢复原状:将漆成红色和粉色的墙面恢复为原来的白色墙面。

四、驳回谢××的诉讼请求。

五、驳回施××的其他诉讼请求。

谢××不服上述判决,决定提起上诉。她认为自己没有违约,理由有:1.谢××在给施××的短信和电子邮件中表明了请求允许延迟交租的要求,得到对方的同意;2.施××给谢××回的短信和电子邮件里写明其完全同意谢××在租金里扣除谢××维修房屋的费用。3.施××接受谢××以银行转账形式交付的租金,该行为表明其认同谢××交付租金的方式和金额。综上,谢××认为自己没有违约。同时她还认为,根据《城市房屋租赁管理办法》相关规定,施××没有不需要征求谢××同意就行使收回房屋的权利。

法律依据提示:

《城市房屋租赁管理办法》第 19 条:房屋租赁当事人按照租赁合同的约定,享有权利,并承担相应的义务。

出租人在租赁期限内,确需提前收回房屋时,应当事先商得承租人同意,给承租人造成损失的,应当予以赔偿。

《城市房屋租赁管理办法》第 24 条:承租人有下列行为之一的,出租人有权终止合同,收回房屋,因此而造成损失的,由承租人赔偿。

(一)将承租的房屋擅自转租的;

(二)将承租的房屋擅自转让、转借他人或擅自调换使用的;

(三)将承租的房屋擅自拆改结构或改变用途的;

(四)拖欠租金累计六个月以上的;

(五)公用住宅用房无正当理由闲置六个月以上的;

(六)租用承租房屋进行违法活动的;

(七)故意损坏承租房屋的;

(八)法律、法规规定其他可以收回的。

第七章
财经理论文章写作

教学目标

了解财经理论文章的概念和特点、财经评论和财经论文的概念和作用。

熟悉财经评论和财经论文写作的使用范围与基本要求。

掌握财经评论和财经论文的结构、写作方法和写作要求。

教学重点

掌握财经毕业论文的概念和写法。

教学难点

掌握财经学术论文、财经评论的结构和写法。

【导入新课】

2012年4月12日,中国银行首席经济学家曹远征在广东省中山市团市委、市青联举办的"中山青年大讲堂"主讲,分析了中国当前若干经济热点,其中主要分析了当前世界经济的走势。他认为,由于欧洲货币一体化进程中财政一体化没有跟上,导致了欧盟资产负债,由此导致全球经济出现衰退,在全球经济的衰退背景中,中国正在面临艰难的考验。

此外,从郎咸平、张维迎、时寒冰等经济学家、财经评论家的论述中,我们更能够迫切地感受到当代中国经济面临的问题。如时寒冰2011年出版的《时寒冰说:经济大棋局,我们怎么办》对中国经济发展趋势就作出了极为精粹的分析。里面涉及的货币问题、股市问题、石油问题、粮食问题、债务问题等都有精妙的分析,甚至对日本大地震也有独到的见解和分析,将日本地震与经济大棋局结合起来分析,这是很独到的眼光。可以说,在这部大师级的作品中所展露出来的当代经济问题是值得我们每一个人深思的。这本书也是当代财经理论分析的最佳作品之一。在这个全球化日益深入的时代,如何把握经济发展的脉搏,如何深入地了解世界和中国的经济问题,或者深入研究世界和中国的经济问题,所有这些,都和我们息息相关。

从财经应用文写作角度来看,财经理论文章的写作可能是财经应用文写作中比较困难的部分,这主要是因为财经理论文章的理论性和专业性都比较强。但是,同学们将来有很多人是要在财经领域工作的,无论你做的是什么工作,若要对本行业有比较深入的了解,都必须对国家的宏观经济、区域经济有比较全面和深入的知识,并且往往需要写作相关的专业文章,而要达到这些目的,就需要具备阅读和写作财经理论文章的能力。

财经理论文章的写作需要长期艰苦的学习和不断的努力,这当然需要各位同学在自己的专业领域有深入的学习和不断的探索。但是,学习财经理论文章的一般写作知识,掌握财经理论文章的一般写作方法,对大家的进一步学习一定是有帮助的。

第一节　财经评论写作

一、财经评论的概念

财经评论是最为常见也是最受广大群众欢迎的一种财经理论文章。财经评论是一种以议论、说理为主要的表达方式,对现实中存在的财经现象或发生的各种财经问题进行评价和论述,从而表明作者的观点和态度的文章样式。

二、财经评论的特点

1. 时效性

财经评论的时效性是指财经评论关注的是现实的财经生活,它的任务是迅速、及时地对新近发生的财经事件及时做出报道和评析,提出和解决当前最迫切要解决的问题。

2. 理论性

财经评论的理论性首先体现在它以议论作为主要表达方式。虽然财经评论允许采用灵活多样的表达方式来增强表达效果,但总体来说仍然以议论为主。其次,财经评论的写作离不开财经理论的支持,财经评论无论是直接对某一理论问题作出阐述,还是运用财经理论来评析财经现象,始终都是在财经理论的指导下进行的。

3. 群众性

财经评论的群众性,首先要求它的内容是广大人民群众最关心和最感兴趣的,是同人民群众的切身利益密切相关的,又是能及时反映人民群众要求和呼声的。其次,论述方式和语言的使用,都要符合广大群众的接受特点和需要。

三、财经评论的类型

1. 社论

社论是以媒体的名义发表并代表媒体观点,以一定时期内党和政府的财经方针、政策为指导,针对当前财经领域中的重大财经问题所发表的指导性评论。社论多见于各级党政部门的机关报,如《人民日报》、《厦门日报》等。

2.财经评论员文章

财经评论员文章反映了编辑部的集体观点和意见,并选择重大财经事件中的一个侧面,对问题和决策进行更深一层的分析。

3.财经短评

财经短评是抓住某一具体问题或问题的某一侧面进行扼要的分析。财经短评篇幅短小,观点鲜明,具有较强的可读性,很受读者的欢迎。

4.编者按

编者按可以置于报道的前面,也可以放在报道的末尾处,甚至可以穿插于报道内容之间,其作用在于画龙点睛,点明新闻报道的精华,深化新闻报道的主题,以引起读者对报道对象的关注,加深读者对报道内容的理解。

5.财经杂文

财经杂文是一种具有较强的文学色彩的财经评论,是作者针对某一具体财经问题所做的随笔式的评论。

四、财经评论的写作

1.财经评论的结构

（1）引论

引论是财经评论的开头,一般应该开门见山,可以直接提出论点,或是提出需要解决的问题,或是以新闻事实作为开头。主要论述评论的对象和目标,将有关经济事实的典型材料叙述出来,点明评论的作用和意义。

（2）本论

本论是财经评论的主体,是对引论中所提出的问题的分析与评论。在写作时,要以现行的经济方针、政策、法律为依据,将宏观与微观结合起来,进行论据充分、典型、有说服力的评论。财经评论本论部分的写作手法应根据具体内容而定,总的来说应注意以下几个问题:

必须评之有理,论之有据;必须有一条鲜明的逻辑主线贯穿于论述过程的始终;要安排好论证的步骤、文章的层次,系统周密地对问题进行论述。

（3）结论

结论是财经评论的总结,写作方法灵活多样,可以直接点明或重申作者的观点,也可以提出一个富于启示性的问题来启发读者的思考。

2.财经评论的写法

财经评论主要采用议论方式,也可采用以议论为主的夹叙夹议方式;可以用对话方式写,也可以用书信的方式写。财经评论的写作可以分为三个步骤:一是准确选择议论目标;二是对选准的目标,用所掌握的事实材料进行辩证分析,表明观点;三是提出恰当的评价或合理的建议。

【范文 8.1.1】

房地产调控还能维持多久？

时寒冰

作为加在地方政府头上的紧箍咒，房地产调控政策，一直被各地政府想尽办法化解、突围，只不过有的办法太直接，霸王硬上弓，搞得中央没有面子，很快就被叫停。比如，芜湖市出台的"免契税、补贴"的楼市新政，新政以红头文件形式下达，证据确凿。并且，新政没有任何前戏部分，无论入戏的还是看戏的，都觉得索然无味。好比跳交谊舞，第一步就踩在了对方脚上，让中央疼得鼻涕都流出来了，还假惺惺地问："亲，真的……踩到您了吗？"结局当然是很快夭折。

此为下下之棋。

相比而言，中山市就略微含蓄一些。一边声称严格执行中央的房地产调控政策，在政治上与中央保持一致——先保证舞蹈时不踩住中央的脚，一边宣布将商品房限价从每平方米 5800 元上调至 6590 元，为房价悄悄打开上行空间。此为明修栈道，暗度陈仓，但中山市暗度陈仓的事毕竟搞得人尽皆知，此为中等之棋。

接下来，最高水平的登场了，是上上之棋，却出神入化到几乎看不见棋路（以下媒体部分如果不另外注明，都源自 2012 年 2 月 21 日的《新闻晚报》）。

"根据去年年初出台的上海版限购令，大多数购房者及市场人士均理解为对已拥有一套及以上住房的非上海户籍居民家庭，政策应是暂停售房。而近期市场却传出外地户籍居民持长期居住证满三年，可享受上海本地户籍居民的同等购房资质的消息。"

"上海市房管局房地产市场监督处副处长蒋慰如在接受采访时表示，上海市住房限售政策没有改变，上海市政府也已经明确了本市将继续全面贯彻国家对于房地产调控的一系列政策和措施，政策不改变，力度不放松……徐汇房地产交易中心的税务咨询人员介绍，非本地户籍人员在沪购房，需要全额缴纳房产税。而按上海户籍居民家庭，新购第二套住房，仍可享受合并计算人均住房面积不超过 60 平方米、免征房产税的政策优惠。"

吃过晚饭，我跟专职负责采访房地产的记者交流，确认，上海市过去从来没有执行过"居民持长期居住证满三年，可享受上海本地户籍居民的同等购房资质"的政策，这是一个全新的全面突破房地产调控的新政策。但是，如果直接这样做，势必遭到中央的强力干预，而上海市做得实在是太滴水不漏，令人叹为观止！

上海的这盘棋是这样下的：

一、先自己"发明""居民持长期居住证满三年，可享受上海本地户籍居民的同等购房资质"的所谓传言，然后，就此事表明立场，显现出自己完全是被动的，不是主动的——连半推半就都不是，完全是在不知道怎么回事的情况下入戏的，从头到尾都非常无辜，清纯得令人心醉。

二、把从来没有在上海出现过的"居民持长期居住证满三年，可享受上海本地户籍居民的同等购房资质"的政策，作为"固有"政策进行强调，表明自己是走在中央调控前面的，不仅轻易突破了中央调控房地产政策的最严厉的一条限制，而且，给足了中央面子，并完全规避了责任，避免了被问责的任何风险——上海市等于告诉中央，我伸出的脚是多年前的脚，这是一种历史性的穿越，而中央伸出的是现实的脚，无论跳什么舞，都不可能踩到对方，因为两者在一个空间而不在同一个时间轴上。这是一种穿越的舞步，是一种团结的舞步，是一种前进中的舞步，是一种催人向上的舞步……

三、假如中央注意不到相关细节，上海方面即可正式施行"居民持长期居住证满三年，可享受上海本地户籍居民的同等购房资质"的政策，至于"居民持长期居住证满三年"的条件，太容易突破了——办个证还能花几个钱？您懂的。

也就是说，限购令在上海已经完全被废除。不仅去掉这种限制，而且，还给予购房者大优惠——"按上海户籍居民家庭，新购第二套住房，仍可享受合并计算人均住房面积不超过60平方米、免征房产税的政策优惠"。

高！

太高了！

就好比被禁止的脱衣舞表演，芜湖市政府上去就脱得精光，完全没有艺术性；中山市则穿着透明裤衩，多少给人点想象空间；上海市则是脱光后涂上颜料，可以理解为类似人体彩绘的艺术——尽管脱得精光，呈现在人们眼前的却是一幅画。至于旁观者看到的是画还是裸体，纯属个人思想觉悟问题，跟上海市没有任何关系。可以肯定的是，大部分人都会说自己看到的是画，而不是裸体，不然显得太庸俗、太阴暗——这正是上海市的高明之处。

我这样说，绝对没有嘲讽上海市的意思，每每想到这些年来给报社找来的麻烦和给相关领导带来的心灵创伤，我都非常内疚，整天以泪洗面，以排遣这种极度的愧疚之情，让自己能够坦然地面对现实的生活。我其实完全理解上海市的做法，我这样说，只是总结上海市的宝贵经验并加以发扬光大——我对任何被无情埋没的才华都有种难言的悲悯之心。

各级政府为什么不断突破房地产调控政策？2012年2月15日，我在供职的《上海证券报》头版发表了题为《不动摇下的摇动》的评论，指出：

尽管中央再三强调楼市调控"不动摇"，但地方政府不断变着花样"摇动"。为何总有地方政府试图摇动楼市调控的底线？一个很表面化的原因是，这些试图摇动调控政策的地方政府官员，都没有受到惩处，甚至连所谓"新政"的叫停也是由他们自行宣布的。不仅没有损失，勇闯"雷区"的地方政府还为当地做了一场免费广告，大大提高了知名度，更像是完成了一种行为艺术。

为什么会是这样的结果？

中央有自己的苦衷：这些地方政府都是卖地专业户，突然专业没有了，他们一下子满脑子的空白，不知道该做什么了。中央当然知道各级政府官员的难处，没法加以严厉问责。另一方面，令箭即出，无论怎样，大家都得配合一下，如果都把令箭当鸡毛，中央的权威还如何保持？因此，上面会暗示出轨的地方政府自行穿上裤子了事——你当你没有脱，我也当我没有看见。这场戏算白演了，OK？

地方政府还敢有半个"不"字么？

问题是，假如中央看不见呢？这种侥幸的机会让一些地方官员想想都激动得如同发情的猫，但都会把声音压抑在心里。他们要做的，只是充分发挥自己的智慧，在细节上多点变通而已。比如,广东中山市宣布将商品房限价从每平方米5800元上调至6590元,放松"限价令"的做法,属于间接救市,但它并非像芜湖市那样以红头文件形式下发,从头到尾都比较含蓄和低调。看起来很像前戏,其实是在动真格的。

"也因此,中山市的做法尚未遭遇叫停。接下来,恐怕还将有地方政府借鉴、模仿这种含蓄的风格继续做新的尝试。"我在文中的这个判断不幸成为现实,上海市的做法一旦被全国其他省市效法,则房地产调控前功尽弃!

那么,地方政府为何在严格的楼市调控之下摇动不止?实在是现实的困境所致。2010年的全国土地出让收入约2.7万亿元,相当于同期地方财政收入的66.5%。这一数据在芜湖更高,其2010年的土地出让金占财政收入的90%,房价下跌,成交量下降,带动地价下滑,使得财政收入立即捉襟见肘,它想到救市其实是顺理成章的事情。

上海应该是中国最具活力和创造力的城市,也是中国财政最宽裕的地方,上海市的政府官员也是中国最务实、最敬业的官员——即使用尽天下最美的词汇,也不能形容我对上海的仰慕之情——如果连上海都走不出这种障碍和局限,那么,还有哪个地方能够真正走出来呢?

上海的现实困境,充满了悲凉的无奈,在中国,也就具有了标志性的意义。

这是当下对地方政府的错误定位导致的必然结果——投资导致而非民生主导。我在发表在报纸上的评论中写道:

如果追根溯源,我们就会发现,地方政府的财政收入相当大的一部分用到了投资方面,而非民生方面。由于投资项目的大小没有边界,所需资金也没有边界,地方政府就会不断推升地价以获取更多资金用于投资。当这种冲动与个人利益密切相连时,就会变得难以遏制。

显然,地方政府屡屡摇动房地产调控的根本动力,源于政府职能的扭曲和错位。政府的职能并非主导经济,而是提供公共产品、公共服务和公共福利,地方政府的职能倘若回归到民生方面,他们便再没有摇动调控的动力。

因此,在上不动摇而下摇动不止的背后,一个更当紧的事情是让地方政府从扭曲、错误的定位之下走出来,逐步变成民生政府、小政府——这当然只是一种设想而已。

在当下,任何有损于地方政绩的政策,都会遭到各种各样的抵制。

为房地产调控政策默哀!

范文简析:

时寒冰是著名经济趋势研究专家和财经评论员,2010年2月与郎咸平、戴旭、郭亦平、于建嵘、张宏良、易宪容、曹建海、孙锡良等被中华网评为"中国互联网九大风云人物"。他始终站在民生角度研究经济问题,提出了许多利国利民的建议。本文是时寒冰写于2012年2月的一篇关于房地产调控的评论文章,文章分析了芜湖市、中山市、上海市在新一轮房地产调控中的做法,尤其重点分析了上海市调控房地产的做法,经过分析,作者显然对新的房地产调控政策感到失望。之所以拿上海市来分析,是因为上海市是中国"最具活力和创造力的城市,也是中国财政最宽裕的地方,上海市的政府官员也是中国最务实、最敬业的官员",但是,即便如此,房地产调控——"限购令"在上海市被完全废除,作者感慨道:"如果连上海都走不出这种障碍和局限,那么,还有哪个地方能够真正走出来呢?"文

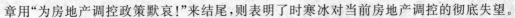

章用"为房地产调控政策默哀!"来结尾,则表明了时寒冰对当前房地产调控的彻底失望。

时寒冰的财经评论文章以分析精当著称,更重要的是,他的评论文章有着深厚的底蕴和忧国忧民的情感,这使时寒冰的财经评论文章极为好读,即便是普通读者,也能从他的文章中感受到他的文章之美,并深切地感受到他内心深处的学术良心。

 课后练习

一、简答题

1.什么叫财经评论?它有什么特点?
2.财经评论的结构如何?写作中要注意哪些方面?

二、写作训练题

根据您的专业背景,您对目前的经济社会发展中的热点问题有什么看法?请试写一篇1500字左右的财经评论文章。自拟题目,自选角度。要求材料真实典型,具有一定的理论性,有自己的独到见解。

第二节 财经论文写作

一、财经论文概述

(一)财经论文的概念

财经论文是研究财经现象、探讨财经规律、发展财经理论、指导财经工作实践的学术论文。它既是进行财经研究的一种手段,又是描述科研成果、进行学术交流的一种工具。

在财经领域中,对某些现象提出新的见解,或在实践中有新的发现、新的主张,或对某些材料加以整理、分析后得出新的结论,都可写成财经论文。它所涉及的范围极广,宏观微观,古今中外,在辽阔的财经领域里,分析问题,总结规律,指明方向,推动财经事业向前发展。

(二)财经论文的特点

1.科学性

科学性是财经论文的基本属性。财经论文的科学性,表现在两个方面:其一,要有正确的命题,即提出的论点能反映客观财经规律。因为财经论文写作,正是从对具体财经现象的分析、研究中发现客观规律,作为自己立论的基础。这样,它才能正确指导财经活动实践,并经得起实践的检验。其二,论证要系统、严密、合乎逻辑,即论据与论点之间有必然联系。因此,财经论文要求作者实事求是地揭示客观规律,探求客观真理,发挥认识世界的作用;不能主观臆断,论点、论据、论证都要科学。

2.创造性

创造性是科学研究的生命,也是财经论文的生命。财经论文的创造性,就是其提出的理论或方法是前人未曾提过的新发现。

3. 专业性

财经论文是针对某一领域的某一问题进行研究,具有明显的专业性,同时也要使用与内容和问题相对应的专业术语。

(三)财经论文的分类

1. 理论研究型论文

它是对某一财经现象或行为进行理论探讨而写出的论文。这类论文的理论性很强,论说色彩浓厚,具有突出的逻辑性和很强的学术性。

2. 工作研究性论文

它是针对财经活动中的实务问题进行研究而写的论文,针对性很强,往往是就某些具体问题发表意见,或提出解决问题的办法,或提出建议。

3. 学术论文

它是指在学术会议或刊物上发表的论文,多用于学术交流,篇幅有一定的限制,一般只要求表示研究成果,不介绍研究的具体过程,也很少有附录。

4. 毕业论文

它是指高等院校毕业生根据专业培养目标,在专业课教师的指导下,综合运用所学的知识表述理论创造或表述分析的应用文体。按学生层次及申请学位的不同,可以把毕业论文分为:普通毕业论文,即由大专生撰写的论文;学士论文,即由大学本科生撰写的论文;硕士论文,即由攻读硕士学位的研究生撰写的论文;博士论文,即由攻读博士学位的研究生撰写的论文。

(四)财经论文的作用

(1)财经论文是开发智能、培养高素质人才的手段。进行财经科学研究是一种复杂的脑力劳动,必须探索事物的内在联系和必然规律,要求研究者具备较强的思维能力,特别是逻辑思维能力与创造思维能力。而财经论文写作,从选题到表达都是一种严谨的逻辑思维活动,一种创造性的思维过程。每写一次作者对客观事物的看法便会进一步,思维能力与创造能力就得到一次锻炼。

(2)财经论文是用来表达财经科研成果、进行学术交流的工具。财经论文是财经研究成果物化的呈现形式。无论何种领域,研究活动的最终归宿总是用论文来表达,然后才能进行学术交流,才能形成百花齐放、百家争鸣的局面,财经科学才能繁荣。

(3)财经论文为财经活动决策提供理论依据,是指导财经活动的理论武器。财经论文写作的目的性很强,它使研究成果物化为财经理论,其最终目的不是供人欣赏或消遣,而是为了指导财经活动。没有理论指导的实际是盲目的实践。为避免财经活动的盲目性,为国家、为社会财经建设作出科学的决策,就必须要有先进的理论作指导。

(五)财经论文的写作要求

1. 内容要有创新性

论文的内容必须有创造性,也就是说论文要有新的理论、新的思想、新的观点、新的方法。

2. 论据要充分有力

论文的论点是否成立,关键要选择真实、新颖、典型、充分的材料。

3. 论证要合乎逻辑

论文在撰写中,材料的选择与安排、论点与论据的关系、论证方法都要合乎逻辑,在论证中不能出现逻辑错误。

4. 结构要合理妥帖

论文要有自己的结构,即由引言(绪论)、正文(本论)、结论三部分组成。考虑到论文的内容千差万别,形式多种多样,所以,论文在布局时一定要合理安排结构,详略分明,使各部分浑然一体,绝不能松松散散、支离破碎。

5. 语言要符合要求

撰写论文的语言力求做到准确、简洁、质朴、得体。准确是指用语确切,符合实际;简洁是指用语简明扼要,用字少而精;质朴是指用语通俗易懂,不哗众取宠;得体是指行文规范、分寸得当。

二、财经学术论文写作

(一)财经学术论文的概念

财经学术论文是对财经科学领域中的问题进行总结、研究、探讨,表述财经科学研究成果的文章。

(二)财经学术论文的结构与写法

一篇完整、规范的财经学术论文通常由标题、作者署名、摘要、关键词、正文、注释、参考文献著录等几个部分组成。

1. 标题

学术论文的标题是论文的题旨,它有专指性,论文的标题要引人注目、有所创新;要准确而简洁、确切无误地反映文章的主要内容,做到言简意赅。学术论文一般不超过 20 个字,必要时可用一破折号加副标题放在主标题之下。

2. 作者署名

作者姓名写在标题之下中间或稍偏右的位置,署名和标题之间要空出一行。两个字的姓名,中间要空一格。

3. 摘要

用概述的方法,以精练的语言简明扼要地介绍论文的研究目的、对象、方法、结果、结论和应用范围等,是对论文内容不加注释和评论的概括性陈述。

4. 关键词

关键词又称主题词,从论文中选出最能代表论文中心内容特征的名词和术语,以 3~8 个字为宜。

5. 正文

正文内容是作者学术理论水平和创造才能的集中体现,是论文的主体。学术论文的正文包括绪论、本论和结论。

绪论。学术论文的绪论安排在文章的开头,又叫"导论"或"引言",说明研究的动机、目的和意义。

本论。本论是对论题展开论述的核心部分,它能具体而明确地展示研究的过程和成果,能体现出作者科研的能力和水平,能传达出论文科学信息的含量及其科学价值。

结论。学术论文的结论部分,写法比较灵活,主要内容包括:作出论证结束后的答案,指出完成推论过程的结果。具体写法是把本论中分析论证的问题加以归纳综合,然后简练明了地概括出基本论点。

6. 注释

注释是作者对论文中的某些字、词、句加以必要的解释和注明来源出处,对论述过程中所涉及的难点、专业术语作必要的说明。

7. 参考文献

参考文献是作者撰写论文所引用和借鉴的主要文献。在论文的写作过程中,撰写者大都要翻阅、查看大量的有关书籍、报刊,甚至要引用或借鉴其中的某些观点、数据。凡是论文中引用或参考的资料,都必须说明出处,这是作者写作态度严肃认真的体现,也便于读者查对有关内容。

根据国家标准局《文后参考文献著录规则》GB/T 7714—2005 的规定,图书的著录格式是:[序号]、作者、书名、出版者、出版地、版次、出版年月、起止页码;期刊的著录格式是:[序号]、作者、文献标题、刊名、卷期号、年月、起止页码。常见的参考文献的标注方法有以下三种:

夹注,即段中注,直接在引文后用括号注明作者、篇名和出版发表期号等事项。这种方法用于引文出现次数不多的经济论文,否则会不便于阅读正文。

脚注,即页下注,将同一页引用的文献按顺序编号,然后集中在本页下端依序号注明。这种方法最便于阅读,是目前在学术专著中常用的方法。

尾注,将全文引用的文献统一按顺序编号,然后在文末依次注明。

(三)财经学术论文的写作要求

(1)选题要有明确目的,应优先选择对当前财经工作有重要意义且在学术上有探讨价值的题目。

(2)对选定的题目必须有自己独特的发现或独到的见解。

(3)要按照绪论、本论、结论的基本型写作,语言要精确、严肃、庄重、简洁、明白晓畅。

三、财经毕业论文写作

(一)财经毕业论文的概念

财经毕业论文是高等院校财经类专业的学生在修业期满时撰写的,总结自己专业知识与研究某一财经问题的财经论文。它是学术论文的一种,但是层次相对较低,因为它是学生对大学学习情况的总结,是在导师指导下进行的一次训练,是检查学习成绩的一种手段。

(二)财经毕业论文的写作

财经毕业论文的写作,包括选导师、选题、收集材料、拟写提纲、撰写和修改等五个环节。

1.选导师

学生应该按照自己的研究方向来选择导师。导师的主要任务是帮助学生确定选题，指导学生制订研究计划，审定论文提纲，指导学生研究，解答学生疑问，评定学生论文成绩等。

2.选题

毕业论文的选题要做到专业对口，以专业课程的内容为主；要注重理论联系实际，有现实意义；要考虑主客观的条件，有充分的保障；要难易适度，大小得当。选题方式有三种：一种是从导师命题的题目中选，二是从自己接触的财经问题中选，三是在导师的引导下选题。

3.收集材料

毕业论文的选题确定以后，接下来就是收集、鉴别和使用材料。论文材料包括直接材料和间接材料，需要从大量的调查研究及大量的阅读中获得。收集材料时要善于利用图书馆、网络和各种工具书。

收集材料的途径有两条：一是深入调查研究，掌握第一手材料；二是阅读书报文献，掌握第二手材料。

4.拟订提纲

提纲是论文写作的设计图，起着疏通思想、安排材料、形成结构的作用。提纲一般应该包括：(1)题目，即论题范畴和中心论点；(2)论题的提出，即为什么要选取这样一个论题；(3)分论点，包括每个分论点的论据和论证方法；(4)结论。提纲的写法可繁可简。

5.撰写和修改

拟订了提纲之后，就进入了撰写阶段，应该按照提纲拟定的论点组织材料，进行周密论证，并反复修改。毕业论文的修改主要是着眼于论点的再斟酌、论证的检查、结构的调整和文字的推敲等四个方面，使论文论点鲜明正确，说理全面透彻，逻辑严密，结构严谨，语言准确。修改应根据导师的审稿意见仔细修改，并将修改稿交导师进行终审认可并定稿。

(四)财经毕业论文的撰写格式和要求

毕业论文及有关材料，一律使用 A4 纸打印。正文用宋体小四号字，1.5 倍行距。具体撰写格式和要求如下：

1.封页

包括封面和封底，由学校统一印制。

2.页码

自第 1 页开始，在右下角用阿拉伯数字连续标注页号。

3.目录

首页为目录页，便于阅读和教师评阅。左侧为层次标题，右侧标明所在页码。

4.题名

题名是对论文主要内容的高度概括和综合，题名要以最简明、最确切的词语反映论文中最重要的特定内容，要符合汉语逻辑，并有助于选定关键词。题名一般不超过 20 字。

5. 署名

署名包括毕业生姓名、学院全称、系（部）、专业、年级、班级、指导教师姓名等。

6. 摘要

摘要是对研究目的、方法、结果、结论等的概括和总结。摘要应该具有独立性和自明性，是一篇完整的短文。摘要篇幅以 200～300 字为宜。

7. 关键词

关键词是反映论文主题内容的词或词组，并便于文献的索引和检索。关键词以 3～5 个为宜。

8. 引言

或称前言，包括立题依据，研究的目的、意义、主要方法、范围、背景（研究动态）等。引言应开门见山，言简意赅，重点突出，科学严谨。

9. 正文

正文是论文引言之后、结论之前的部分，是论文的核心内容。主要注意事项如下：

①层次标题。层次标题是指除论文题名之外的不同级别的分标题。各级层次标题应简短明确，一般不超过 15 个字；同级层次标题应尽可能结构相同、用词相近、意义相关、语气一致；层次标题一律居左顶格书写，用阿拉伯数字连续编号，不同层次的数字之间用下圆点"."相隔，最末数字后不加任何标点；一、二级层次标题独立成行，三级及其以下层次标题后空 1 格接写内容；层次标题一般不超过四级。

②表。表包括表序、表题、表头、表格、表注等，表应具有自明性，简洁爽快。表序以阿拉伯数字连续编号；表题在表序之后空 2 格书写在表的上方中间位置，其后不加标点；表头指第一行或第一列的项目栏，应简短明确；表格采用三线表，必要时可加辅助线；表中参数应注明量和单位，如所有栏或大部分栏的单位相同，可将单位标注在表的右上角，其余单位标注在相应的栏内；表中需要说明的事项，可用简练的文字附注于表的底线下方；一个表应尽量打印在一页上，必须分页时应标明"续表"字样，且表头不能省略。

③图。图包括图序、图题、图线、图注等，图要精选，具有自明性，美观匀称。图序以阿拉伯数字连续编号；图题在图序之后空 2 格书写在图的下方居中位置；如为坐标图，图线应光滑均匀，主辅线分明，图中的量和单位要齐全，注明纵横坐标轴的意义；如为示意图，各部分的规格、名称等要注明；如为照片，应注明比例、拍摄参数等。绘图需用绘图纸，提倡学生用计算机绘图。

④数字和单位。凡是可以使用阿拉伯数字而且又很得体的地方，均应使用阿拉伯数字。单位一律采用中华人民共和国法定计量单位。

⑤汉字和标点。汉字和标点的使用要严格执行国家有关规定。用字要规范，标点要适当。

⑥结果分析。毕业论文应尽量运用统计分析的原理和方法，对数据进行处理，从而得出结论。

10. 结论与讨论

结论是对论文的主要结果、论点的总体概括和总结，应当准确、简明、完整、有条理。讨论是对尚不能得出结论的部分、与前人研究不一致的地方、试验过程中意外的发现和收

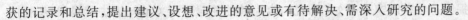

获的记录和总结,提出建议、设想、改进的意见或有待解决、需深入研究的问题。

11. 参考文献

为了反映文稿的科学依据和毕业生尊重他人研究成果的严肃态度以及向读者提出有关信息的出处,正文中应按顺序在引用参考文献处的文字右上角用方括号标明,方括号中序号应与参考文献中序号一致,正文之后则应列出参考文献,列出的参考文献只限于毕业生亲自阅读过的、最主要的、正式出版的文献。参考文献一般不少于5篇。

参考文献的著录格式:

期刊——作者.题名.期刊名称,出版年,卷号(期号):起始页码—终止页码.

图书——著者.书名.版次(第一版不标注).出版地:出版者,出版年.

12. 注释

解释课题来源、作者及某些项目时,均可以使用注释。注释内容应置于当页地脚,并在页面的左边用一短细水平线与正文分开,细线的长度为页面宽度的1/4。

(五)财经毕业论文的答辩程序与成绩评定

在我国现行的高校毕业论文中,学士以上的毕业论文都必须进行答辩,高职高专学生的毕业论文则要视情况决定是否进行答辩。

1. 毕业论文答辩的目的

答辩是毕业论文写作整个过程中的最后一环,其主要目的:一是为了检查学生的毕业论文是否已达到既定的要求,具有怎样的学术价值,最后判定其论文价值;二是为了考查学生对专业知识掌握的深度和广度。学生在毕业论文的写作中所运用的知识有的已确实掌握,能融会贯通地运用;有的可能是一知半解,并没有转化为自己的知识;还有的可能是从别人的文章中生搬硬套过来,连基本含义都没搞清楚。在答辩会上,答辩小组成员把论文中有阐述不清楚、不详细、不完备、不确切、不完善之处提出来,让作者当场作出回答,从而就可以检查出作者对所论述的问题是否有深广的知识基础、创造性见解和充分扎实的理由。三是为了鉴定学生的写作态度和真实性。由于现代网络技术的支持,确有不少学生到网上去找资料,然后东拼西凑整合成一篇论文,而指导教师限于个人的精力和阅读面有限,很难识别所有论文的真伪。而答辩小组或答辩委员会中三名以上教师组成,鉴别论文真伪的能力就更强些,而且在答辩会上还可通过提问与答辩来辨别抄袭者,从而保证毕业论文的质量。

2. 毕业论文答辩的基本程序

目前,我国高校毕业论文的答辩程序主要由答辩准备阶段、答辩过程和成绩评定三个环节构成。

(1)答辩准备阶段

答辩准备阶段首先是指导教师要对学生的毕业论文作出整体判断,写好评语,打出论文书面稿的成绩,并明确判定该生论文是否可以参加答辩。其次是学生应该在指导教师的指导下写出答辩报告提纲、必要的草图、相应的资料等。

(2)答辩过程

宣讲论文。答辩学生用20~30分钟报告毕业论文内容。建议答辩者根据事先准备的讲稿,借助多媒体或幻灯片,边演示边介绍,并尽可能脱稿演讲。

专家提问。专家以毕业论文的研究内容为基础并兼顾相关的知识进行提问;所提问题应具有考察性而非询问性,应难易程度适中、大小适度,先易后难、逐步深入,表述明确、具体、容易理解等。同时,专家对答辩学生应适当启发、深入引导。

回答问题。答辩学生宣讲毕业论文完毕后,要集中注意力记录专家提出的问题,以便做出完整的答复;并将幻灯片返回到论文题目页,以便专家准确提问。通常,经过短暂的准备后,答辩学生用大约 30 分钟的时间对专家的提问做出认真回答。

(3)成绩评定

毕业论文的成绩主要由文稿成绩和答辩成绩两部分组成。文稿成绩主要由指导教师个人评定,毕业论文的成绩使用等级制,即优秀、良好、中等、及格和不及格五级,也有的学校采用百分制。答辩成绩是由答辩委员会评定的,学生答辩完成后,答辩委员会根据论文质量和答辩情况进行讨论,并对论文和答辩过程中的情况进行小结,肯定优点,指出错误或不足之处。答辩委员会的小结内容包括评述论文内容和论文结构、提出论文存在的问题、评价论文和论文答辩情况等。最后,答辩委员会以无记名投票表决的方式决定论文答辩是否通过。通常,至少要有三分之二的答辩委员会委员同意通过,才能确定学生通过论文答辩。对不能通过答辩的学生,答辩委员会要提出论文修改意见,允许答辩者在一年内修改论文后另行答辩。

【学术论文例文】

浅析民办高校教育成本管理存在的问题及对策

王志强

摘要:近年来,随着民办高等教育的不断发展,民办高校教育成本管理中的问题日益显露,这些问题如果得不到及时的解决,将会影响举办者和投资人的积极性,阻碍民办高校的健康、持续、稳定的发展。本文从目前我国民办高校教学成本管理存在的问题,分析了完善教育成本管理的一些对策。

关键词:民办高校;教育成本;问题;对策

民办高校竞争日益激烈,教育成本不仅是影响盈余高低的一个因素,而且是影响民办高校竞争力大小、可持续发展的重要问题。因此,民办高校管理必须关注教育成本,只有把现代的成本控制理论运用到民办高校管理的实践中去,才能提高民办高校的核心竞争力,才能使我国民办高校走上可持续发展之路。

一、民办高校教育成本概述

(一)民办高校教育成本的内涵

民办高校教育成本是指用于培养学生、为使学生接受高等教育服务所耗费的资源的价值,包括以货币支付的高等教育资源价值和因接受高等教育服务所造成的价值损失,即直接成本和间接成本。直接成本是直接用于教学和学生方面的各项费用,主要包括学生费用和教学费用,也就是高校直接用于学生事务的各种费用和学校为培养学生在教学过程中发生的各项费用。间接成本是指间接用于培养学生的费用,主要包括教学辅助费、教学管理费和行政管理费等其他费用。

（二）民办高校教育成本的构成

2005 年 6 月出台的《高等教育培养成本监审办法》中明确规定,高校教育培养成本由人员支出、公用支出、对个人和家庭的补助支出和固定资产折旧四部分构成。其中人员支出包括:教职工基本工资、津贴、奖金、社会保障缴费、其他人员支出;公用支出包括:办公费、印刷费、水电费、取暖费、邮电费、交通费、差旅费、会议费、培训费、福利费、劳务费、招待费、租赁费、物业管理费、维修费、专用材料费、其他公用支出;对个人和家庭的补助支出包括:离退休费、抚恤和生活补助、医疗费、助学金、住房补贴和其他支出;固定资产折旧包括房屋建筑物折旧、设备折旧。

二、民办高校教育成本管理存在的问题

虽然我国民办高校近年来发展迅速,但在教育成本管理中仍然存在着各种各样的问题。

首先,成本管理意识不强,观念落后,只重视事后分析,忽略事前预测和决策。在市场经济中,民办高校作为市场的主体,要在市场中提高竞争力,就必须不断提高教学质量,由此必然涉及教学科研领域、教师队伍的建设投入。旧的成本控制观念以是否节约为依据,片面强调降低成本、节省费用开支。在市场经济条件下,这种以"成本节省"为主导的成本控制,一方面会挫伤学校为未来绩效而支出某些短期看来是高昂的费用的积极性,从而影响学校的教学质量和教师队伍的建设;另一方面还会因顾及局部要求而损害学校的整体目标。例如,出现片面减少教学费用而降低教学质量,造成学生流失并影响招生。

其次,成本管理没有形成一个科学的、系统的、有机的整体。成本管理包括成本预测、成本决策、成本计划、成本控制、成本核算、成本分析、成本考核等七个部分的内容。但是民办高校在现实成本管理中,成本预测、决策、计划、控制、核算、分析、考核相互脱节,使高校很难实现管理目标。

最后,忽视对学校成本管理文化的塑造,任何管理活动最终都要由人去完成,成本管理工作也不例外。传统的成本控制运行机制过多地依赖行政手段来增强成本控制的外在约束力,难以发挥人们的积极性和创造性,学校管理者只是被动地去完成董事长所交代的各项成本降低计划,而没有积极主动地去改善成本管理的内部环境,更谈不上塑造学校的成本管理文化,也就不可能在学校内部建立全员成本管理理念,整个成本控制运行机制就缺乏一种内在的动力。

三、完善民办高校教育成本管理的对策

（一）坚持依法管理的原则

虽然我国目前已经颁布针对民办高校财务制度方面的专门立法,如《民办高校促进法》、《非营利组织会计制度》、《民办高校财务管理制度》、《高等教育培养成本监审办法》等,但是这方面的管理仍然比较混乱。因此,民办高校在财务管理中应参照国家对高校的相关规定,严格贯彻执行国家有关法律、法规和财务规章制度,依法规范学校的财务行为,遵守国家制定颁布的适用于社会各领域的重大经济法律和法规;执行政府下发的适用于高等学校经济活动专门领域的各项财务制度;依法维护学校的自身权益,使其不受侵犯,保护学校应得的经济利益不受损失或损害。

（二）建立合理的成本控制体系

民办高校应该按照专业化、多元化、多角化的指导思想来做好学校战略谋划和运作，要以市场为导向设定目标成本，在学校建设开发阶段就引进目标成本，做好市场调查、教育需求预测，了解竞争对手的动态，结合学校的目标盈余确定目标成本。另外，还应该推行目标成本责任管理制度。成本控制必须从成本发生的源流、引进项目设计及其相关的教育教学设备投资开始，深入到成本发生的全过程，必须深入到各二级学院、教务处、招生、教学等各职能部门。学校需要注意的是，从高层管理到各分院负责人及教学管理人员都是成本控制的主体，都必须对成本控制承担起责任。同时，成本控制必须要有强有力的保障措施，组织结构与管理制度对成本控制措施的实施起着保障作用。

（三）树立现代成本意识

现代成本意识是指学校管理人员对成本控制有足够的重视，不受"成本控制即为成本降低，成本到一定程度即无法再降低"的传统思维定式的束缚，充分认识到学校成本降低的潜力是无穷无尽的。在相关指标不变的情况下，降低成本支出的绝对额，相应地增加学校的收益，而单纯的成本降低确实是有限度的。然而，在各项经济指标发生变化的情况下，有时增加成本支出的绝对额，反而会相应地增加学校的收益。因此，现代成本控制的内容不仅仅是孤立地降低成本，其目的是从成本与效益的对比中寻找成本最小化。

（四）重视财务预算管理

加强财务预算控制和资产的管理，控制运营成本，为克服学校一方面资金短缺，而另一方面资金占用较多，运营效率低的被动局面，学校要把提高资金的运营效率摆在重要地位。经济效益的好坏，取决于学校的投资规模及最佳的投资流向和合理流量。因此学校一方面要做好财务预算，合理配置和优化资金结构；另一方面对新上项目或合作项目的选择上，必须进行可行性分析，然后再实施。这样运用科学的方法进行决策分析，预测投资项目的预期结果，就可以尽量避免决策失误，造成不必要的损失。只有将有限的资金用在"刀刃"上，投向最合适的地方，才能降低总成本，提高经济效益。

学校预算的编制，与学校的目标、规划相统一，综合反映学校规模和事业发展的方向。在预算中，学校如何对内部资源进行整合、利用，如何与外部资源进行协调、对接都有具体的安排，通过这一系列的具体安排，对学校的管理活动作了一定的规划，有利于凝聚力量、统一思想。再加上现在民办高校的规模日趋扩大，内部组织机构会变得更为庞大复杂，利益相关者更加广泛，出资人、办学者、管理专家、教学科研人员、学生及其家长、国家政府和社会公众，共同组成了学校交互式财务关系，内部组织机构的业务内容都具有相对独立性。妥善处理各方财务关系，合理安排各利益相关者的经济关系，协调各方面的步调，是民办高校内部运行机制的核心内容。预算体现学校整体的最优方案使各利益相关者的责、权、利关系得以用表格化的形式体现，使学校形成一种有效的内部控制管理，造就一种机制安排，使各方面关系得以确定、贯彻和推行，为民办高校日常规范运行创造条件。

（五）实施以成本控制为中心的学校文化管理

学校文化作为民办高校核心竞争力的重要组成部分，对学校取得竞争优势、获得核心竞争力有着不可替代的地位。中国的民办高校只有充分吸收和借鉴国外学校的成功经验，才能在纷繁复杂的市场经济环境中，面对汹涌而来的全球化浪潮，找准自己的定位，以民办高校真正的核心竞争力来应对国外学校的挑战。人的思想问题是推进改革最大的阻力,人的问题解决不了,什么都解决不了。学校所有的一切工作都要由人来落实,有什么样的学校文化,就有什么样的学校发展状况。人是向成本控制要效益的关键,因此首先要强化思想教育,转变教职员工观念,通过教育,转变教职员工只看任务、只花钱不算账,控制成本与己无关的观念,激发教职员工积极参与成本控制的自觉性。同时引导教职员工提高教学水平,提高管理水平,降低成本,增加效益。其次要强化责任成本控制,规范教职员工行为,形成一个有计划、有指标、有考核、有奖惩的成本控制体系,以求从根本上调动每个教职员工控制成本的积极性,规范教职员工行为。

总之,高校教育成本管理是一项系统工程,必须与人才的培养战略相结合,在保证教学质量的前提下使教育成本最小化。民办高校只有增强成本意识,加强成本核算、控制,科学管理,才能管好用好教育资源,以质量生存,以特色发展,不断提高办学的社会效益和经济效益。

【参考文献】

[1] 黄建妮,《高校教育成本管理中的问题分析及对策》,《事业财会》,2007(4)。

[2] 张琴,《民办高校教育成本管理现状与对策研究》,《中国科教创新导刊》,2008(1)。

[3] 祁进,《高校教育成本管理的问题与对策研究》,《黑龙江教育学院学报》,2010(1)。

例文简析:

本文是关于"民办高校教育成本低管理存在的问题与对策"的论文。全文分为三个部分阐述:一是民办高校教育成本概述,二是民办高校教育成本管理存在的问题,三是完善民办教育成本管理的对策。从全文来看,逻辑性是比较强的。三个部分按照一定的逻辑来安排,重点则放在第三部分,作者提出了五个对策来完善民办教育成本管理存在的问题。作者的结论是:"高校教育成本管理是一项系统工程,必须与人才的培养战略相结合,在保证教学质量的前提下使教育成本最小化。民办高校只有增强成本意识,加强成本核算、控制,科学管理,才能管好用好教育资源,以质量生存,以特色发展,不断提高办学的社会效益和经济效益。"总体上看,这篇论文具备了学术论文的要素,行文的逻辑性比较强,语言也规范,符合论文的语言。但支撑本文论点的材料略有欠缺,即缺乏有力的第一手材料和典型的案例作为论据来证明作者的观点。

【毕业论文例文】

关于会计信息真实性的思考

詹漫玲

摘要:关于会计信息真实性的思考,包括真实性的界定,会计信息真实性及其相对性和动态性,影响会计信息真实性的因素分析,我国企业会计信息质量现状、原因分析,会计信息失真的后果研究。治理会计信息失真的对策:明确会计责任主体,加强单位负责人在会计监督中的责任,建立严格而不烦琐的会计准则,必须保证会计准则严格执行,及时披露,建立健全企业内部会计监督机制,培养高素质的会计人才,加强会计职业道德观念的建设。

关键词:会计信息;会计信息真实性;信息失真原因

一、会计信息真实性的概念

(一)真实会计信息的含义

真实的会计信息是指生产会计信息的程序符合会计制度、会计准则以及相关的法律、法规等法定规范标准,在所有重大方面都能公允地反映会计主体的财务状况、经营成果及现金流量情况的会计信息。由于难以从会计信息结果本身判定和评价会计信息的真实性,所以在实践中真正奉行的只能是相对真实的会计信息,遵循程序理性观的真实性。

(二)会计信息的用途及作用

1.用途

会计信息主要用来处理企业经营过程中价值运动所产生的数据,按照规定的会计制度、法规、方法和程序,把它们加工成有助于决策的财务信息和其他经济信息。具体地说,会计信息是指会计数据经过加工处理后产生的,为会计管理和企业管理所需要的经济信息。它包括:反映过去所发生的财务信息,即有关资金的取得、分配与使用的信息,如资产负债表等;管理所需要的定向信息,如各种财务分析报表,对未来具有预测作用的决策信息,年度计划,规划,金额等。

2.作用

会计信息是价值运动及其属性的一种客观表达,包含相互关联、互为制约的"数据输入,系统转换,信息输出"三个有机过程。它是整个会计行为系统的核心部分,其实质是各种利益关系的反映。随着经济主体和利益主体的多元化,经济活动的全球化、国际化,以及经济规模的日益扩大和内涵的日益复杂,会计信息在宏观调控和微观管理上越来越显示出其突出而重要的作用。

(三)真实的会计信息应具备的特征

会计信息是决策者进行决策的重要依据之一,会计信息的真实性是会计信息的生命之所在,其真实性包含以下特征:

1.有用性

披露的信息在决策上有用,能够满足使用者需求,增加使用者对市场信息的了解,降低投资决策的盲目性及风险。《国际会计准则》中指出:有用性是指会计信息披露、提供关于企业财务状况的经营业绩等方面的信息,这种信息对于很大一批使用者进行经济决策是有用的,为上述目的而编制的财务报告可以满足大部分使用者的共同需要。

2.可靠性

披露信息必须可靠,不能错误引导用户的判断,不能进行虚假的误导性的陈述,也不得有重大遗漏。要使信息可靠,财务会计报告中的信息必须在重要性和成本的许可范围内做到完整。遗漏能造成信息虚假或令人费解,从而使信息不可靠,并且在相关性上留有缺陷。当信息没有重要错误或偏向并且能够忠实反映其理当反映的情况以供使用者作为依据时,信息就具备了可靠性。

3. 中立性

真实的会计信息应保持中立。中立性是指会计人员形成会计信息的过程和结果不能有特定的偏向,不能在客观的信息上附加某种主观色彩以满足特定信息使用集团的需要,否则,信息的真实性就会受到质疑,如果为了达到特定的成果或结果,通过对信息的选择和列示使财务信息影响了决策和判断,那么信息就丧失了中立性。

二、会计信息质量要求及失真分析

(一)会计信息质量要求

会计信息质量要求直接关系到会计信息使用者的决策行为及后果。为了规范企业的会计的确认、计量和报告行为,及时准确地提供会计信息,保证会计质量,新的会计准则专列一章,对会计信息质量提出以下具体要求。

1. 客观性

客观性是指企业应当以实际发生的交易或者事项为依据进行会计确认、计量和报告,如实反映符合确认和计量要求的各项会计要素及其他相关信息,保证会计信息真实可靠、内容完整。

2. 相关性

相关性是指企业提供的会计信息应当与财务会计报告使用者的经济决策需要相关,有助于财务会计报告使用者对企业过去、现在或者未来的情况作出评价或者预测。

3. 明晰性

明晰性是指企业提供的会计信息应当清晰明了,便于财务会计报告使用者理解和使用。

4. 可比性

可比性要求,同一企业不同时期发生的相同或者相似的交易或者事项,应当采用一致的会计政策,不得随意变更。确需变更的,应当在附注中说明。

5. 实质重于形式

实质重于形式,要求企业应当按照交易或者事项的经济实质进行会计确认、计量和报告,不应仅以交易或者事项的法律形式为依据。

6. 重要性

企业的会计核算应当遵循重要性原则的要求。企业提供的会计信息应当反映与企业财务状况、经营成果和现金流量等有关的所有重要交易或者事项,在会计核算中应根据其重要性程度,采用不同的处理方式。对资产、负债、损益等有较大影响的重大事项,必须按照规定的会计方法和程序进行处理,并在财务会计报告中予以充分、准确的披露;对于次要的会计事项,在不影响会计信息真实性和不至于误导财务会计报告使用者作出正确判断的前提下,可适当简化处理。

7. 谨慎性

谨慎性也称为稳健性,是指企业交易或者事项进行会计确认、计量和报告时应当保持原有的谨慎,不应高估资产或者收益,低估负债或者费用。

谨慎性要求企业在会计处理的各个环节,都应当积极谨慎。不得多计资产或收益,少计负债或费用,不得计提秘密准备。必须充分估计到风险和损失。

8.及时性

及时性要求企业对于已经发生的交易或者事项,应当及时进行会计确认、计量和报告,不得提前或者延后。对会计事项的处理必须于当期内及时进行,不得拖延至后期或提前到前期进行。

(二)会计信息失真的原因分析

1.会计理论、法规制度的不完善

(1)会计理论与客观实际脱离。会计理论来源于会计实践,又指导会计实践。会计理论能否正确反映客观实际,直接关系到会计准则等的科学性,以及会计实践的发展水平和会计信息质量。但事实上会计理论存在以下问题:一是会计理论与客观实际存在矛盾;二是会计理论研究水平未能跟上时代步伐。

(2)会计准则和会计制度不完善。会计准则和会计制度是财政部门会同有关部门制定的,制定机构的人员组成是否具有广泛的代表性,制定人员的知识水平对准则制度的公允性,是否具有较长远的适用性和可行性有很大影响。由于人们认识水平的有限性和认识对象的复杂性,加上人们在制定这些准则、制度的过程中必然或多或少地掺杂进一些个人主观判断,使得各种规范本身就不能完全符合客观实际,因而在这些规范指导下所产生的会计信息有可能偏离实际情况,造成合法会计信息失真。

2.企业产权关系中各行为主体的利益冲突

(1)经营者的自身利益最大化行为造成会计信息失真。经济学假定人是有理性的,理性的个体追求自身利益(或效用)最大化。制度经济学进一步考虑了交易成本之后,假定个体只有有限理性,每个个体都在其所依存的体制所允许的有限的范围内最大化自身利益。由于个体利益不同,在组织中将产生不同的利益主体。一般而言,企业产权关系中有政府、债权人、所有者、经营者等主体。由于各方具有不同的行为目标和经济特征,存在着不同的利益驱动,将不可避免地出现利益冲突。

(2)信息使用者对不真实的会计信息的需求导致会计信息失真。从信息使用者方面看,由于各自利益目标不同,对信息的要求也不一样,有些信息使用者确实需要真实、客观反映经济活动的会计信息,而有些则不然。一是政府部门。从理论上讲,政府部门和国有资产管理部门是最需要真实会计信息的信息使用者,因为肩负调节社会经济运作、管理国民经济、维护社会稳定、保障公众利益、确保国有资产保值增值的职能,能直接感受到会计信息失真的严重后果和对社会经济造成的巨大破坏。二是债权人。目前企业最大的债权人是银行,是否所有银行真的都需要真实的会计信息,这里同样涉及银行的利益问题。目前我国的银行大部分是国有银行,接受贷款的话,那么贷款发放之后会计信息真实性的重要性就大为降低。三是股东。证券市场上的投资者应是最需要真实的会计信息的,因为其与企业的产权关系最明晰,其利益相关性最大。由此可见,某些产权主体可能存在的对不真实会计信息的内在需求,是导致会计信息失真的一个重要原因。

3.企业内部委托、代理关系层次过多及监督机制不健全

(1)企业内部委托、代理关系层次多。目前,在政府所倡导的现代企业内部最少存在以下委托与代理关系:股东(包括国家、法人、自然人等)与董事会之间的委托与代理关系;董事会与经营者之间的委托与代理关系;企业内部经营者与会计部门之间的委托与代理

关系;会计机构内部会计主管与会计人员之间的委托代理关系。由于委托与代理关系层次过多,委托与代理双方利益不相同,形成信息不对称,代理人不可能完全按委托人的意图进行企业行为,有可能提供虚假会计信息。

(2)监督机制不力。企业内部审计部门的监督和工商、税务、财政等行政机关的政府监督以及依法批准设立的会计师事务所的社会监督共同构成了会计工作的监督体系。近年来随着经济的发展,各部门对会计工作的监督职能逐渐形式强化而实质弱化。首先,企业内部审计部门本来应对企业内部的财务状况进行审计,从而履行监督职能,而内部各部门都是在企业主要负责人领导下行使职权开展工作的,并不独立,内部审计难以发挥监督作用;其次,从政府监督来看,工商、税务、财政等行政部门都是从侧面对企业的经营活动进行监督,政府并没有设立专门部门对企业的会计工作进行全面监督;最后,从社会监督来看,虽然各地成立了很多会计师事务所,但现在仅规定公司制企业报表须经会计师事务所的注册会计师审核,而且少数会计师事务所受利益引诱或驱使而出具虚假审计报告,因而会计师事务所也难以起到有效监督作用。

(三)会计信息失真的类型

1.无意失真

(1)无意失真的含义

无意失真是在会计核算中存在的非故意的过失,财会人员由于种种原因可能在会计核算中发生各类失误。无意失真是指基本会计信息的控制人员由于职业道德、专业素质等内因以及行业会计制度的规定等外因的影响,造成的对政策法规理解不透,运用相关条款不当或账务处理错弊而导致的报出会计信息与实际信息不符。因此,无意失真也称为会计错误。

(2)无意失真的内容

一般会出现原始记录和会计数据的计算、抄写错误,对事实的疏忽和误解,对会计政策的误用。

(3)无意失真的特点

1)无意失真并非出于故意,而且从客观后果上看,经办人员并没有从中获益。

2)无意失真可能会对企业的财务状况和经营成果造成影响,也可能并不影响会计信息的合法性和真实性,而只是在业务处理过程和方法上有不妥当的地方。

3)无意失真往往只是个人行为,而非团伙行为。

4)无意失真往往易于查找和纠正,一般不具有隐蔽性。如果企业内部控制制度健全则错误很容易复核,在账目核对、试算平衡、内部审计等环节中被发现,并被予以纠正。

2.故意失真

(1)故意失真的含义

故意失真是指故意的、有目的的、有预谋的、有针对性的财务造假和欺诈行为,也称为会计舞弊。

(2)故意失真的内容

1)伪造、编造记录或凭证;

2)侵占资产;

3) 隐瞒或删除交易或事项；

4) 记录虚假的交易或事项；

（3）故意失真的特点

1) 故意失真一般都是故意行为，当事人进行舞弊是为了达到某种不正当的企图。

2) 故意失真一般都会导致企业最终会计信息被歪曲或掩盖，与客观事实不符，违反国家有关法规和企业会计准则，不能准确、公允地反映企业的财务状况和经营成果。

3) 故意失真可能是个人行为，也可能是串通舞弊的团伙行为。

（4）故意失真的类型

1) 无中生有型。有关经济业务并未发生，相关收入、盈利、资产、负债、权益等并不存在，而是通过摄取假证据，编造假资料、假合同、假印章，编制假会计凭证，记假账，编假报表，凭空捏造收入、盈利、资产、负债、权益等经济业务的造假行为，其表现形式是造假一条龙。

2) 真假双簧型。常见的是两套账：一套是真账，对内；另一套是假账，对外。也有两套账以上的，真账只有一套，假账则好几套，有的假账对付税务机关，有的对付投资股东，有的对付上级主管部门等。

3) 账外账型。常见的账外账是大账之外还有许多小账。大账独立核算，是该单位会计核算的主体，纳税、完成考核指标、应付检查均以该账为依据。小账虽各自独立，核算却不规范，没有统一账目，没有统一报表，由执权人分散掌握开支，核算与否随意。小账多为"小金库"，是贪污、挪用、挥霍、行贿等腐败行为的经济来源。

4) 长官意志型。单位的财会人员的行为受该单位的法人意志支配，一切会计原则和职业道德都难以坚持，不得不服从领导的指示，领导叫怎样做账就怎样做账，领导负有直接责任。

（四）会计信息失真的危害

会计信息是企业经营管理和科学决策的重要依据，是政府对国民经济进行宏观和微观管理的重要信息来源，也是投资者和证券市场必不可缺的信息资料。虚假的会计信息给国民经济带来的危害是极其严重的。

1. 会计信息失真导致了宏观调控与微观决策的失误

会计信息失真导致传递给全国、全社会的信息失去真实性，影响诸如关于国民经济的国内生产总值、国民收入等统计资料误传给国家计划、统计部门，对凭此制订的国家长、短期发展计划和宏观经济调控政策就会起误导作用。基层会计信息失真，对微观主体的决策也会造成决策失误的后果。如果会计信息失真，资金流转、成本水平、效益状况等数据虚假，会导致微观决策失误，造成严重的经济后果。

2. 会计信息失真干扰社会主义市场经济秩序

一个完善的发达的市场经济，是在合法的、公平的竞争机制中发展起来的，会计信息失真，破坏了市场运行的有序性，干扰了资源配置。随着改革开放的深化，现代企业制度的建立，要求企业在符合市场需要的前提下，有健全的以财务为核心的科学管理制度。如果会计信息失真，财会监督就可能失控，经济效益不真实，就会影响甚至破坏市场经济的健康发展，使投资者无所适从，这与深化改革开放的客观要求是不相适应的。

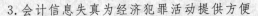

3.会计信息失真为经济犯罪活动提供方便

会计信息失真，不论其是故意的还是无意的，必然会造成漏洞，使不法分子有机可乘。账实不清，可以浑水摸鱼；收入不报，成本不实，截留利润，为贪污盗窃开了方便之门；编造或伪造凭证，虚报冒领、虚盈实亏等。这些都侵蚀了国家资产合法的应有收入。

4.会计信息失真会增加社会的不安定因素

虚假的会计信息往往是操纵会计利润、夸大经营成果、掩盖企业矛盾，如此恶性循环，导致企业资不抵债，濒临破产。一个企业一旦破产，与此有着直接利益关系的那些职工失去经济来源，失业人口增加，不仅给政府等各方面带来巨大的就业压力，而且也给社会增添了许多不安定的因素，影响社会稳定。

5.会计信息失真会带来行业不正之风

一些企业不是想方设法提高经济效益，而是挖空心思，采取各种手段作假，往脸上贴金，那么这种"重任"最终落在会计人员身上。会计人员觉得不影响自己的利益，照做不误，因此，社会上流传着"不会做假账，不能成为合格会计"的说法。这股会计行业的不正之风使会计质量大幅滑坡。

6.会计信息失真削弱了国家财经法规的权威

会计信息失真直接冲击的是《会计法》、"两则"、"两制"和《税法》、《审计法》等国家财经法规，使国家法规流于形式，其严肃性和权威性受到严重影响。比如在增值税专用发票上的弄虚作假，往往就是企业经营者授意、财会人员甘心充当工具的典型事例。置国家法律于不顾，谋求个人或小集体利益，危害国家利益是会计信息失真的归宿，归根结底是会计发展的错位，是会计实践中的误区。

由上观之，会计舞弊导致的会计信息失真，不仅可以削弱政府的宏观调控的效力、市场的资源配置的功能，而且误导投资者、债权人决策，造成严重的经济损失，甚至导致国有资产严重流失，这一系列问题自然为当前迫切需要解决的问题，而且任重道远。对此，学术研究界责无旁贷，有责任对此问题作出理论的解释并给出现实的答案。

三、会计信息失真的治理与对策

(一)完善会计准则与会计制度

防范会计信息失真，必须对会计准则和会计制度加以完善，具体建议是：将提高会计信息的可靠性作为会计准则和会计制度制定的首要目标；在会计准则和会计制度制定过程中，应正确处理统一性和灵活性的关系；检视已经颁布的会计准则和会计制度，寻找并填平其中的真空地带；检视当前的实际，寻找其中的新情况、新交易、新事项，并及时制定相关的会计准则与会计制度。

(二)提高会计人员素质与职业道德

会计人员是会计信息的直接制造者，对于虚假会计信息的产生，他们负有不可推卸的责任。国家和会计工作管理部门，应不断加强对会计人员的思想教育和业务素质的检查，促进会计人员思想水平不断提高，使其能在履行职责中遵纪守法、廉洁奉公，不论遇到何种情况，不丧失原则，不谋私利，自觉抵制会计信息造假行为的发生。同时，会计人员应具备丰富的会计专业知识，并熟悉会计处理程序，精通会计法规、会计制度，能及时为会计信息使用者提供真实有用的会计信息。因此，要加强对会计人员进行业务培训和考核，使其知识不断更新,适应生产经营的要求。

（三）完善公司治理结构

完善公司治理结构,首先必须完善公司产权制度,其具体措施是设立纯经济性的而非行政性的国家国有财产管理机构来充任国有财产所有权管理主体,设立作为中介企业的国有财产经营公司,以确保国有财产经营管理的效率。对国有财产经营公司持有股权的实体企业,要建立一种国有股份与非国有股份相互制衡又相互促进的新的财产运营和增值机制等等,同时,应尽快解决国有股流通问题,以营造国有财产资本化运营机制。

完善公司治理结构的第二个内容便是完善内部监控机制,其具体措施包括:建立完善的股东代表诉讼制度,保护中小股东权益;减少内部董事的比例,防止董事会被内部董事控制;监事的聘用应得到股东大会的批准,以增强监事监控工作的独立性;在组织设置上赋予监事会直接调节经营者行为的能力和手段;建立由公司的非执行董事和监事组成的审计委员会,负责对公司的经营和财务活动进行审计监督,并拥有聘用注册会计师的决定权;建立经理人员与董事会之间一种基于合约的委托代理关系,用合约规定双方的责权利关系。

外部监控机制的完善是完善公司治理结构的第三个内容。为完善外部监控机制,需要采取的措施包括:尽快解决国有股和法人股的上市流通问题,以分散公司的股权,使单个股东所持有的股票在总股本中所占比例降低,使得股票市场能够通过股票市场管理机构制定的政策的执行和公司控制市场的运作来实现其监控功能;鼓励银企合作,建立主银行制度,使主银行能够通过金融监控间接实现对企业的监督;形成经理人的代理权竞争机制;充分发挥企业党组织、工会、职工代表大会及社会舆论的监控作用等等。

结论

随着我国经济体制改革的不断深入和社会主义市场经济的日益发展,真实的会计信息越显重要。会计信息失真的经济后果是不言而喻的,它已经成为困扰资本市场的最大问题,引发了世界范围的前所未有的关注。

【参考文献】

[1] 刘英男,《上市公司会计信息失真问题研究》,东北大学出版社,2005 年 12 月

[2] 许秀敏,《会计基础》,厦门大学出版社,2008 年 8 月

[3] 朱思泽,《会计信息质量与会计监督检查》,中国财经经济出版社,2001 年

例文简析:

这是一篇大专毕业生的毕业论文。论文围绕会计信息真实性这个问题展开论述。全文主要内容是:会计信息真实性的概念;会计信息质量要求及失真分析;会计信息失真的治理与对策。从内容安排来看,着重在"会计信息质量要求及失真分析",文章对会计信息失真的治理与对策也提出了自己的看法。从全文来看,基本上是符合毕业论文的规范的。由于缺乏典型材料对论点的支撑,因而结论不免显得有些苍白。

课后练习

一、简答题

1.什么叫财经论文？它有什么特点？

2.财经毕业论文写作包含几个环节？写作财经毕业论文的格式和要求有哪些？

二、写作训练题

1.根据您的专业特点，写作一篇 3000 字左右的论文，要求材料典型、观点新颖。

2.按照财经毕业论文的写作要求，结合自己专业，拟写一份毕业论文提纲。

附 录

党政机关公文处理工作条例

第一章　总　则

第一条　为了适应中国共产党机关和国家行政机关(以下简称党政机关)工作需要，推进党政机关公文处理工作科学化、制度化、规范化,制定本条例。

第二条　本条例适用于各级党政机关公文处理工作。

第三条　党政机关公文是党政机关实施领导、履行职能、处理公务的具有特定效力和规范体式的文书,是传达贯彻党和国家的方针政策,公布法规和规章,指导、布置和商洽工作,请示和答复问题,报告、通报和交流情况等的重要工具。

第四条　公文处理工作是指公文拟制、办理、管理等一系列相互关联、衔接有序的工作。

第五条　公文处理工作应当坚持实事求是、准确规范、精简高效、安全保密的原则。

第六条　各级党政机关应当高度重视公文处理工作,加强组织领导,强化队伍建设,设立文秘部门或者由专人负责公文处理工作。

第七条　各级党政机关办公厅(室)主管本机关的公文处理工作,并对下级机关的公文处理工作进行业务指导和督促检查。

第二章　公文种类

第八条　公文种类主要有：

(一)决议。适用于会议讨论通过的重大决策事项。

(二)决定。适用于对重要事项作出决策和部署、奖惩有关单位和人员、变更或者撤销下级机关不适当的决定事项。

（三）命令（令）。适用于公布行政法规和规章、宣布施行重大强制性措施、批准授予和晋升衔级、嘉奖有关单位和人员。

（四）公报。适用于公布重要决定或者重大事项。

（五）公告。适用于向国内外宣布重要事项或者法定事项。

（六）通告。适用于在一定范围内公布应当遵守或者周知的事项。

（七）意见。适用于对重要问题提出见解和处理办法。

（八）通知。适用于发布、传达要求下级机关执行和有关单位周知或者执行的事项，批转、转发公文。

（九）通报。适用于表彰先进、批评错误、传达重要精神和告知重要情况。

（十）报告。适用于向上级机关汇报工作、反映情况，回复上级机关的询问。

（十一）请示。适用于向上级机关请求指示、批准。

（十二）批复。适用于答复下级机关请示事项。

（十三）议案。适用于各级人民政府按照法律程序向同级人民代表大会或者人民代表大会常务委员会提请审议事项。

（十四）函。适用于不相隶属机关之间商洽工作、询问和答复问题、请求批准和答复审批事项。

（十五）纪要。适用于记载会议主要情况和议定事项。

第三章　公文格式

第九条　公文一般由份号、密级和保密期限、紧急程度、发文机关标志、发文字号、签发人、标题、主送机关、正文、附件说明、发文机关署名、成文日期、印章、附注、附件、抄送机关、印发机关和印发日期、页码等组成。

（一）份号。公文印制份数的顺序号。涉密公文应当标注份号。

（二）密级和保密期限。公文的秘密等级和保密的期限。涉密公文应当根据涉密程度分别标注"绝密""机密""秘密"和保密期限。

（三）紧急程度。公文送达和办理的时限要求。根据紧急程度，紧急公文应当分别标注"特急""加急"，电报应当分别标注"特提""特急""加急""平急"。

（四）发文机关标志。由发文机关全称或者规范化简称加"文件"二字组成，也可以使用发文机关全称或者规范化简称。联合行文时，发文机关标志可以并用联合发文机关名称，也可以单独用主办机关名称。

（五）发文字号。由发文机关代字、年份、发文顺序号组成。联合行文时，使用主办机关的发文字号。

（六）签发人。上行文应当标注签发人姓名。

（七）标题。由发文机关名称、事由和文种组成。

（八）主送机关。公文的主要受理机关，应当使用机关全称、规范化简称或者同类型机关统称。

（九）正文。公文的主体，用来表述公文的内容。

（十）附件说明。公文附件的顺序号和名称。

（十一）发文机关署名。署发文机关全称或者规范化简称。

（十二）成文日期。署会议通过或者发文机关负责人签发的日期。联合行文时，署最后签发机关负责人签发的日期。

（十三）印章。公文中有发文机关署名的，应当加盖发文机关印章，并与署名机关相符。有特定发文机关标志的普发性公文和电报可以不加盖印章。

（十四）附注。公文印发传达范围等需要说明的事项。

（十五）附件。公文正文的说明、补充或者参考资料。

（十六）抄送机关。除主送机关外需要执行或者知晓公文内容的其他机关，应当使用机关全称、规范化简称或者同类型机关统称。（十七）印发机关和印发日期。公文的送印机关和送印日期。

（十八）页码。公文页数顺序号。

第十条　公文的版式按照《党政机关公文格式》国家标准执行。

第十一条　公文使用的汉字、数字、外文字符、计量单位和标点符号等，按照有关国家标准和规定执行。民族自治地方的公文，可以并用汉字和当地通用的少数民族文字。

第十二条　公文用纸幅面采用国际标准 A4 型。特殊形式的公文用纸幅面，根据实际需要确定。

第四章　行文规则

第十三条　行文应当确有必要，讲求实效，注重针对性和可操作性。

第十四条　行文关系根据隶属关系和职权范围确定。一般不得越级行文，特殊情况需要越级行文的，应当同时抄送被越过的机关。

第十五条　向上级机关行文，应当遵循以下规则：

（一）原则上主送一个上级机关，根据需要同时抄送相关上级机关和同级机关，不抄送下级机关。

（二）党委、政府的部门向上级主管部门请示、报告重大事项，应当经本级党委、政府同意或者授权；属于部门职权范围内的事项应当直接报送上级主管部门。

（三）下级机关的请示事项，如需以本机关名义向上级机关请示，应当提出倾向性意见后上报，不得原文转报上级机关。

（四）请示应当一文一事。不得在报告等非请示性公文中夹带请示事项。

（五）除上级机关负责人直接交办事项外，不得以本机关名义向上级机关负责人报送公文，不得以本机关负责人名义向上级机关报送公文。

（六）受双重领导的机关向一个上级机关行文，必要时抄送另一个上级机关。

第十六条　向下级机关行文，应当遵循以下规则：

（一）主送受理机关，根据需要抄送相关机关。重要行文应当同时抄送发文机关的直接上级机关。

（二）党委、政府的办公厅（室）根据本级党委、政府授权，可以向下级党委、政府行文，其他部门和单位不得向下级党委、政府发布指令性公文或者在公文中向下级党委、政府提出指令性要求。需经政府审批的具体事项，经政府同意后可以由政府职能部门行文，文中须注明已经政府同意。

（三）党委、政府的部门在各自职权范围内可以向下级党委、政府的相关部门行文。

（四）涉及多个部门职权范围内的事务，部门之间未协商一致的，不得向下行文；擅自行文的，上级机关应当责令其纠正或者撤销。

（五）上级机关向受双重领导的下级机关行文，必要时抄送该下级机关的另一个上级机关。

第十七条　同级党政机关、党政机关与其他同级机关必要时可以联合行文。属于党委、政府各自职权范围内的工作，不得联合行文。

党委、政府的部门依据职权可以相互行文。

部门内设机构除办公厅（室）外不得对外正式行文。

第五章　公文拟制

第十八条　公文拟制包括公文的起草、审核、签发等程序。

第十九条　公文起草应当做到：

（一）符合党的理论路线方针政策和国家法律法规，完整准确体现发文机关意图，并同现行有关公文相衔接。

（二）一切从实际出发，分析问题实事求是，所提政策措施和办法切实可行。

（三）内容简洁，主题突出，观点鲜明，结构严谨，表述准确，文字精练。

（四）文种正确，格式规范。

（五）深入调查研究，充分进行论证，广泛听取意见。

（六）公文涉及其他地区或者部门职权范围内的事项，起草单位必须征求相关地区或者部门意见，力求达成一致。

（七）机关负责人应当主持、指导重要公文起草工作。

第二十条　公文文稿签发前，应当由发文机关办公厅（室）进行审核。审核的重点是：

（一）行文理由是否充分，行文依据是否准确。

（二）内容是否符合党的理论路线方针政策和国家法律法规；是否完整准确体现发文机关意图；是否同现行有关公文相衔接；所提政策措施和办法是否切实可行。

（三）涉及有关地区或者部门职权范围内的事项是否经过充分协商并达成一致意见。

（四）文种是否正确，格式是否规范；人名、地名、时间、数字、段落顺序、引文等是否准确；文字、数字、计量单位和标点符号等用法是否规范。

（五）其他内容是否符合公文起草的有关要求。

需要发文机关审议的重要公文文稿，审议前由发文机关办公厅（室）进行初核。

第二十一条　经审核不宜发文的公文文稿，应当退回起草单位并说明理由；符合发文条件但内容需作进一步研究和修改的，由起草单位修改后重新报送。

第二十二条　公文应当经本机关负责人审批签发。重要公文和上行文由机关主要负责人签发。党委、政府的办公厅（室）根据党委、政府授权制发的公文，由受权机关主要负责人签发或者按照有关规定签发。签发人签发公文，应当签署意见、姓名和完整日期；圈阅或者签名的，视为同意。联合发文由所有联署机关的负责人会签。

第六章　公文办理

第二十三条　公文办理包括收文办理、发文办理和整理归档。

第二十四条　收文办理主要程序是：

（一）签收。对收到的公文应当逐件清点，核对无误后签字或者盖章，并注明签收时间。

（二）登记。对公文的主要信息和办理情况应当详细记载。

（三）初审。对收到的公文应当进行初审。初审的重点是：是否应当由本机关办理，是否符合行文规则，文种、格式是否符合要求，涉及其他地区或者部门职权范围内的事项是否已经协商、会签，是否符合公文起草的其他要求。经初审不符合规定的公文，应当及时退回来文单位并说明理由。

（四）承办。阅知性公文应当根据公文内容、要求和工作需要确定范围后分送。批办性公文应当提出拟办意见报本机关负责人批示或者转有关部门办理；需要两个以上部门办理的，应当明确主办部门。紧急公文应当明确办理时限。承办部门对交办的公文应当及时办理，有明确办理时限要求的应当在规定时限内办理完毕。

（五）传阅。根据领导批示和工作需要将公文及时送传阅对象阅知或者批示。办理公文传阅应当随时掌握公文去向，不得漏传、误传、延误。

（六）催办。及时了解掌握公文的办理进展情况，督促承办部门按期办结。紧急公文或者重要公文应当由专人负责催办。

（七）答复。公文的办理结果应当及时答复来文单位，并根据需要告知相关单位。

第二十五条　发文办理主要程序是：

（一）复核。已经发文机关负责人签批的公文，印发前应当对公文的审批手续、内容、文种、格式等进行复核；需作实质性修改的，应当报原签批人复审。

（二）登记。对复核后的公文，应当确定发文字号、分送范围和印制份数并详细记载。

（三）印制。公文印制必须确保质量和时效。涉密公文应当在符合保密要求的场所印制。

（四）核发。公文印制完毕，应当对公文的文字、格式和印刷质量进行检查后分发。

第二十六条　涉密公文应当通过机要交通、邮政机要通信、城市机要文件交换站或者收发件机关机要收发人员进行传递，通过密码电报或者符合国家保密规定的计算机信息系统进行传输。

第二十七条　需要归档的公文及有关材料，应当根据有关档案法律法规以及机关档案管理规定，及时收集齐全、整理归档。两个以上机关联合办理的公文，原件由主办机关归档，相关机关保存复制件。机关负责人兼任其他机关职务的，在履行所兼职务过程中形成的公文，由其兼职机关归档。

第七章　公文管理

第二十八条　各级党政机关应当建立健全本机关公文管理制度，确保管理严格规范，充分发挥公文效用。

第二十九条　党政机关公文由文秘部门或者专人统一管理。设立党委（党组）的县级以上单位应当建立机要保密室和机要阅文室,并按照有关保密规定配备工作人员和必要的安全保密设施设备。

第三十条　公文确定密级前,应当按照拟定的密级先行采取保密措施。确定密级后,应当按照所定密级严格管理。绝密级公文应当由专人管理。

公文的密级需要变更或者解除的,由原确定密级的机关或者其上级机关决定。

第三十一条　公文的印发传达范围应当按照发文机关的要求执行;需要变更的,应当经发文机关批准。

涉密公文公开发布前应当履行解密程序。公开发布的时间、形式和渠道,由发文机关确定。

经批准公开发布的公文,同发文机关正式印发的公文具有同等效力。

第三十二条　复制、汇编机密级、秘密级公文,应当符合有关规定并经本机关负责人批准。绝密级公文一般不得复制、汇编,确有工作需要的,应当经发文机关或者其上级机关批准。复制、汇编的公文视同原件管理。

复制件应当加盖复制机关戳记。翻印件应当注明翻印的机关名称、日期。汇编本的密级按照编入公文的最高密级标注。

第三十三条　公文的撤销和废止,由发文机关、上级机关或者权力机关根据职权范围和有关法律法规决定。公文被撤销的,视为自始无效;公文被废止的,视为自废止之日起失效。

第三十四条　涉密公文应当按照发文机关的要求和有关规定进行清退或者销毁。

第三十五条　不具备归档和保存价值的公文,经批准后可以销毁。销毁涉密公文必须严格按照有关规定履行审批登记手续,确保不丢失、不漏销。个人不得私自销毁、留存涉密公文。

第三十六条　机关合并时,全部公文应当随之合并管理;机关撤销时,需要归档的公文经整理后按照有关规定移交档案管理部门。工作人员离岗离职时,所在机关应当督促其将暂存、借用的公文按照有关规定移交、清退。

第三十七条　新设立的机关应当向本级党委、政府的办公厅（室）提出发文立户申请。经审查符合条件的,列为发文单位,机关合并或者撤销时,相应进行调整。

第八章　附　则

第三十八条　党政机关公文含电子公文。电子公文处理工作的具体办法另行制定。

第三十九条　法规、规章方面的公文,依照有关规定处理。外事方面的公文,依照外事主管部门的有关规定处理。

第四十条　其他机关和单位的公文处理工作,可以参照本条例执行。

第四十一条　本条例由中共中央办公厅、国务院办公厅负责解释。

第四十二条　本条例自 2012 年 7 月 1 日起施行。1996 年 5 月 3 日中共中央办公厅发布的《中国共产党机关公文处理条例》和 2000 年 8 月 24 日国务院发布的《国家行政机关公文处理办法》停止执行。

【附录二】

国务院办公厅关于实施《国家行政机关公文处理办法》涉及的几个具体问题的处理意见

(国办函〔2001〕1号)

各省、自治区、直辖市人民政府，国务院各部委、各直属机构：

为确保国务院颁布的《国家行政机关公文处理办法》(国发〔2000〕23号)的贯彻施行，现就所涉及的几个具体问题提出如下处理意见：

1."意见"文种的使用。"意见"可以用于上行文、下行文和平行文。作为上行文，应按请示类公文的程序和要求办理。所提意见如涉及其他部门职权范围内的事项，主办部门应当主动与有关部门协商，取得一致意见后方可行文；如有分歧，主办部门的主要负责人应当出面协调，仍不能取得一致时，主办部门可以列明各方理据，提出建设性意见，并与有关部门会签后报请上级机关决定。上级机关应当对下级机关报送的"意见"作出处理或给予答复。作为下行文，文中对贯彻执行有明确要求的，下级机关应遵照执行；无明确要求的，下级机关可参照执行。作为平行文，提出的意见供对方参考。

2.关于"函"的效力。"函"作为主要文种之一，与其他主要文种同样具有由制度机关权限决定的法定效力。

3.关于"命令"、"决定"和"通报"三个文种用于奖励时如何区分的问题。各级行政机关应当依据法律的规定和职权，根据奖励的性质、种类、级别、公示范围等具体情况，选择使用相应的文种。

4.关于部门及其内设机构行文问题。政府各部门(包括议事协调机构)除以函的形式商洽工作、询问和答复问题、审批事项外，一般不得向下一级政府正式行文；如需行文，应报请本级政府批转或由本级政府办公厅(室)转发。因特殊情况确需向下一级政府正式行文的，应当报经本级政府批准，并在文中注明经政府同意。

部门内设机构除办公厅(室)外，不得对外正式行文的含义是：部门内设机构不得向本部门机关以外的其他机关(包括本系统)制发政策性和规范性文件，不得代替部门审批下达应当由部门审批下达的事项；与相应的其他机关进行工作联系确需行文时，只能以函的形式行文。

"函的形式"是指公文格式中区别于"文件格式"的"信函格式"。以"函的形式"行文应注意选择使用与行文方向一致、与公文内容相符的文种。

5.关于联合行文时发文机关的排列顺序和发文字号。行政机关联合行文，主办机关排列在前。行政机关与同级或相应的党的机关、军队机关、人民团体联合行文，按照党、政、军、群的顺序排列。

行政机关之间联合行文，标注主办机关的发文字号；与其他机关联合行文原则上应使用排列在前机关的发文字号，也可以协商确定，但只能标注一个机关的发文字号。

6.关于联合行文的会签。联合行文一般由主办机关首先签署意见，协办单位依次会签。一般不使用复印件会签。

7.关于联合行文的用印。行政机关联合向上行文,为简化手续和提高效率,由主办单位加盖印章即可。

8.关于保密期限的标注问题。涉及国家秘密的公文如有具体保密期限应当明确标注,否则按照《国家秘密保密期限的规定》(国家保密局 1990 年第 2 号令)第九条执行,即"凡未标明或者未通知保密期限的国家秘密事项,其保密期限照绝密级事项三十年、机密级事项二十年、秘密级事项十年认定"。

9.关于"主要负责人"的含义。"主要负责人"指各级行政机关的正职或主持工作的负责人。

10.关于公文用纸采用国际标准 A4 型问题。各省(区、市)人民政府和国务院各部门已做好准备的,公文用纸可于 2001 年 1 月 1 日起采用国际标准 A4 型。省级以下人民政府及其所属机关和国务院各部门所属单位何时采用国际标准 A4 型,由各省(区、市)人民政府和国务院各部门自行确定。

国务院办公厅
二○○一年一月一日

【附录三】

公文中使用名词、时间、数字须知

一、使用名词须知

(1)公文中使用名称,一般要用全称或规范化简称。例如"中华人民共和国全国人民代表大会常务委员会"是全称,"全国人大常委会"是规范化简称。

(2)使用习惯简称时,必须考虑发文对象和范围。例如,在本省可以使用"省政府",出省就要使用全称"××省人民政府";"辽大"(辽宁大学)只应限于在辽宁省内使用。而"人大"(中国人民大学)、"南大"(南开大学或南京大学)等容易造成误解的简称,应避免使用。

(3)在一篇公文中出现的同一名称,要前后一致,不要一会用全称,一会用简称。

(4)领导人职务、单位名称等常有变化,使用时要分清时间和场合。国家人事部和国家劳动部在七届人大前合称"劳动人事部",使用时就要分清。

(5)使用译名要统一,外国国名、地名、人名、机构名称等要以新华社译名为准。

(6)使用名词时要注意通俗化。除向专业部门和专业人员发文外,应避免使用广大群众生疏的专业名词术语。

(7)在使用专业名词术语时,也应把握它的准确含义,避免用错。

(8)不要使用已明文规定废用的名词。例如,"苏联十月革命"应该为"十月革命"。

二、使用时间须知

(1)时间要用公历表示。公文中出现我国历朝历代年号时,应加注公历时间。例如,

"民国 26 年"应写成"民国 26 年(1937 年)"。

(2)公文中的时间要写全,不得省略。例如,"一九九五年"不能写成"九五年"。

(3)一般应用汉字表示时间。如果用阿拉伯数字表示,也要前后一致,不能又用汉字,又用阿拉伯数字。但农历时间应服从习惯,用汉字,不得用阿拉伯数字。例如"正月十五"不能写成"正月 15"。

(4)"年"、"月"、"日"三个字不能用符号代表。例如,"1985 年"不能写成"1985"。

(5)在公文中使用今年、明年、最近、过去等时间代词时,凡容易造成误解的,应注明具体时间。

(6)公文签署的时间与印发的时间不一致时,也应做出必要的说明。

三、使用数字须知

(1)公文中除发文号、统计表、计划表、序号、百分比、专用术语和其他必须用阿拉伯数字者外,一般应用汉字书写。如改用阿拉伯数字,全篇也要一致。

(2)表示多少"万"、"亿"的整数,可以改成阿拉伯数字加"万"或"亿",以方便阅文。例如"100000"可以写成"10 万","100000000"可以写成"1 亿"。但几千几百几十的整数,或带有尾数的数字,不能并用阿拉伯数字加汉字。如"200"不要写成"2 百","10120"不能写成"1 万 120"。

(3)带数码的名词或其他词汇,不能改用阿拉伯数字。例如,"三八妇女节"不能写成"3·8 妇女节","一年四季"不能写成"1 年 4 季"。

(4)分数可以用阿拉伯数码表示,但不能并用阿拉伯数字加汉字表示。例如,"二分之一",可以改为"1/2",不能写成"2 分之 1"。

(5)原用汉字表示的约数,不要改用阿拉伯数字。例如,"七八十人"不能写成"7、80 人"。

(6)使用数字时,必须正确表达含义。例如:

"增加两倍",意思是过去是 1,现在为 3;

"增加为两倍",意思是原来是 1,现在是 2;

"超额 90%",即原来是 100,现在是 190;

"降低 90%",即原来是 100,现在是 10。

(7)使用数字时,要防止出现逻辑错误。例如:

"减少一半以上",意味着减少到零以下;

"提前跨入 1990 年",未来的任务不能按原定额确定。

(8)公文中要使用公制计量单位。如文中出现市制计量单位,应加注公制。

参考文献

[1] 戴永明.财经应用文写作.北京:高等教育出版社,2006

[2] 杨文丰.实用经济文书写作(第三版).北京:中国人民大学出版社,2008

[3] 李沉碧.财经应用文写作.北京:科学出版社,2009

[4] 张晔,王粤钦.新编财经应用写作.大连:大连理工大学出版社,2009

[5] 王晓红.财经应用文写作.北京:电子工业出版社,2010

[6] 赵绍全.财经应用文写作.成都:西南财经大学出版社,2010

[7] 韦茂繁.财经应用文写作实训教程.大连:大连理工大学出版社,2010

[8] 冯广珍.270种应用文写作方法.重庆:重庆出版社,2005

[9] 陈佩玲,许国英.应用文写作.北京:化学工业出版社,2005

[10] 张浩.新编广告文案写作格式与范本.北京:蓝天出版社,2005

[11] 王景科.大学应用文写作.济南:山东人民出版社,2007

[12] 苏伟民.新编应用文写作.北京:机械工业出版社,2007

[13] 赵志强.财经应用文实训教程.北京:科学出版社,2008

[14] 罗春祥.旅游应用文写作.北京:北京交通大学出版社,2009

[15] 陈培爱.广告文案创作.厦门:厦门大学出版社,2008

[16] 汪朗,谭雪梅.成功的广告人.北京:中国青年出版社1995